Política cultural

SERVIÇO SOCIAL DO COMÉRCIO
Administração Regional no Estado de São Paulo

Presidente do Conselho Regional
Abram Szajman
Diretor Regional
Danilo Santos de Miranda

Conselho Editorial
Áurea Leszczynski Vieira Gonçalves
Rosana Paulo da Cunha
Marta Raquel Colabone
Jackson Andrade de Matos

Edições Sesc São Paulo
Gerente Iã Paulo Ribeiro
Gerente Adjunta Isabel M. M. Alexandre
Coordenação Editorial Cristianne Lameirinha, Clívia Ramiro, Francis Manzoni, Jefferson Alves de Lima
Produção Editorial Maria Elaine Andreoti
Coordenação Gráfica Katia Verissimo
Produção Gráfica Fabio Pinotti, Ricardo Kawazu
Coordenação de Comunicação Bruna Zarnoviec Daniel

Política cultural : fundamentos
Bernardo Mata-Machado

© Bernardo Mata-Machado, 2023
© Edições Sesc São Paulo, 2023
Todos os direitos reservados

Preparação Elba Elisa
Revisão Virgínia Mata Machado,
Andréia Manfrin Alves, Miguel Yoshida
Projeto gráfico Thiago Lacaz

Dados Internacionais de Catalogação na Publicação (CIP)

M4251p
Mata-Machado, Bernardo Novais da
Política cultural: fundamentos / Bernardo Novais da
Mata-Machado. São Paulo: Edições Sesc São Paulo, 2023.
288 p.

ISBN 978-85-9493-238-9

1. Política cultural. 2. Produção Cultural. 3. Arte e cultura.
4. Identidade. 5. Direitos. 6. Fomento. Título.

301.2

Ficha elaborada por Maria Delcina Feitosa, CRB/8-6187

Edições Sesc São Paulo
Rua Serra da Bocaina, 570 – 11º andar
03174-000 – São Paulo SP Brasil
Tel.: 55 11 2607-9400
edicoes@sescsp.org.br
sescsp.org.br/edicoes
 /edicoessescsp

*À memória do professor Fernando Correia Dias
e de Virgínia Mata Machado, irmã querida*

Sumário

Gerir aquilo que flui 11
Danilo Santos de Miranda

Introdução 15

1. **Sobre o conceito de cultura** 25

2. **Direitos humanos e direitos culturais** 31

3. **Criatividade e direito autoral** 51

4. **Os direitos culturais na Constituição brasileira** 63

   Os significados da palavra "cultura" na Constituição Federal de 1988 **65**
   Os direitos culturais na Constituição brasileira (CB/88) **68**

5. **Campos de produção da cultura: indústria cultural, campo erudito e cultura popular** 75

   Indústria cultural: manipulação ou autonomia dos receptores? **77**
   Campo erudito: autonomia ou dependência "orgânica"? **79**
   Cultura popular: dependência ou contra-hegemonia? **82**

6. Arte: origens, características, modos de produção e função social 95

Sobre a origem das artes 95
Características essenciais das artes 98
Processos e meios de produção da arte 99
Efeitos da arte sobre os indivíduos 101
Função social da arte 102

7. Identidade, diversidade e patrimônio cultural 109

O conceito de identidade na sociologia contemporânea 109
A evolução do conceito de patrimônio nos documentos internacionais 113
O patrimônio cultural na Constituição brasileira de 1988 116
Os desafios da proteção e promoção da diversidade cultural 123

8. Participação nas decisões de política cultural: os conselhos de cultura 127

Participação política e representação política 128
Os conselhos na história do Brasil 130
A crise de credibilidade da democracia representativa 137
Tipologia histórica dos conselhos de cultura 140
As transformações da cultura no Brasil e no mundo 141
Um novo modelo de conselho de cultura 143

9. Conceitos fundamentais de economia da cultura 149

Campos de produção da cultura 149
Valor simbólico e valor econômico do bem cultural 154
Multiplicidade das artes e do patrimônio cultural 154
Singularidade do bem cultural 156
A produção artística é intensiva em trabalho 159
Mercado cultural: produtos, empresas e artistas 161
História da mercantilização da cultura 164

As cadeias produtivas da cultura e seus elos 165

Economia criativa e indústria criativa: impasses conceituais 166

10. Instrumentos de fomento à cultura 173

As fontes de recursos 173

Instrumentos de financiamento à produção, distribuição
e consumo de bens culturais 175

Reflexões sobre o incentivo fiscal à cultura no Brasil 186

11. O cotidiano da gestão das políticas públicas de cultura 195

Introdução: Estado e políticas culturais 195

Os eventos 203

Serviços permanentes 205

Criação e manutenção de espaços culturais (infraestrutura) 205

Registro, proteção e promoção do patrimônio o cultural 208

Políticas socioculturais ou de cidadania cultural 211

Intercâmbio cultural 214

Formação de recursos humanos para a área cultural 218

Promoção da leitura 223

Sistema Nacional de Cultura 225

12. Transversalidade da política cultural 231

Política cultural e educação 232

Política cultural e comunicação 236

Política cultural e turismo 248

Política cultural e meio ambiente 253

Política cultural e relações internacionais 266

Referências 275
Sobre o autor 287

Apresentação

Gerir aquilo
que flui

Uma das consequências do desenvolvimento das sociedades reside na crescente complexificação dos campos do saber. Uma breve análise da história ocidental evidencia que os territórios do conhecimento foram paulatinamente se pulverizando em abordagens especializadas. Não obstante os desdobramentos positivos dessas dinâmicas – o notável aprofundamento de certos temas sendo o mais contundente deles –, é importante manter a atenção crítica a esse respeito.

Como dar conta de uma realidade que funciona de modo sistêmico, em que as partes estão inexoravelmente interligadas, quando se constata que as disciplinas oferecem visadas parciais? O dilema é especialmente delicado quando o que está em jogo são processos sociais atravessados por vetores múltiplos, como é típico da esfera cultural. E, nesse quesito, as investigações contemporâneas que mobilizam expertises complementares parecem mais aptas a compreender fenômenos complexos.

Bernardo Mata-Machado faz a opção por uma perspectiva transversal a fim de dar conta de um tema caracterizado pela interdisciplinaridade: as políticas culturais. A estratégia, expressamente evocada pelo autor, se justifica em ao menos duas dimensões. A primeira reside na polissemia própria da palavra cultura, que oscila entre acepções restritas ou amplas, a depender dos intuitos de quem a utiliza. Como o sentido preciso de cultura em jogo nem sempre está claramente explicitado, tornando-se acepção tácita, uma miríade de desentendimentos é algo provável.

Além dos ardis conceituais que se escondem por trás de tal polissemia, há uma segunda dimensão estudada pelo autor: a repercussão dessa circunstância para o âmbito da gestão da cultura. Afinal, alguns aspectos culturais podem de fato ser geridos, ao passo que outros se referem aos modos de ser, conviver e se expressar das pessoas – são fluidos como o cotidiano e não constituem objetos de políticas públicas ou privadas.

A escrita de Mata-Machado ativa um sem-número de campos de conhecimento com o objetivo de jogar luz sobre tais ambivalências. E oferece, dessa maneira, um arrazoado de reflexões sobre esse objeto que se tornou tão debatido na atualidade. As políticas culturais tornaram-se assunto corriqueiro inclusive em situações que transcendem seu âmbito originário; outrora restrito a iniciados, passaram a ser discutidas por alguns grupos sociais.

Há uma instigante analogia entre a lógica de funcionamento do Sesc e a polivalência dos saberes empenhados em pensar a política cultural. A permeabilidade dos encontros de pessoas e visões de mundo – ocorrência verificável nas diversas unidades distribuídas pelo estado paulista – mimetiza as multidirecionais redes da cultura e seus sofisticados meandros.

Para dar conta dessa complexidade, a instituição busca fazer uma leitura permanente das potencialidades e limitações das políticas culturais: como atuar nesse campo, tendo como premissa o exercício da cidadania? Tanto para a organização da ação sociocultural desenvolvida pelo Sesc, como também para se compreender os domínios ampliados que dizem respeito à gestão da cultura de cidades e nações, a contribuição de Bernardo Mata-Machado é um sopro de lucidez.

Danilo Santos de Miranda
Diretor do Sesc São Paulo

* * *

Introdução

Esta obra sobre política cultural tem como objetivo orientar a gestão pública e servir como livro-texto para cursos de graduação e pós-graduação nessa área.

Parte-se do princípio de que, no mundo contemporâneo, a questão da cultura (e das culturas) está adquirindo uma inédita centralidade. Fato que coloca as políticas culturais diante de novos desafios que, para serem enfrentados, exigem uma revisão do arcabouço conceitual, bem como da gestão cotidiana dessas políticas.

Entre os fatores que vêm dando relevância às questões culturais, ressalta o processo de politização da cultura e das identidades culturais. Os conflitos políticos da atualidade, internos e entre as nações, têm tido, em geral, como pano de fundo, razões de natureza cultural, a ponto de se poder falar que o mundo vive hoje um tempo de guerras culturais.

Pode-se discutir se as questões culturais estão, de fato, no cerne desses conflitos ou se, na verdade, não passam de meras justificativas invocadas por líderes políticos para mobilizar populações sob seu domínio. Não obstante, verifica-se que, a partir da segunda metade da década de 1970 – a guerra civil no Líbano (1975-90) e a revolução dos aiatolás no Irã (1979) podem ser tomadas como marcos cronológicos iniciais –, vem ocorrendo, no mundo inteiro, nas palavras da especialista em religião comparada Karen Armstrong, um "extraordinário ressurgimento religioso", presente nos chamados movimentos "fundamentalistas" de caráter cristão (protestante e católico), judaico e islâmico. Esses movimentos mobilizam uma "religiosidade militante"[1] que impulsiona seus seguidores a envolver-se na política com a mesma devoção com que se dedicam às preces e orações.

Política cultural: fundamentos

Embora tenham objetivos políticos distintos, uns mais, outros menos reacionários, os fundamentalismos comungam a mesma rejeição daquilo que se convencionou chamar de "modernidade", um conjunto de valores e comportamentos adotados no mundo ocidental a partir da segunda metade do século XVIII; entre eles: liberdade individual, igualdade de todos perante a lei, direito de defesa, abolição da tortura como método de investigação, laicidade do Estado, liberdade de crença e culto, tolerância religiosa, igualdade entre homens e mulheres, livre manifestação do pensamento e valorização da ciência, entre outros.

Independentemente da conclusão a que se chegue – se é a cultura, em especial as religiões, ou outros fatores bem mais concretos, como petróleo, água e domínio territorial, que estão no âmago dos atuais conflitos políticos –, um fato é indiscutível: argumentos culturais são invocados e contribuem para mobilizar pessoas e grupos.

Pode-se contra-argumentar que, do ponto de vista histórico, a politização da cultura não constitui novidade. Afinal, a justificativa que sustentou o regime nazista foi de ordem cultural: a superioridade de uma raça. Contudo, parece que esse fenômeno, hoje, potencializou-se e espraiou-se, pois em sua raiz está um elemento histórico novo: o processo de globalização do capitalismo, que teve início com a desintegração do império socialista soviético e o consequente fim da Guerra Fria (1945-92).

A globalização potencializou fluxos cujos tráfegos independem das fronteiras, das regulações e dos controles dos Estados nacionais, entre eles os do comércio, das finanças, das informações, de bens culturais, do crime organizado e das epidemias. Os bancos centrais dos países já não dão conta de monitorar o intenso movimento de capitais; as polícias nacionais de segurança são incapazes de conter os crimes de lavagem de dinheiro, corrupção e contrabando de armas, drogas, mulheres e crianças; doenças virulentas se espalham periodicamente, desafiando os sistemas nacionais de controle sanitário; o intercâmbio de informações, antes promovido pela diplomacia governamental e pelos órgãos de imprensa profissionais, passou a ser feito também pelos indivíduos, via rede de alcance mundial (internet); e os produtos das indústrias culturais, em particular a cinematográfica e a fonográfica, bem como os de indústrias correlatas, como as do turismo e das comunicações (televisão, rádio e internet), alcançam hoje difusão planetária, em contraste com as culturas locais, histórica e geograficamente situadas.

A globalização cultural está provocando tensões que se manifestam de forma explícita quando pessoas, movimentos étnicos e de gênero, cidades e regiões

Introdução

buscam reafirmar sua história, tradições, costumes, crenças e instituições, em contraposição aos valores difundidos pela indústria cultural. As identidades nacionais, nesse novo contexto, passaram a sofrer pressões que vêm de fora e de dentro, e que resultam na perda relativa de seu poder de mobilização das sociedades. Como escreve Stuart Hall, apesar de as identidades nacionais permanecerem fortes, "especialmente com respeito a coisas como direitos legais e de cidadania", "abaixo" delas as "identidades locais, regionais e comunitárias" têm adquirido cada vez mais importância na vida de pessoas e grupos e, "acima" delas, "as identificações 'globais' começam a deslocar e, algumas vezes, a apagar as identidades nacionais". No mundo global interconectado, novas identidades surgem e desaparecem no ritmo frenético de estilos, modas e eventos. Elas não têm vínculo com lugares, histórias ou tradições, parecem "flutuar livremente"[2].

O que há de comum entre os impulsos locais e globais é o fato de desencadearem um processo de fragmentação das identidades coletivas, que introduz desafios até então inéditos para as políticas culturais. Acostumados a lidar apenas com a construção e preservação de identidades nacionais e subnacionais, os governos se veem, hoje, frente a situações novas e complexas, tais como atender a demandas de reconhecimento e proteção de novos movimentos sociais de identidade, ou serem forçados a mediar eventuais conflitos entre coletivos identitários rivais. Se a esse fenômeno for acrescentado o processo de interpenetração das culturas, provocado pela intensificação do turismo e pelos movimentos de populações que fogem de guerras locais ou que buscam melhores condições de vida, tem-se uma ideia do tamanho do desafio.

* * *

Uma conjunção de fatores de ordem econômica também contribui para dar relevância ao tema da cultura na agenda dos governos. Nas últimas décadas, a produção e o comércio de bens de consumo cultural no mercado global vêm crescendo. Em 2012, o Banco Mundial estimou que a contribuição da economia da cultura representava então 7% do PIB global, e a taxa anual de crescimento prevista era de 10%.[3] Some-se a isso a valorização dos bens culturais, fomentada sobretudo pelas características que lhes são inerentes: a singularidade

---

1 Karen Armstrong, *Em defesa de Deus: o que a religião realmente significa*, São Paulo: Companhia das Letras, 2011, p. 288.

2 Stuart Hall, *A identidade cultural na pós-modernidade*, Rio de Janeiro: DP&A, 1999.

Política cultural: fundamentos

e a raridade, presentes não só nos objetos de arte como também nos sítios de valor histórico e paisagístico. Sendo verdade que quanto mais raro e singular um produto, maior é seu preço, tem-se que os produtos artísticos são potenciais geradores de valor econômico, tendência que é reforçada quando contrastada à crescente estandardização de outras mercadorias ofertadas no comércio global, como televisores, geladeiras, fogões, automóveis e cartões de crédito. Isto também se aplica aos bens do patrimônio cultural – artístico, histórico, antropológico e paisagístico –, cuja beleza e significado particulares atraem turistas sequiosos de conhecer, fruir e experimentar os variados modos de viver, fazer e criar de inumeráveis grupos e comunidades humanas.

O reconhecimento do potencial econômico da cultura abre o caminho para que as políticas culturais sejam incluídas nas estratégias governamentais de promoção do desenvolvimento. A inter-relação conceitual entre cultura e desenvolvimento é recente e implica uma tripla argumentação: (1) alguns entendem que projetos de modernização econômica são bem-sucedidos somente quando consideram as especificidades culturais (os modos de vida) de cada país; (2) há os que defendem fomentar a economia da cultura, considerada como vetor moderno do desenvolvimento, porque é baseada na criatividade e no conhecimento;[4] (3) e há os que propugnam que a cultura deva ser o eixo estruturante das políticas de desenvolvimento, particularmente nos países periféricos, que teriam na sua criatividade própria um diferencial competitivo em face do insuperável domínio tecnológico dos países centrais.[5] Em todos esses argumentos, o investimento em cultura é considerado estratégico.

Fato inequívoco é que a política cultural, antes compreendida como relacionada somente ao preenchimento do tempo livre dos cidadãos, passa agora a ser vista como uma política pública capaz de gerar desenvolvimento econômico, social e humano, aí incluídos o mundo do trabalho, do comércio (interno e externo), dos serviços e da indústria. No que se refere especificamente às políticas industriais para a cultura, além do viés econômico, importam também fatores sociais e políticos. Como observa Néstor Canclini: "não é possível ignorar que 70% dos habitantes vivem em cidades, dos quais um número cada vez maior está conectado quase que exclusivamente às indústrias culturais", particularmente aos meios de comunicação privados e transnacionais, que "se convertem nos principais organizadores do entretenimento e de informação das massas". Enquanto isso, as políticas culturais "continuam centradas na preservação de patrimônios monumentais e folclóricos e em promover as artes cultas".[6] Também não é possível ignorar a massificação do acesso às

Introdução

novas mídias globalmente conectadas, que multiplicaram as alternativas de emissão e recepção de informações, opiniões, mensagens e produtos culturais. Ainda não há consenso a respeito da real consequência das novas tecnologias para a vida econômica, social e política. É possível dizer que o espaço público de debate, a democracia e a liberdade de expressão do pensamento saem ganhando, particularmente em países como o Brasil, onde a maioria dos meios de comunicação tradicionais (rádio, TVs, jornais e revistas) é monopolizada e veicula uma ideologia de viés conservador. Também é verdade que as novas tecnologias de informação e comunicação ampliam as possibilidades e oportunidades de criação e organização de novos negócios, baseados na cooperação entre agentes situados em diferentes partes do globo. Por outro lado, é inegável que, sob o manto protetor do anonimato, o espaço cibernético é constantemente invadido pela prática de crimes de injúria, calúnia, difamação, ameaça, incitação ao ódio, racismo, homofobia, pedofilia, entre outros, de difícil rastreamento. Há também o risco de que o poder de manipulação das indústrias culturais, detectado nas décadas de 1950-70 pelos filósofos da Escola de Frankfurt, fique ainda mais acentuado no espaço cibernético. Isso porque as grandes empresas proprietárias de *sites* (privados e transnacionais) que prestam serviços de busca de informações e de "redes sociais" (Facebook, Twitter, Google, Skype, Yahoo, Apple, entre outras) são, na prática, indústrias culturais e de comunicação de tipo novo, nas quais os usuários cumprem o papel muitas vezes inconsciente de acionistas minoritários. Há evidências de que essas empresas, além de colaborar com o governo dos Estados Unidos na vigilância de seus cidadãos (e também dos de outros países), estão realizando pesquisas sobre a "contaminação" de ideias e comportamentos entre seus usuários, a fim de desenvolver métodos e técnicas de manipulação capazes de influir até mesmo no resultado de eleições.

---

3 Paulo Miguez, *As relações entre cultura e economia e a economia criativa*, em: Monica B. de Lima Starling; Marta Procópio de Oliveira; Nelson A. Quadros Filho (org.), *Economia criativa: um conceito em discussão*, Belo Horizonte: Fundação João Pinheiro, 2012, p. 23.

4 Cf. Anthony Giddens, "Globalização, desigualdade e estado do investimento social", em: Unesco, *Informe mundial sobre a cultura: diversidade cultural, conflito e pluralismo*, São Paulo: Moderna; Paris: Unesco, 2004, pp. 64-71.

5 César Ricardo Siqueira Bolaño (org.), *Cultura e desenvolvimento*; reflexões à luz de Furtado, Salvador: Edufba, 2015, p. 30.

6 Néstor García Canclini, *Consumidores e cidadãos: conflitos multiculturais da globalização*, Rio de Janeiro: Editora UFRJ, 1995.

Política cultural: fundamentos

Enfim, a soma de todos os fatores descritos – políticos, sociais e econômicos – introduziu novos desafios para as políticas culturais que, dessa forma, se veem diante do imperativo de rever suas premissas conceituais e seu campo de ação. Esse é o objetivo maior deste livro.

* * *

Em face da amplitude do tema – cultura e política cultural –, este trabalho exigiu incursões nos campos da administração pública, antropologia, ciências da comunicação, ciência política, direito, economia, filosofia, história, psicologia e sociologia. Por seu caráter interdisciplinar, a pesquisa fica mais bem situada no campo dos chamados "estudos culturais", termo cunhado, em 1963, pelo crítico literário e professor de literatura inglesa moderna Richard Hoggart, que fundou, junto com Raymond Williams, Edward Palmer Thompson e depois Stuart Hall, o Centro de Estudos Culturais Contemporâneos, vinculado ao Departamento de Língua Inglesa da Universidade de Birmingham (Inglaterra). Na concepção original, "estudos culturais deveria ser um campo de pesquisa interdisciplinar em nível de pós-graduação, que recrutasse pessoas já formadas em ciências sociais, história, psicologia, antropologia e estudos literários".[7] Com o tempo, esses estudos foram adquirindo a feição de uma nova disciplina acadêmica, organizada em cursos e departamentos independentes, espalhados por universidades de todos os continentes. Buscando relacionar cultura, história e sociedade de classes, a preocupação inicial dos fundadores foi a de reagir ao elitismo dos estudos literários tradicionais. Nessa linha, assumiram o compromisso com o estudo da cultura popular, a fim de demonstrar a autonomia, o valor cultural e o poder de resistência dessa cultura, ao contrário da perspectiva elitista, que desdenhava a cultura popular, classificando-a como "baixa cultura", em oposição à "alta cultura" produzida pelas elites intelectuais e artísticas. Também do período da fundação são as primeiras pesquisas sobre o impacto dos meios de comunicação de massas na cultura, com foco na análise ideológica das mensagens emitidas por esses meios. Num segundo momento, os estudos culturais começaram a abordar questões relativas à construção das identidades (étnicas, de gênero, geracionais e outras), com ênfase nas culturas negra e latina e no movimento feminista, além de incluir temas como multiculturalismo e pós-colonialismo. Numa terceira fase, quando se expandiram pelo mundo, foram introduzidas pesquisas sobre as artes em geral e se

Introdução

multiplicaram análises sobre as práticas comunicativas, agora centradas na audiência e na recepção das mensagens. Para Ana Carolina Escosteguy, os estudos sobre o feminismo provocaram inovações teóricas: o entendimento do âmbito pessoal como político, a expansão da noção de poder para além da esfera pública e a inclusão de questões em torno do subjetivo e do sujeito, culminando com a "abertura da fronteira entre teoria social e teoria do inconsciente – psicanálise".[8]

* * *

Este livro é dividido em 12 capítulos, que podem ser lidos separadamente, conforme o interesse de gestores, professores, estudantes e leitores em geral. Contudo, recomenda-se atenção especial aos dois capítulos iniciais. O primeiro porque expõe o conceito de cultura adotado em todo o livro, e o segundo porque discorre sobre os direitos culturais, considerados como o alicerce sobre o qual devem ser erguidas as políticas culturais nos regimes democráticos. Alguns capítulos (2, 3, 4, 6 e 8) já foram publicados em sítios da internet, mas, para esta edição, foram revistos, sendo acrescentados vários trechos e suprimidos uns poucos. Os exemplos, quando necessários para clarear algum conceito ou prática, foram em geral retirados da experiência brasileira, particularmente nos capítulos 4, 10 e 12. Todavia, espera-se que o livro sirva a diferentes contextos nos quais são colocados em pauta temas de política cultural.

Ao longo dos capítulos, o leitor por vezes irá se deparar com tabelas que expõem tipologias. Construí-las é uma estratégia metodológica das ciências sociais, introduzida pelo sociólogo alemão Max Weber. Ela consiste em selecionar na vida social campos predeterminados de análise, que o pesquisador destaca, focaliza e amplia, a fim de sintetizá-los em conceitos puros – chamados "tipos ideais" –, que ajudam a compreender o mundo, mas que, na realidade concreta, frequentemente aparecem misturados ou entrelaçados.

Embora seja tão somente historiador (graduação), cientista político (mestrado), ator e diretor de teatro, com passagens pela gestão pública da cultura no município (Belo Horizonte), no estado de Minas Gerais e na União

---

7 Andrew Milner, Estudos Culturais [verbete], em: Raymond Williams, *Palavras--chave: um vocabulário da cultura e sociedade*, São Paulo: Boitempo, 2007, pp. 420-7.

8 Ana Carolina D. Escosteguy, *Cartografias dos estudos culturais: uma versão latino-americana*, Belo Horizonte: Autêntica, 2001, p. 31.

Política cultural: fundamentos

(Ministério da Cultura do Brasil), o autor destes capítulos viu-se obrigado, por diversas vezes, a aventurar-se noutros campos das ciências humanas. Por isso, antecipa as devidas vênias aos especialistas dessas matérias, que possivelmente encontrarão no texto erros pelos quais este autor assume inteira responsabilidade.

* * *

1.
Sobre o conceito de cultura

Já se tornou lugar-comum dizer que não é simples definir o significado da palavra "cultura". Em geral, a literatura sobre esse tema começa buscando a origem do termo na antiga língua latina, na qual ele possui vários significados, associados aos verbos habitar, cultivar, proteger e cultuar com veneração.[1] No desenvolvimento histórico, o termo é atribuído ao cuidado com plantas, animais e crianças, sentido que mais tarde se estende ao cultivo do espírito e da mente.

Outra referência constante na bibliografia é a distinção entre *Kultur* (em língua alemã), termo utilizado no final do século xviii na obra de Johann Gottfried Von Herder (*Sobre a filosofia da história para a educação da humanidade*), e civilização, cujo sentido atual aparece na mesma época entre pensadores franceses. *Kultur* designa os modos de viver de um povo, nação ou comunidade étnica, suas crenças, festas, seus costumes, mitos e valores. Civilização, por sua vez, designa um alto estágio de desenvolvimento humano, material e técnico, no qual a vida social alcança ordem e refinamento, em contraste com a selvageria e a barbárie, consideradas primitivas.

Na busca do sentido contemporâneo do termo, Renato Janine Ribeiro encontra na história da filosofia distintas concepções que foram se somando para chegar ao significado atual. Na Renascença, o termo é associado a

---

1 Raymond Williams, Cultura [verbete], em: Raymond Williams, *Palavras-chave: um vocabulário da cultura e sociedade*, *op. cit.*, 2007, pp. 117-24.

patrimônio, mais precisamente ao valor que os humanistas dão à herança e ao legado da Antiguidade greco-romana, em oposição às "trevas" do período medieval. Em um segundo momento, situado na ruptura provocada pela obra de René Descartes, a cultura é associada à *razão*, concebida como potencialmente inovadora, em oposição à *memória*, lugar *onde se alojam os preconceitos*. E em um terceiro momento, que corresponde ao Iluminismo, a ideia de razão é engatada à de liberdade, e o pensar é associado à ação. Da junção dessas três concepções emerge o conceito atual de cultura, que engloba patrimônio (algo que excede o imediato e confere dignidade a quem o assimila), criação (que institui o novo) e libertação, que pressupõe uma intervenção no mundo, um agir e um sentir que ultrapassam a mera fruição.[2]

Peter Burke, ao refletir sobre a história cultural, seus temas e métodos, distingue dois tipos: "história cultural tradicional" e "nova história cultural" (ou história antropológica). Entre elas, aponta as seguintes diferenças: (1) para a primeira, cultura tem o sentido restrito às atividades artísticas e intelectuais, ao passo que a segunda abrange "uma variedade muito mais ampla de atividades", com suas dimensões materiais e simbólicas; (2) a primeira postula a cultura como algo uno e consensual – a "cultura brasileira", por exemplo –, desconsiderando o que a segunda admite, ou seja, a existência de contradições e fragmentações que se vinculam a grupos ou classes dentro do mesmo contexto sócio-histórico; (3) a primeira entende a tradição como um legado que é herdado tal como foi transmitido, ao contrário da nova história cultural, que enfatiza o papel do grupo receptor na transformação, adaptação ou tradução dos elementos herdados; (4) a história cultural tradicional teria sido "escrita pelas elites europeias a respeito de si mesmas"; a nova história cultural, por sua vez, amplia e diversifica seu objeto "em termos geográficos e sociais". A diferença principal entre as duas abordagens situa-se na rejeição, pela história antropológica, da distinção que a história cultural tradicional faz entre sociedades *com* e *sem* cultura (bárbaras ou selvagens). Ao adotar uma perspectiva relativista, a nova história cultural conclui que hoje só é possível falar em *culturas*, no plural.[3]

Na análise de Peter Burke, identifica-se a influência exercida pelos intelectuais fundadores dos estudos culturais. Embora tendo como ponto de partida o marxismo, os estudos culturais questionaram teses vinculadas a esse campo teórico; entre elas, a de que a cultura popular está irremediavelmente submetida à cultura das classes dominantes e a de que a vida cultural pertence à "superestrutura" da sociedade. Esta tida como simples reflexo da "infraestrutura"

Sobre o conceito de cultura

econômica, considerada a base sobre a qual se edifica toda a vida social. Diferentemente, eles sustentaram o princípio de que a cultura, na relação com a ordem social, é ao mesmo tempo constituída e constituinte. A partir dessa constatação, evoluíram para considerar como centrais na definição de cultura as relações e contrastes entre a produção "material" e a produção "simbólica". Para Raymond Williams, a cultura é um "sistema de significações mediante o qual necessariamente (embora o seja também por outros meios) uma dada ordem social é comunicada, reproduzida, vivenciada e estudada".[4] Nessa visão sistêmica, os dois sentidos de cultura comumente aceitos – de ordem social global e de atividades artísticas e intelectuais – são convergentes.

A moderna antropologia cultural, em especial as pesquisas desenvolvidas sobre as artes por Clifford Geertz, articula as dimensões simbólica e material, cujas conexões podem ser compreendidas pela semiótica (ciência dos signos, sinais, símbolos e significações).[5] Toda ação humana, incluindo a arte, é socialmente construída por meio de símbolos que, entrelaçados, formam redes de significados (sistemas) que variam entre as diversas culturas. A arte deve ser compreendida como um dos subsistemas simbólicos da cultura, o sistema estético, que reflete significados subjacentes à vida social como um todo, presentes também em outros subsistemas, como os que envolvem as relações de parentesco, trabalho e poder, assim como as estabelecidas entre os vivos e os mortos (rituais). A análise feita por Geertz sobre o significado do traço (ou linha) na cultura ioruba é ilustrativa. O desenho de linhas, que aparece nas esculturas, na cerâmica e em outros objetos, está também nos cortes lineares aplicados no rosto dos iorubas, cuja quantidade sinaliza o *status* social e político do indivíduo. A linha, ou traço, surge também nas estradas e fronteiras que demarcam o território da tribo. Em todos esses usos, o desenho está associado à civilização, no sentido de "imposição de um padrão humano sobre a desordem da natureza: 'este país tornou-se civilizado', em ioruba, quer dizer, literalmente, 'esta terra tem linhas em sua face'".[6] A linha

---

2 Renato Janine Ribeiro, *Cultura e Imagem em Movimento*, em: *Revista do Forumbhzvideo* (Festival de Vídeo de Belo Horizonte). Belo Horizonte, Secretaria Municipal de Cultura, n. 1, 1992, pp. 74-9.
3 Peter Burke, *Variedades de história cultural*, Rio de Janeiro: Civilização Brasileira, 2000, pp. 234-43.

4 Raymond Williams, *Cultura*, São Paulo: Paz e Terra, 1992, p. 13.
5 Clifford Geertez, Arte como sistema local, em: *Conocimiento local*, Barcelona/ Buenos Aires/México: Paidós, 1994.
6 *Ibid.*, pp. 148-9.

traduz um modo de pensar e viver que se torna visível e se materializa nos objetos, nos rostos, no território.[7] A ampla gama de expressões artísticas existentes no mundo, conclui o autor, resulta da diversidade de "concepções que os seres humanos têm sobre as coisas e sobre como elas funcionam".[8]

Esse breve giro em torno dos conceitos de cultura nas diversas ciências sociais demonstra como o tema é complexo. Como escreve Peter Burke, "parece ser tão difícil definir o termo quanto prescindir dele".[9] Combinando as várias definições, é possível chegar a três significados de uso corrente: (1) "cultura humana", em sentido geral (modo de vida) e universal; (2) "culturas humanas", em sentido geral, mas referente a distintos grupos situados no tempo e no espaço; e (3) cultura como o conjunto de atividades intelectuais e artísticas.

O primeiro sentido deve ser compreendido como uma abstração ou, na melhor (ou pior) das hipóteses, como uma projeção futura, já que, de fato, não existe um modo de viver que seja comum a toda a humanidade; pelo contrário, o que há é uma enorme diversidade, embora todos pertençam à mesma espécie humana. No segundo sentido, convém falar também de *subculturas*, para indicar a existência de modos de vida próprios de grupos, classes e comunidades no interior de uma cultura mais ampla. E, no terceiro sentido, também cabem subdivisões. Apesar de todas as contestações,[10] a tradicional distinção entre cultura popular, cultura erudita e indústria cultural continua válida, pelo menos do ponto de vista metodológico e analítico (ver capítulo 5).

Adotar estes três grandes conceitos de cultura – cultura humana, culturas humanas e atividades intelectuais e artísticas (divididas nos campos erudito, popular e da indústria cultural) – não suprime a complexidade que envolve o termo, mesmo porque o terceiro significado, que é mais restrito, está contido no segundo, que, por sua vez, é englobado pelo primeiro. No entanto, para a finalidade destes capítulos de política cultural, a referência conceitual predominante será a formulada pela antropologia cultural, que engloba:

> toda a herança não biológica que faz a diferença entre os povos, vale dizer, os diversos processos de designação e simbolização (linguagens), as inúmeras maneiras de lidar com a morte, o desconhecido e o imaginado (religião e artes), as formas singulares de se relacionar com a natureza (as tecnologias), as maneiras particulares de regular as relações sociais (instituições), incluindo a distribuição de bens (economia) e as diferentes formas de sociabilidade gratuita (festas, jogos e brincadeiras).[11]

Definição semelhante é dada pela Organização das Nações Unidas para a Educação, a Ciência e a Cultura (Unesco): "A cultura deve ser considerada como o conjunto dos traços distintivos espirituais e materiais, intelectuais e afetivos que caracterizam uma sociedade ou um grupo social e que abrangem, além das artes e das letras, os modos de vida, as formas de viver em comunidade, os sistemas de valores, as tradições e as crenças".

7   *Ibid.*, p. 150.
8   *Ibid.*, p. 181.
9   Peter Burke, *op. cit.*, p. 233.
10 Néstor Canclini, na obra *Culturas híbridas* (São Paulo: Edusp, 1998.), propõe "demolir essa divisão em três pavimentos, essa concepção em camadas do mundo da cultura..." (p. 19).

11 Frederico Lustosa Costa, *Cultura e desenvolvimento: referências para o planejamento urbano e regional de bacias culturais*, em: Lia Calabre (org.), *Políticas culturais: diálogos e tendências*, Rio de Janeiro: Edições Casa de Rui Barbosa, 2010, pp. 142-3.

2.
Direitos humanos e direitos culturais

A Segunda Guerra Mundial e os eventos que a ela se seguiram marcaram profundamente a história contemporânea. Ainda antes do final do conflito, a Conferência de Bretton Woods (1944) estabeleceu as bases de uma nova ordem econômica mundial, amparada no Fundo Monetário Internacional (FMI) e no Banco Internacional para Reconstrução e Desenvolvimento (Bird, também chamado Banco Mundial). Logo após a guerra, a Conferência de São Francisco (1945) buscou reorganizar o sistema político mundial através da criação da Organização das Nações Unidas (ONU). A decisão de Stalin, chefe do Estado soviético, de não participar do plano norte-americano para soerguer a Europa (Plano Marshall/1947/8-1951)) deu início à chamada Guerra Fria, que dividiu o mundo em dois blocos ideológica e militarmente antagônicos. Finalmente, em 1948, os países que aderiram à ONU firmaram, em Paris, a Declaração Universal dos Direitos Humanos, visando restabelecer a ordem jurídica internacional profundamente afetada pela experiência totalitária.

De fato, o totalitarismo, ao tratar o ser humano como coisa supérflua e descartável, havia inaugurado o mundo do "vale-tudo", esfacelando, dessa forma, os "padrões e categorias que, com base na ideia de um Direito Natural, constituíam o conjunto da tradição ocidental", que havia feito da pessoa humana "o valor-fonte da experiência ético-jurídica".[1] Essa tradição remonta às declarações de direitos proclamadas na Revolução Gloriosa (Inglaterra,

1 Celso Lafer, "A reconstrução dos direitos humanos: a contribuição de Hannah Arendt", *Estudos Avançados*, São Paulo: Universidade de São Paulo, Instituto de Estudos Avançados, mai/ago, 1997, vol. 11, n. 30, pp. 55-67.

Política cultural: fundamentos

1689), na Revolução Norte-Americana (Estados Unidos, 1776) e na Revolução Francesa (1789), embora sua emergência na história do pensamento esteja situada bem antes, num arco que vai de Hobbes a Rousseau, passando por Locke, Vico e Montesquieu, pensadores da chamada escola do jusnaturalismo. Ao sustentar que o indivíduo era portador de direitos inerentes à natureza humana, como os direitos à vida e à liberdade, as declarações instituíram uma alteração fundamental na relação entre governantes e governados. Antes, os governantes (monarcas) detinham todos os poderes, e os governados (súditos) lhes deviam total obediência. A partir das revoluções, que instituíram monarquias constitucionais e repúblicas, os governantes passaram a ter também deveres; e os governados, antes súditos, foram alçados à condição de cidadãos, ou seja, indivíduos portadores de direitos e deveres.

A ruptura dessa tradição, provocada pelos regimes totalitários, ensejou, após a vitória dos países aliados na Segunda Guerra Mundial, uma resposta, consubstanciada na Declaração Universal dos Direitos Humanos. Além da retomada da tradição jurídica rompida, a Declaração fez avançar o alcance e o conteúdo desses direitos. Até 1948, os direitos dos cidadãos estavam assegurados nos limites dos Estados nacionais; no plano internacional, os principais atores eram os Estados. A Declaração Universal marcou "a emergência, embora débil, tênue e obstaculizada, do indivíduo no interior do espaço antes reservado exclusivamente aos Estados soberanos".[2] Além disso, a Declaração incorporou na ordem jurídica internacional os direitos que haviam sido conquistados no interregno entre as Revoluções (Inglesa, Norte-Americana e Francesa) e a Segunda Guerra Mundial, particularmente os direitos econômicos, sociais e culturais, que se somaram aos direitos civis e políticos já instituídos.

Noberto Bobbio propõe uma reintepretação dos direitos humanos sustentando que eles, antes tidos como naturais, são, na verdade, históricos.[3] Essa tese tem várias consequências. A primeira e mais óbvia é que a origem desses direitos não deve ser procurada na natureza humana enquanto tal, mas sim em contextos históricos específicos, marcados por lutas políticas (pelas liberdades) e sociais (pela igualdade). Em decorrência, é possível afirmar que a evolução desses direitos nunca se deu de forma tranquila; ao contrário, esteve sempre sujeita a avanços e recuos, marchas e contramarchas. Entre os inúmeros fatos históricos que comprovam essa afirmação, basta citar, como exemplares, a restauração da monarquia na França no período napoleônico e a emergência dos regimes totalitários no século xx. Outra consequência da tese da historicidade é a impossibilidade de se ter uma teoria pronta e

Direitos humanos e direitos culturais

acabada dos direitos humanos, porque eles estarão sempre em construção e, ocasionalmente, sujeitos à dissolução. Também não se pode pretender que haja lógica e coerência no conteúdo desses direitos, pois um novo direito reivindicado pode entrar em contradição com outro já instituído, mas ainda assim desejável; ou seja, o corpo doutrinário dos direitos humanos sempre estará sujeito a ambiguidades, que resultam da tensão existente entre as exigências de liberdade e de igualdade. No âmbito da cultura, por exemplo, o direito autoral assegura ao criador a *liberdade* de fazer da sua obra (propriedade intelectual) o que bem entender, condição que entra em choque com o direito de acesso universal – *igualdade* – aos bens da cultura. Nesses casos, é sempre possível encontrar meios-termos.

Embora indivisíveis em seu exercício, os direitos humanos, tais como se encontram hoje, podem ser divididos, para fins analíticos, em civis, políticos, econômicos, sociais e culturais. Recentemente começaram a ser demandados também os chamados direitos difusos, ou transindividuais.

Os direitos civis, nascidos das revoluções contra os Estados absolutistas e coloniais, são os seguintes: direito à vida, à liberdade e à segurança pessoal; direito à propriedade, à livre iniciativa e ao comércio; direito à livre expressão do pensamento; direito de resistir e, no limite, de rebelar-se contra qualquer tipo de opressão. Em primeira e última instância, as liberdades civis pertencem ao indivíduo enquanto tal e seu exercício objetiva limitar o poder do Estado e impor-lhe obrigações. Assim, os direitos civis, como mostra Bobbio, buscam assegurar as liberdades *em relação* ao Estado.

Os direitos políticos, conquistados paulatinamente durante o século xix, são os de votar e ser votado, bem como o de associar-se em partidos políticos para chegar ao poder. O exercício dos direitos políticos pressupõe a alternância dos governos e a livre escolha dos governantes por meio de eleições periódicas. Exige, portanto, o regime democrático. Os direitos políticos asseguram o gozo da liberdade *no* Estado.

A conquista dos direitos econômicos e sociais está historicamente vinculada às lutas dos movimentos operário e camponês por mais igualdade. Os direitos econômicos são relacionados às condições de trabalho, englobando:

---

2 Norberto Bobbio, *A era dos direitos.* Rio de Janeiro: Campus, 1992, p. 5. Bobbio cita: A. Cassese. I diritti umani nel mondo contemporaneo, Bari: Laterza, 1988, p. 143.

3 *Ibid.*, p. 2.

Política cultural: fundamentos

livre escolha do emprego, justa e igual remuneração para homens e mulheres, liberdade de organização e ação sindical, proteção contra o desemprego, segurança e higiene no trabalho, descanso semanal, férias remuneradas, oportunidades de promoção na carreira profissional e direito de greve. Os direitos sociais são os seguintes: o direito de toda pessoa a um nível de vida adequado, para si e sua família, incluindo alimentação, vestimenta, moradia e proteção especial para as mulheres grávidas, crianças, jovens e idosos; direito à educação, que assegura a todos o acesso à educação fundamental, obrigatória e gratuita; direito à saúde, física e mental, que implica a criação de condições que possibilitem a todos a assistência médica em caso de enfermidade; e o direito à previdência social. Os direitos sociais afirmam as liberdades *por meio* do Estado, ou seja, exigem que o Poder Público garanta, através de políticas públicas, as condições de subsistência de todos os cidadãos, particularmente dos que não têm como sobreviver por si próprios, ou seja, os mais pobres e vulneráveis.

A reivindicação dos direitos denominados difusos ou transindividuais (porque são devidos a coletivos, e não às pessoas singulares) tem origem nos movimentos políticos e sociais das décadas de 1960 e 1970. O direito a um meio ambiente saudável e o direito dos consumidores são, até o momento, os que mais se firmaram no plano jurídico. A satisfação desses direitos exige não só a presença de instituições estatais, mas também de organizações não governamentais e movimentos sociais.

* * *

Para uma síntese dos direitos culturais, foram consultadas várias fontes internacionais, especialmente a Declaração Universal dos Direitos Humanos (1948)[4] e os dois pactos que a ela se seguiram e que pretenderam estabelecer o compromisso dos Estados signatários com sua efetiva aplicação: o Pacto Internacional dos Direitos Econômicos, Sociais e Culturais[5] e o Pacto Internacional dos Direitos Civis e Políticos,[6] ambos de 1966. Da ONU, foi consultada ainda a Declaração sobre os Direitos das Pessoas Pertencentes às Minorias Nacionais, Étnicas, Religiosas e Linguísticas (1992).[7] Também foi consultado o texto resultante da Conferência de Haia de 1954, a Convenção sobre a Proteção dos Bens Culturais em Caso de Conflito Armado (Convenção de Haia).[8] E da Unesco, órgão da ONU responsável pela educação, ciência e cultura, foram consultados vários documentos, entre eles: a Convenção Universal sobre

Direito de Autor,[9] a Declaração dos Princípios da Cooperação Cultural Internacional,[10] a Convenção sobre a Proteção do Patrimônio Mundial, Cultural e Natural,[11] a Recomendação sobre a Participação dos Povos na Vida Cultural,[12] a Recomendação sobre o *Status* do Artista,[13] a Declaração do México sobre Políticas Culturais,[14] a Recomendação sobre a Salvaguarda da Cultura Tradicional e Popular,[15] o *Informe mundial sobre a cultura: diversidade cultural, conflito e pluralismo*, da Comissão Mundial de Cultura e Desenvolvimento,[16] a Declaração Universal sobre a Diversidade Cultural,[17] a Convenção para a Salvaguarda do Patrimônio Cultural Imaterial[18] e a Convenção sobre a Proteção e a Promoção da Diversidade das Expressões Culturais.[19] Embora esses documentos imponham aos Estados-membros distintas obrigações de natureza jurídica, a Convenção tem mais "força" que a Declaração; e essa, maior poder que a Recomendação. Neste capítulo – cujo enfoque é histórico-político, e não jurídico –, tais documentos são interpretados como *pactos* de natureza política estabelecidos entre os Estados-membros da onu/Unesco.

No Informe de 2000, a Unesco enfatiza a necessidade de se elaborar um inventário dos direitos culturais que, no entender dessa agência, se encontram formulados de maneira fragmentada e dispersa nos diversos

---

4   onu. Declaração Universal dos Direitos Humanos. Nova York, 1948.

5   onu. Pacto dos Direitos Econômicos, Sociais e Culturais. Nova York, 1966.

6   onu. Pacto dos Direitos Civis e Políticos. Nova York, 1966.

7   onu. Declaração sobre os Direitos das Pessoas Pertencentes às Minorias Nacionais, Étnicas, Religiosas e Linguísticas, Nova York, 1992.

8   Conferência de Haia. Convenção sobre a Proteção dos Bens Culturais no Caso de Conflito Armado. Haia, 1954.

9   Unesco. Convenção Universal sobre Direito de Autor. Genebra, 1952.

10   Unesco. Declaração dos Princípios da Cooperação Cultural Internacional. Paris, 1966.

11   Unesco. Recomendação sobre a Participação dos Povos na Vida Cultural. Paris, 1976.

12   Unesco. Convenção sobre a Proteção do Patrimônio Mundial, Cultural e Natural. Paris, 1972.

13   Unesco. Recomendação sobre o *Status* do Artista. Paris, 1980.

14   Unesco. Declaração do México sobre Políticas Culturais. México, 1982.

15   Unesco. Recomendação sobre a Salvaguarda da Cultura Tradicional e Popular. Paris, 1989.

16   Unesco. *Informe mundial sobre a cultura: diversidade cultural, conflito e pluralismo*. São Paulo/Paris: Moderna/Unesco, 2004.

17   Unesco. Declaração Universal sobre a Diversidade Cultural. Paris, 2001.

18   Unesco. Convenção sobre a Salvaguarda do Patrimônio Cultural Imaterial. Paris, 2003.

19   Unesco. Convenção sobre a Proteção e a Promoção da Diversidade das Expressões Culturais. Paris, 2005.

Política cultural: fundamentos

documentos sobre direitos humanos. Embora a Unesco tenha encomendado a elaboração desse inventário a um grupo de intelectuais,[20] que pretendiam coligi-los numa declaração específica sobre essa matéria, proponho, de antemão, a seguinte lista de direitos culturais: direito autoral; direito à participação na vida cultural, que engloba os direitos à livre criação, livre fruição (ou acesso), livre difusão e livre participação nas decisões de política cultural; direito à identidade e à diversidade cultural (ou de proteção do patrimônio cultural); e o direito/dever de cooperação cultural internacional.

* * *

O direito autoral é classificado no mundo jurídico como direito econômico. Porém, neste trabalho, propõe-se sua reclassificação como direito cultural, por três motivos: (1) na principal fonte deste capítulo, a Declaração Universal dos Direitos Humanos, o direito autoral aparece no artigo 27, que trata especificamente das questões da cultura; (2) as garantias dadas aos autores por esse direito não são apenas de natureza material (econômica), mas também moral, pois as obras, mais do que mera propriedade de seus criadores, são compreendidas como emanações da personalidade do autor; em decorrência, atos como o plágio ou a reprodução da obra sem autorização são considerados danos morais infligidos a ele; e (3) esse direito incide sobre obras literárias (incluindo as científicas) e artísticas, próprias do campo cultural.

O direito autoral foi o primeiro direito cultural internacionalmente estabelecido. Historicamente, ele nasceu na Inglaterra, Estados Unidos e durante a Revolução Francesa (1789), fruto da luta dos escritores em defesa de seus interesses perante os editores. Desse movimento resultaram atos legais reconhecendo a criação intelectual e artística como a mais legítima e a mais pessoal das propriedades.[21] A Convenção de Berna para a Proteção das Obras Literárias e Artísticas, proclamada num encontro realizado em 1886, foi o primeiro documento a consagrar, universalmente, os direitos dos autores sobre suas obras. A Convenção foi aprovada e depois difundida num contexto histórico marcado pela proliferação de inovações e aperfeiçoamentos tecnológicos, ocorridos entre 1820 e 1900, tais como: a fotografia (1826); a implantação do primeiro cabo telegráfico transatlântico (1866); o aprimoramento das impressoras rotativas (década de 1860); a invenção da película fotográfica em forma de tira (1884); a operacionalização da gravação sonora (1885); a invenção do dínamo (1869) e do motor a gasolina (1885); o surgimento das primeiras máquinas fotográficas simples, como a câmara Kodak (1888); a transmissão de energia elétrica por fio a grandes distâncias (1891); a primeira projeção cinematográfica (1895); e a invenção do telefone sem fio (1899). O período é marcado também pela expansão colonialista da Europa e dos Estados Unidos sobre a Ásia, África e América Latina. Não foi por acaso que as regulamentações internacionais do direito autoral e do direito à propriedade industrial – que incidem sobre marcas, patentes e inventos – deram-se no mesmo período, e que ambos sejam considerados ramos de um mesmo direito: o direito à propriedade intelectual. A Convenção de Paris para a Proteção da Propriedade Industrial data de 1883. Dez anos depois, as secretarias criadas em Berna e Paris, denominadas "oficinas internacionais", acabaram se reunindo num só organismo. Tratava-se, então, de assegurar as vantagens econômicas decorrentes da criação tanto de obras artísticas quanto de marcas e máquinas industriais, entre elas as que possibilitaram a reprodução em escala e a disseminação mundial de imagens e informações.

Após a Segunda Guerra Mundial, o direito autoral foi incorporado na Declaração Universal dos Direitos Humanos, em seu artigo 27, parágrafo 2º: "Todos têm direito à proteção dos interesses morais e materiais ligados a qualquer produção científica, literária ou artística de sua autoria". Em 1952 esse direito foi reafirmado e detalhado na Conferência Intergovernamental sobre os Direitos de Autor, da qual resultou a Convenção Universal sobre Direito de Autor. Em 1967, foi criada a Organização Mundial da Propriedade Intelectual, transformada em órgão especializado das Nações Unidas em 1974.

Na atualidade, o direito autoral, como integrante dos direitos culturais, tem sido alvo de discussões internacionais nas quais duas posições se defrontam. Uma sustenta que o produto cultural é mera mercadoria, igual a qualquer outra, ou seja, sujeita unicamente às regras do mercado. Assim, a fim de baratear as trocas comerciais entre os países, ele deveria ser objeto de desregulamentação. Essa posição é liderada pelos Estados Unidos, cujo interesse é fortalecer a hegemonia já desfrutada mundialmente pela sua indústria

---

20 Cf. Janusz Symonides, *Derechos culturales: una categoria descuidada de derechos humanos*. Disponível em: <https://red.pucp.edu.pe/ridei/files/2012/09/120919.pdf>. Nesse artigo o autor cita o chamado "Grupo de Friburgo", formado por especialistas encarregados de preparar um

projeto de Declaração sobre os direitos culturais, trabalho não concluído.
21 Cf. Jorge José Lopes Machado Ramos, "O artista e os direitos da criação; um *apartheid* autoral?", em: *Reflexões sobre o direito autoral*, Rio de Janeiro: Fundação Biblioteca Nacional, Dep. Nacional do Livro, 1997, p. 21.

do cinema. A outra posição entende que os bens culturais são portadores de ideias, valores e sentidos, e que, assim considerados, é inadmissível submetê-los unicamente ao jogo do mercado. Essa posição é liderada pela França, que esgrima o conceito de "exceção cultural" pensando na proteção de seu cinema e sua agropecuária (base da prestigiada gastronomia local), ambos considerados importantes componentes da identidade nacional francesa. Em síntese: a primeira posição enfatiza o *valor econômico* do bem cultural, e a segunda, seu *valor simbólico*.

* * *

O segundo direito cultural estabelecido no plano internacional foi o direito à livre participação na vida cultural: "Toda pessoa tem o direito de participar livremente da vida cultural da comunidade, de gozar das artes e de aproveitar-se dos progressos científicos e dos benefícios que deles resultam", diz a Declaração Universal em seu artigo 27, parágrafo 1º. Esse princípio foi complementado pelo artigo 15 do Pacto Internacional de Direitos Econômicos, Sociais e Culturais, por meio do qual os Estados-membros da onu comprometem-se a respeitar a "liberdade indispensável à pesquisa científica e à atividade criadora" e a adotar as medidas necessárias à "conservação, ao desenvolvimento e à difusão da cultura".

O direito à participação na vida cultural situa-se historicamente no contexto da emergência dos Estados social-democráticos, e pode ser incluído entre os direitos conquistados pelo movimento dos trabalhadores em suas lutas por mais igualdade. Nos termos em que foi formulado, fica evidente o objetivo de universalizar o acesso aos bens culturais, até então restrito às classes privilegiadas. Todavia, esse direito envolve mais do que o acesso à cultura. Na Recomendação sobre a Participação dos Povos na Vida Cultural (1976), a Unesco definiu de forma mais precisa duas dimensões dessa participação: a dimensão ativa, que pode ser traduzida como o direito à livre criação; e a dimensão passiva, aqui compreendida como direito à fruição ou acesso. Entendem-se por dimensão passiva "as oportunidades concretas disponíveis a qualquer pessoa, particularmente por meio da criação de condições socioeconômicas apropriadas, para que possa livremente obter informação, treinamento, conhecimento e discernimento, e para usufruir dos valores culturais e da propriedade cultural". E por dimensão ativa compreendem-se "as oportunidades concretas garantidas a todos – grupos e indivíduos – para

Direitos humanos e direitos culturais

que possam expressar-se livremente, comunicar, atuar e engajar-se na criação de atividades com vistas ao completo desenvolvimento de suas personalidades, a uma vida harmônica e ao progresso cultural da sociedade".

O efetivo exercício do direito à participação na vida cultural pressupõe a generalização da educação artística e científica, bem como o apoio material aos indivíduos, grupos e instituições dedicadas ao fazer artístico e intelectual. É no âmbito desse direito que se situam as estratégias e os mecanismos de incentivo e fomento à cultura. Embora fundamental, a liberdade de expressão não é suficiente; é preciso ter as condições para o exercício dessa liberdade. A esse respeito, a Recomendação sobre o *Status* do Artista (1980) convoca expressamente os governos dos Estados-membros "a ajudar a criar e sustentar não apenas um clima de encorajamento à liberdade de expressão artística, mas também as *condições materiais* que facilitem o aparecimento de talentos criativos" (grifo nosso).

No que diz respeito ao direito à difusão dos bens culturais, o Pacto Internacional dos Direitos Civis e Políticos, ao tratar da livre expressão do pensamento, assegura a todas as pessoas "a liberdade de procurar, receber e difundir informações e ideias de qualquer natureza, independentemente de considerações de fronteiras, verbalmente ou por escrito, em forma impressa ou artística, ou qualquer outro meio de sua escolha".

Excetuam-se os casos que envolvem a reputação das demais pessoas, razões de segurança nacional e, obviamente, manifestações contrárias aos princípios básicos dos direitos humanos, como a propaganda em favor da guerra e a apologia ao ódio nacional, racial ou religioso (artigos 19 e 20).

Em 1982, a Declaração do México sobre as Políticas Culturais introduz outra dimensão do direito à participação na vida cultural ao postular a mais ampla participação dos indivíduos e da sociedade no processo de "tomada de decisões que concernem à vida cultural". Para tanto, recomenda-se "multiplicar as ocasiões de diálogo entre a população e os organismos culturais", particularmente através da descentralização geográfica e administrativa da política cultural, o que inclui a disseminação territorial dos "locais de recreação e desfrute das belas-artes". Para "multiplicar as ocasiões de diálogo", é necessário criar espaços e instituições apropriadas, tais como conselhos, comissões, audiências públicas, conferências e ouvidorias, entre outros.

Embora não apareça de forma explícita em nenhum dos documentos, pressupõe-se que a descentralização das políticas culturais, além de geográfica e administrativa, deva ser também sociológica. Historicamente, as

Política cultural: fundamentos

políticas culturais têm tido como clientes preferenciais os intelectuais e os artistas eruditos e, como público-alvo, os estratos privilegiados da população. Salvo exceções, as políticas culturais têm sido instrumento de consagração de um grupo limitado de criadores, bem como um fator de distinção de uma classe social cujos membros se consideram mais capacitados para a fruição das artes e das ciências. Se o direito à participação é garantido a todos, é hora de as políticas públicas tratarem cada cidadão como um agente cultural em potencial, seja ele autor, usuário ou ambos.

* * *

A origem do direito à identidade e à diversidade cultural, ou direito à proteção do patrimônio cultural, situa-se historicamente nos mesmos movimentos revolucionários da Inglaterra (1688) e, particularmente, da França (1789). Foi no bojo dessas revoluções que nasceram as primeiras leis de proteção ao patrimônio histórico e artístico, os primeiros museus públicos, as bibliotecas, teatros e arquivos nacionais, além dos conservatórios de artes e ofícios. A função básica dessas instituições era a de materializar os novos valores – Nação, Povo e Estado –, fixá-los no imaginário das populações e assim obter a coesão social em torno desses símbolos. Dessa forma, esse direito nasceu umbilicalmente ligado aos Estados nacionais.

À medida que se sucedem guerras cada vez mais destruidoras, encontros internacionais aprovam documentos como a Convenção de Haia (1899) e o Pacto de Washington (1935), que estabelecem normas relativas à proteção do patrimônio cultural em caso de guerra. Após a Segunda Guerra Mundial, quando ocorrem verdadeiros saques ao patrimônio cultural dos países ocupados, esse direito é definitivamente elevado à esfera internacional. Em 1954, a Unesco proclama a Convenção sobre a Proteção dos Bens Culturais em Caso de Conflito Armado, documento pelo qual os Estados-membros se comprometem a respeitar os bens culturais situados nos territórios dos países adversários e a proteger o seu próprio patrimônio em caso de guerra. Essa convenção foi emendada em 1999, a fim de fazer face às novas formas de destruição engendradas pela Guerra do Golfo.

O movimento ecológico, que ganhou ímpeto a partir da década de 1970, também contribuiu para a elevação desse direito ao plano mundial.

Considerando que a deterioração ou o desaparecimento de um bem, natural ou cultural, constitui "um empobrecimento nefasto do patrimônio de

Direitos humanos e direitos culturais

todos os povos do mundo", a Unesco aprovou, em 1972, a Convenção sobre a Proteção do Patrimônio Mundial, Cultural e Natural. Nessa mesma reunião, foram criados o Comitê do Patrimônio Mundial e o Fundo do Patrimônio Mundial, destinados a apoiar a proteção e a conservação dos bens constantes da Lista do Patrimônio Mundial. Nos termos dessa convenção, os Estados-membros reconhecem ser deles a responsabilidade primordial de "identificar, proteger, conservar, reabilitar e transmitir às gerações futuras o patrimônio cultural e natural situado em seu território".

O vínculo entre patrimônio cultural e ambiental é reiterado na Declaração Universal sobre a Diversidade Cultural, de 2001, que defende o princípio de que "a diversidade cultural é tão necessária para o gênero humano como a diversidade biológica o é para a natureza" e, por isso, "deve ser reconhecida e consolidada em benefício das gerações presentes e futuras". Referindo-se ao atual processo de globalização, esse documento considera que a tolerância e o respeito à diversidade cultural "estão entre as melhores garantias da paz e da segurança internacionais" e que a globalização, "apesar de constituir um desafio para a diversidade cultural, cria condições de um diálogo renovado entre as culturas e as civilizações". Esse diálogo, no entanto, é possível somente nos marcos do regime democrático, que pressupõe o respeito ao "pluralismo cultural", entendido como "a resposta política à realidade da diversidade cultural".

A Convenção do Patrimônio e a Declaração do México sobre as Políticas Culturais definem como patrimônio cultural de um povo as obras de seus artistas, arquitetos, músicos, escritores e sábios, as criações anônimas surgidas da alma popular e o conjunto de valores que dão sentido à vida. Incluem também a língua, os ritos, as crenças, os lugares e os monumentos históricos, paisagísticos, arqueológicos e etnológicos, além das instituições dedicadas à proteção desse patrimônio, como os arquivos, bibliotecas e museus. Os mesmos documentos reafirmam o direito dos povos de proteger o seu patrimônio cultural, vinculando-o à defesa da soberania e da independência nacionais. A Declaração do México recomenda ainda que sejam restituídas aos países de origem as obras que lhes foram subtraídas via colonialismo, conflitos armados e ocupações estrangeiras. Em 1978, esse princípio foi incorporado pela Unesco, quando se instituiu o Comitê Intergovernamental para Fomentar o Retorno dos Bens Culturais aos seus Países de Origem ou sua Restituição em Caso de Apropriação Ilícita, órgão consultivo encarregado de receber as solicitações dos países prejudicados e mediar os diálogos bilaterais.

Situação específica é a dos países onde vivem minorias étnicas, religiosas ou linguísticas. Aos membros desses grupos em particular, o artigo 27 do Pacto dos Direitos Civis e Políticos assegura o direito de ter "sua própria vida cultural, de professar e praticar sua própria religião e usar sua própria língua". Em 1992, a ONU aprovou a Declaração sobre os Direitos das Pessoas Pertencentes às Minorias Nacionais, Étnicas, Religiosas e Linguísticas, na qual se formula a obrigação dos Estados de proteger a existência e a identidade das minorias no interior de seus respectivos territórios.

Ainda com relação ao direito à identidade, cabe destacar a Recomendação sobre a Salvaguarda da Cultura Tradicional e Popular. Esse documento define cultura tradicional e popular como um "conjunto de criações fundadas na tradição, que emanam de uma comunidade cultural pela expressão de grupos ou indivíduos, e que reconhecidamente respondem às expectativas dessa comunidade como manifestações de sua identidade cultural e social".

Incluem-se as normas e os valores que se transmitem oralmente, a língua, a literatura, a música, a dança, os jogos e brincadeiras, a mitologia, os ritos, os costumes, o artesanato, a arquitetura e outras artes. Considerando que a cultura popular deve ser protegida *por* e *para* o grupo cuja identidade expressa, e reconhecendo que as tradições se transformam, esse documento insiste basicamente na recomendação para que os Estados-membros apoiem a investigação e o registro dessas manifestações, a fim de assegurar o conhecimento, o acesso e a difusão da cultura popular. Não obstante, temendo que a cultura popular venha a perder sua força sob a influência da *cultura industrializada*, difundida pelos meios de comunicação de massas, recomenda-se aos Estados que incentivem economicamente a salvaguarda dessas tradições, "não só dentro das coletividades das quais procedem, mas também fora delas". Recomenda ainda que os Estados estimulem a comunidade científica internacional – e é possível acrescentar a comunidade artística – a adotar "um código de ética apropriado no que se refere aos contatos com as culturas tradicionais e ao respeito que lhes é devido".

Dois documentos posteriores reforçaram a Recomendação de 1989: a já referida Declaração Universal sobre a Diversidade Cultural, de 2001, e a Convenção para a Salvaguarda do Patrimônio Cultural Imaterial, de 2003, ambas da Unesco. O preâmbulo dessa última faz referência especial à contribuição das comunidades indígenas para o enriquecimento da diversidade cultural humana. No seu artigo 2º, define-se como patrimônio imaterial:

Direitos humanos e direitos culturais

[...] as práticas, representações, expressões, conhecimentos e técnicas – junto com os instrumentos, objetos, artefatos e lugares culturais que lhes são associados – que as comunidades, os grupos e, em alguns casos, os indivíduos reconhecem como parte integrante de seu patrimônio cultural. Esse patrimônio cultural imaterial, que se transmite de geração em geração, é constantemente recriado pelas comunidades e grupos em função de seu ambiente, de sua interação com a natureza e de sua história, gerando um sentimento de identidade e de continuidade e contribuindo assim para promover o respeito à diversidade cultural e à criatividade humana.

Finalmente, cabe citar a Convenção sobre a Proteção e a Promoção da Diversidade das Expressões Culturais, aprovada em 2005. Esse documento entende que a diversidade compreende as várias e originais formas assumidas pela cultura através do tempo e do espaço, que geraram uma pluralidade de identidades, conhecimentos e expressões culturais. Salienta a necessidade de protegê-las, em especial aquelas que "possam estar ameaçadas de extinção ou de grave deterioração". Entende que os processos de globalização e liberalização comercial, facilitados pelas novas tecnologias de comunicação e informação, "apesar de proporcionarem condições inéditas para que se intensifique a interação entre culturas, constituem também um desafio para a diversidade cultural", em face dos desequilíbrios existentes entre países ricos e países pobres. Por isso, reafirma o direito soberano de todos os Estados de "implementar as políticas e medidas que eles julgarem apropriadas para a proteção e a promoção da diversidade das expressões culturais em seu território", reconhecendo também o papel crucial da cooperação internacional e da participação da sociedade civil na proteção e promoção dessa diversidade.

* * *

Em 1966, durante a Guerra do Vietnã, os Estados-membros da Unesco, preocupados em assegurar a paz mundial, proclamaram a Declaração de Princípios da Cooperação Cultural Internacional, e dessa forma instituíram um novo direito cultural: "A cooperação cultural é um direito e um dever de todos os povos e de todas as nações, que devem compartilhar o seu saber e os seus conhecimentos", diz o artigo 5º. A Declaração considera ser o intercâmbio cultural essencial à atividade criadora, à busca da verdade e ao cabal desenvolvimento da pessoa humana. Afirma que todas as culturas têm "uma dignidade e um valor que

Política cultural: fundamentos

devem ser respeitados", e que é através da influência que exercem umas sobre as outras que se constitui o patrimônio comum da humanidade.

A Declaração do México aprofunda esses princípios ao defender como indispensável o reequilíbrio do intercâmbio internacional, a fim de que culturas menos conhecidas "sejam mais amplamente difundidas em todos os países". Enfatiza ainda a importância do intercâmbio cultural nos esforços de instauração de uma nova ordem econômica mundial.

O vínculo entre os direitos à identidade e à cooperação cultural é profundo. Se, por um lado, é reconhecido o direito de cada povo defender seu próprio patrimônio; de outro, esses mesmos povos têm o dever de promover o intercâmbio entre si. Ou seja, nenhum país, região, grupo étnico, religioso ou linguístico pode invocar suas tradições para justificar qualquer tipo de agressão, pois, acima dos valores de cada um, está o patrimônio comum da humanidade, cujo enriquecimento se dá na mesma proporção em que o intercâmbio cultural é incrementado.

* * *

Embora com alguns progressos, a rota de afirmação e fruição dos direitos humanos não tem sido fácil. O maior desafio é dar efetividade prática a esses direitos frequentemente ameaçados e violados. Essa tarefa começa por argumentar contra os seus críticos.

As declarações universais de direitos humanos são alvo de pelo menos duas críticas. Uma delas as desqualifica por tê-las como documentos que tratam o "homem" como uma categoria abstrata, sem correspondência com a realidade concreta; a outra as acusa de defender os interesses históricos de uma classe social específica, a burguesia, e particularmente do indivíduo burguês, egoísta e afastado dos outros e da comunidade. Em contraposição a essas críticas, pode-se dizer, em primeiro lugar, que essas declarações não surgem do nada. Elas nascem em momentos históricos concretos de luta contra as tiranias, as guerras, as discriminações e toda a sorte de abusos que submetem as pessoas a situações degradantes. Em segundo lugar, não se pode negar que essas declarações partem – apesar de não se limitarem – de uma concepção "individualista", mas, como afirma Bobbio, é preciso desconfiar de quem defende uma concepção anti-individualista da sociedade. Pelo anti-individualismo, diz esse autor, passaram várias doutrinas, desde as mais reacionárias até as da esquerda antidemocrática.

44

Direitos humanos e direitos culturais

Após a Segunda Guerra Mundial, a defesa mais enfática e rigorosa dos direitos humanos partiu do chamado personalismo comunitário, escola filosófica surgida na França, em torno de 1930, que teve influência na discussão e redação da Declaração Universal. O personalismo comunitário sustenta que há uma distinção entre indivíduo e pessoa: o indivíduo existe somente para si, é egoísta; a pessoa existe para si, mas também para o outro, vale dizer, para a comunidade. A consequência política dessa distinção é a seguinte: nem o individualismo possessivo do regime liberal capitalista, que brutaliza a pessoa, nem o coletivismo estatizante da tradição comunista, que a todos despersonaliza. Entre esses extremos, o personalismo comunitário propõe uma terceira via, transparente na Declaração Universal, cujos artigos começam sempre com as palavras: "Toda *pessoa* tem direito..."

Para sustentar a distinção proposta pelo personalismo comunitário, talvez fosse necessário abandonar o ponto de partida deste capítulo – de que os direitos humanos são históricos, sendo inútil buscar um princípio que os justifique – e admitir a existência de características humanas inerentes e universais. Todavia é possível conciliar o universal e o histórico se se considera a pessoa humana como um *projeto*, que pode se realizar, ou não, no decurso da História. Nessa perspectiva, a construção dos direitos humanos deve ser vista como um processo de luta, talvez interminável, na qual o ser humano busca tornar-se *pessoa*, ou seja, agente da liberdade, da criatividade, da solidariedade e da comunicação com o outro.

Recentemente, a crítica aos direitos humanos tem centrado seu ataque na pretensão dessa doutrina à validade universal. Dizem seus críticos que ela não passa de um patrimônio exclusivo da cultura ocidental e, por isso, inadaptada ao mundo oriental. Trata-se de uma crítica de natureza cultural, o que levou o sociólogo do direito Boaventura de Souza Santos a escrever que, hoje, a "política dos direitos humanos é, basicamente, uma política cultural [...]. Ora, falar de cultura e de religião é falar de diferenças, de fronteiras, de particularismos. Como poderão os direitos humanos ser uma política simultaneamente cultural e global?".[22]

---

22 Boaventura de Souza Santos, "Por uma concepção multicultural de direitos humanos", em: Bela Feldman-Bianco; Graça Capinha (org.), *Identidades: estudos de cultura e poder*, São Paulo: Hucitec, 2000, p. 21.

Política cultural: fundamentos

Na tentativa de responder, o autor propõe reconceituar os direitos humanos a partir de uma perspectiva multicultural. Reconhecendo que a doutrina dos direitos humanos está assentada num conjunto de pressupostos tipicamente ocidentais, e que até mesmo a pretensão à universalidade é um desiderato próprio dessa cultura, Boaventura Santos sugere a instituição de um diálogo intercultural que parta das diferentes concepções de dignidade humana existentes nas diversas culturas. O autor acredita que esse diálogo pode "levar, eventualmente, a uma concepção mestiça de direitos humanos, uma concepção que, em vez de recorrer a falsos universalismos, se organize como uma constelação de sentidos locais, mutuamente inteligíveis, e se constitua em redes de referências normativas capacitantes".[23]

O pano de fundo histórico no qual se desenrola a crítica cultural à universalidade dos direitos humanos tem relação com os hoje chamados "valores asiáticos", invocados por autoridades políticas e seus porta-vozes intelectuais para justificar regimes autoritários na Ásia. Esses valores partem da suposição de que as culturas baseadas na tradição confuciana (relativa ao sábio Confúcio) "tendem a ressaltar a disciplina em vez dos direitos e a lealdade em vez das pretensões".[24] Essa postura é refutada na obra do economista Amartya Sen, *Desenvolvimento como liberdade*. Além de criticar qualquer generalização sobre a Ásia, região vasta, diversificada e onde vive 60% da população mundial, o autor cita vários autores, entre eles o próprio Confúcio, para demonstrar a existência de ideias e valores ditos "ocidentais" – como as liberdades e a tolerância – também no pensamento chinês, árabe, hindu e islâmico. Essa constatação não significa, diz o autor, desconhecer a existência de "ideias e doutrinas que claramente *não* enfatizam a liberdade e a tolerância", pois "a defesa da ordem e da disciplina pode ser encontrada também nos clássicos ocidentais". "E não é difícil encontrar casos de violações – de violações extremas – da tolerância em qualquer cultura (das inquisições medievais aos campos de concentração modernos do Ocidente, e da chacina religiosa à opressão vitimadora do Taliban no Oriente)".

Em contrapartida, "persistentemente se levantam vozes em favor da liberdade – de diferentes formas – em culturas distintas e distantes".[25]

Essa constatação permite recolocar a questão que mais interessa: a efetividade dos direitos humanos. É inegável que existe uma grande distância entre a doutrina e a prática; ou entre as propostas das Declarações e o exercício concreto dos direitos invocados. Essa defasagem manifesta-se, entre outros motivos, pela inexistência de uma jurisdição internacional dotada de

46

Direitos humanos e direitos culturais

autoridade suficiente para exigir dos indivíduos, grupos e Estados nacionais o cumprimento dos direitos humanos; e para puni-los, caso os violem (o Tribunal Penal Internacional é uma exceção). Nessas circunstâncias, a garantia do exercício desses direitos depende basicamente de sua inclusão nas Constituições e leis nacionais, das pressões de uns Estados sobre outros e de movimentos internacionais de opinião pública.

O problema da falta de efetividade agravou-se ainda mais em decorrência do processo de globalização do capitalismo e de suas políticas neoliberais, que debilitam a soberania dos Estados nacionais, forçando-os a se submeterem aos ditames do mercado financeiro global, o que inclui limitar, nas leis nacionais, os direitos econômicos, sociais e culturais.

No entanto, há fatos auspiciosos, entre eles a guinada operada no pensamento das esquerdas depois da queda dos regimes socialistas no Leste Europeu e na União Soviética. Como observa Boaventura Santos, no período da Guerra Fria, as forças progressistas preferiam "a linguagem da revolução e do socialismo para formular uma política emancipatória. [...] Essas mesmas forças progressistas recorrem hoje aos direitos humanos para reinventar a linguagem da emancipação. É como se os direitos humanos fossem invocados para preencher o vazio deixado pelo socialismo".[26]

O reposicionamento da esquerda, entretanto, não foi acompanhado por movimento equivalente da direita liberal-conservadora, que, apesar de adepta dos direitos civis e políticos, continua resistindo aos direitos econômicos, sociais e culturais. Os Estados Unidos até hoje não ratificaram o Pacto dos Direitos Econômicos, Sociais e Culturais.

Outro fato favorável à luta pela efetivação dos direitos humanos foi o fortalecimento de dois novos espaços de reivindicação: o local e o global. No plano local, a luta pela cidadania se expressa através de organizações de caráter comunitário, no interior das quais vários temas são debatidos e postos para negociação. Esses movimentos são de três tipos: (1) os que reivindicam a melhoria da qualidade de vida: meio ambiente saudável, segurança, transportes, lazer, privacidade e qualidade dos produtos e serviços; (2) movimentos sociais de identidade, que se referem a gênero, faixas etárias,

---

23 *Ibid.*, p. 30.
24 Amartya Kumar Sen, *Desenvolvimento como liberdade*, São Paulo: Companhia das Letras, 2000, p. 266.

25 *Ibid.*, pp. 269 e 281.
26 Boaventura de Souza Santos, *Por uma concepção multicultural de direitos humanos, op. cit.*, p. 19.

raízes étnicas, sexualidade, credos religiosos e referências territoriais (bairros, cidades e regiões); e (3) os movimentos sindicais, que perseveram na luta pelos direitos econômicos e sociais básicos (saúde, educação, salário e previdência social). No plano mundial, surgem organizações não governamentais que paulatinamente vão constituindo uma sociedade civil supranacional ou, melhor dizendo, uma cidadania mundial, com destaque para aquelas que defendem os direitos humanos e o meio ambiente. Diante disso, é possível concluir com José Eduardo Faria:

> Se no plano estritamente jurídico-positivo o panorama [dos direitos humanos] parece sombrio e cinzento [...], o mesmo já não ocorre no plano político. Aqui os direitos humanos seguramente continuarão constituindo importante critério para animar e orientar as lutas em prol da revitalização da liberdade e da dignidade humana.[27]

27 José Eduardo Faria, "Direitos humanos e globalização econômica: notas para uma discussão", *Estudos avançados*, São Paulo: Universidade de São Paulo, Instituto de Estudos Avançados, 1987, vol. 1, n. 1, p. 52.

* * *

3.
Criatividade e direito autoral

Historicamente, o que hoje entendemos como direito autoral surgiu em três Estados nacionais: Inglaterra, França e Estados Unidos. O *copyright* inglês é bem diferente do *droit d'auteur* francês. Em sua gênese, ainda no século XVI, há uma aliança

> entre a *Stationers Company* e a rainha Maria Tudor, firmada por uma carta patente, conforme a qual a primeira se responsabilizaria pela supervisão, pela censura e pelo licenciamento dos livros, impedindo assim a circulação de obras de orientação protestante, e a segunda garantiria o monopólio de impressão à centena de membros daquela associação.[1]

O *droit d'auteur*, por sua vez, surge de uma lei aprovada em 1793, decorrente das mudanças provocadas pela Revolução Francesa (1789), da qual participaram intelectuais e escritores, como Diderot e Beaumarchais, que então militavam em defesa da propriedade literária. No entanto, antes da França, os norte-americanos, por meio do Federal Copyright Act (1790), já tinham assegurado aos autores e inventores, "por tempo limitado, o direito exclusivo sobre seus respectivos escritos e descobertas".[2] Pode-se dizer que o *copyright* nasce sob o signo do monopólio e da censura, ao passo que o direito autoral

---

1 Regina Zilberman, "A literatura no marco da economia da cultura", em: César Bolañõ; Cida Folin; Valério Brittos, *Economia da arte e da cultura*, São Paulo: Itaú Cultural; São Leopoldo: Cepos/Unisinos; Porto Alegre: PPGCOM/UFRGS; São Cristovão: Obscom/UFS, 2010, p. 86.

2 *Ibid.*, p. 91

Política cultural: fundamentos

é uma espécie de conquista trabalhista *avant la lettre*. Com o tempo, o termo "direito autoral" (ou direito de autor) generalizou-se e, em 1974, quando a Organização Mundial da Propriedade Intelectual foi incorporada pelas Nações Unidas, o termo firmou-se internacionalmente.

Três argumentos justificam o direito autoral: ele estimula os indivíduos a criar; confere aos autores autonomia criativa – antes eles eram submetidos à tutela das cortes, da Igreja e das famílias abastadas (mecenas); e contribui para o livre desenvolvimento das ciências e das artes. Esses argumentos foram relativamente consensuais até a emergência das novas tecnologias de informação e comunicação. Embora o direito autoral continue gozando de garantias jurídicas, nos âmbitos nacional e internacional, hoje ele enfrenta duras críticas, além de dificuldades operacionais. Cada vez mais o impacto da tecnologia digital afasta "o criador da criação, pulverizando os mecanismos de defesa da obra no âmbito das redes de comunicação eletrônica".[3] Além disso, disseminam-se nessas redes argumentos defendendo que a arte e o saber são propriedades coletivas, que todo ato criativo está amparado em descobertas anteriores e que os indivíduos, na verdade, não são criadores, apenas captam ideias e formas que já se encontram amadurecidas na sociedade. O fulcro dessa discussão gira em torno de uma pergunta de difícil resposta: a criatividade resulta do trabalho solitário ou é devida ao estímulo do grupo no qual o indivíduo está inserido?

Sigmund Freud, na obra *Psicologia de grupo e análise do ego*, argumenta que as grandes descobertas e soluções de problemas são possíveis apenas ao indivíduo que trabalha em solidão, mas admite a existência de uma "mente grupal [...] capaz de gênio criativo", como exemplificado, "acima de tudo, pela linguagem, bem como pelo folclore, pelas canções populares e outros fatos semelhantes".[4]

Theodor Adorno, ao estudar a criação poética, reconhece que somente a pouquíssimos seres humanos é dado "captar o universal no mergulho em si mesmos",[5] mas admite a existência de uma "corrente subterrânea coletiva", que "faz o fundo de toda a lírica individual" e que pode ser encontrada, por exemplo, na relação do movimento romântico com a poesia popular e na obra de autores como Baudelaire, García Lorca e Brecht.

Dois conceitos propostos por Anthony Giddens – "cultura do risco" e "reflexividade" – acrescentam mais argumentos a essa complexa discussão. No entender desse sociólogo inglês, a sociedade contemporânea está imersa no risco – não no sentido de perigo, mas de imprevisibilidade –, que tem duas causas: a influência declinante das tradições e as mudanças nas relações dos indivíduos com a natureza, cada vez mais impactada pela intervenção humana. No passado, diz esse autor, tradição e natureza formavam os cenários estruturantes da ação humana. Quanto mais as coisas vão se tornando não naturais e não tradicionais, mais decisões têm de ser tomadas a respeito delas.[6] Perante cenários em permanente mutação, as reações automáticas orientadas pelo senso prático (ou consciência prática) não são mais suficientes. Para que a vida seja "tocada pra frente", a toda hora uma nova decisão é exigida, o que pressupõe capacidade de reflexão; ou seja, ser criativo, hoje, é praticamente uma questão de sobrevivência.

Uma possível relação entre o fenômeno da criatividade e a inspiração foi objeto dos estudos de Rollo May, que são esclarecedores. Esse psicanalista norte-americano teve a oportunidade de analisar vários artistas e concluiu que a inspiração é o aflorar de ideias e imagens novas que, de forma repentina, passam do inconsciente ao consciente, resultado de um trabalho árduo, concentrado e quase obsessivo sobre determinada matéria, e que emerge nos momentos de repouso ou no intervalo entre o trabalho e o repouso, provocando uma sensação de luminosidade, intensificação da consciência, certeza e regozijo. Há inúmeros exemplos de cientistas e artistas que experimentaram a inspiração na hora do sonho ou do devaneio, num passeio pela praia, ao fazer a barba, tomar um ônibus ou dirigir o carro. É como se o inconsciente continuasse a trabalhar, tal a concentração do indivíduo sobre sua tarefa.

É verdade que a inspiração, também descrita como iluminação ou *insight*, é apenas uma etapa do processo criativo. Eunice Soriano de Alencar e Denise de Souza Fleith,[7] com base em pesquisa da obra de vários psicólogos, resumiram esse processo em quatro fases: preparação, iluminação (inspiração), verificação (crítica) e comunicação. Além do necessário conhecimento do indivíduo

---

3 Hildebrando Pontes Neto, "A propriedade intelectual e as redes eletrônicas", em: *Reflexões sobre o direito autoral*, Rio de Janeiro: Fundação Biblioteca Nacional, 1997, p. 14.

4 Sigmund Freud, Psicologia de grupo e análise do ego, em: *Obras completas*, Rio de Janeiro: Imago, 1976. v. 18, p. 108.

5 Theodor W. Adorno, "Lírica e sociedade", em: Theodor W. Adorno; Walter Benjamin; Max Horkheimer; Jürgen Habermas,

Textos escolhidos, São Paulo: Abril Cultural, 1983, p. 200, coleção Os Pensadores.

6 Anthony Giddens; Christopher Pierson, *Conversas com Anthony Giddens*, Rio de Janeiro: Fundação Getúlio Vargas, 2000, p. 78.

7 Eunice Soriano de Alencar; Denise de Souza Fleith, *Criatividade: múltiplas perspectivas*, 3ª ed., Brasília: Editora Universidade de Brasília, 2003.

Política cultural: fundamentos

criativo sobre a matéria em que atua, o que há de comum em todas as fases é a perseverança, concentração e dedicação ao trabalho. Embora surja de forma inesperada e, em geral, nos momentos de relaxamento, a inspiração é sempre precedida de um *intenso período de preparação*, e costuma ser seguida de mais trabalho ainda, dedicado ao aperfeiçoamento da obra criada.

Sobre o período de preparação, Alencar e Fleith citam o matemático Poincaré:

> O mais impressionante é o aparecimento da iluminação súbita, que é o sinal manifesto de um trabalho inconsciente anterior [...]. Estas inspirações súbitas nunca acontecem, exceto após alguns dias de esforço voluntário que parecem absolutamente infrutíferos e durante os quais nada de produtivo parece acontecer. Entretanto, estes esforços não são estéreis, como à primeira vista se pensa; eles acionam a máquina inconsciente, e sem eles nada seria produzido.[8]

Sobre o posterior e indispensável trabalho de aperfeiçoamento, Mário de Andrade é taxativo. Em carta dirigida a Luís da Câmara Cascudo, ele diz:

> Escrever sem consertar depois o que a própria rapidez e veemência de inspiração enfraquece não dá coisa boa quase nunca. Si o gênio não é uma longa paciência como queria o outro, é incontestável que sem paciência e trabalho refletido, que só pode ser posterior ao momento de criação, não tem quase obra que seja grande. Sobretudo se for longa. Com exceção de minhas cartas não tem trabalhinho meu que não seja pausadamente passado. E assim é que deve ser.[9]

No mesmo sentido, o compositor Tchaikovsky escreve que "o que foi elaborado em uma fase de ardor deve ser agora criticamente examinado, aperfeiçoado, ampliado ou condensado".[10] Para tanto, dizem Alencar e Fleith, muitas vezes é necessário "retomar a etapa de preparação, buscando mais informação sobre o problema investigado".[11] Finalmente, o resultado deve ser comunicado e submetido à crítica dos pares e do público em geral. No caso da obra de arte, a reação do público costuma gerar novos aperfeiçoamentos.

A inspiração, no entanto, parece vir também em consequência da preocupação do sujeito criativo com um problema que assola sua mente. O que se percebe nesta passagem de Manuel Bandeira, em carta a Alphonsus de Guimaraens Filho, contando como nasceu um dos seus poemas mais famosos, criado na ocasião em que o poeta estava de mudança de seu quartinho numa casa, que seria demolida, do bairro carioca da Lapa:

> Havia mais de um ano que a inspiração não vinha. Mas devendo mudar-me, desci de Petrópolis para ver um apartamento, vi, gostei, fui à Light tratar da transferência de gás, luz e telefone, fui ao proprietário, fechei o contrato... Quando voltei ao quartinho da Rua Morais e Vale, caí na cama estrompado e me bateu uma bruta dor de corno de deixar aquele cantinho onde fui feliz. Fiquei assim umas duas horas, e na ocasião em que tinha de sair para um jantar, começou a vir o poema... Garatujei as duas primeiras estrofes, certo de que a torneira secaria. Saí sem papel nem lápis. Pois no bonde a coisa continuou vindo. Quando cheguei ao meu destino, pedi lápis e papel, rabisquei as minhas notas e só então pude jantar sossegado.[12]

A inspiração, porém, não concluiu o trabalho do poeta. Em correspondência posterior, Bandeira voltou a falar sobre esse poema, referindo-se a outras versões às quais se dedicou, incluindo até mesmo a mudança do título: o que antes era o "Último poema do beco" passou a ser a "Última canção do beco".

A necessidade de esforço, ensaios, preocupação e concentração desmistifica a ideia muito difundida pelo senso comum de que os gênios são dotados de uma habilidade inata ou congênita. Tal pressuposto é questionado por Thomas Edson em célebre frase: "O gênio é feito de 2% de inspiração e 98% de transpiração". Pode-se dizer mais: que os 2% de inspiração surgem somente depois dos 98% de transpiração.

Alencar e Fleith confirmam:

> Outro fator que tem sido notado no processo de criação diz respeito ao envolvimento do pesquisador ou do artista, principalmente durante a fase preparatória. É comum todo o pensamento do pesquisador girar em torno do problema que o atrai como um ímã, que o prende, levando-o a não pensar

---

8 Eunice Alencar; Denise Fleith, *op. cit.*, p. 54.

9 Mário de Andrade, *Cartas de Mário de Andrade a Luís da Câmara Cascudo*, Belo Horizonte: Itatiaia, 2000, p. 71, Obras de Mário de Andrade, vol. 24.

10 Eunice Alencar; Denise Fleith, *op. cit.*, p. 56.

11 *Ibid.*, p. 56.

12 Alphonsus de Guimaraens Filho, *Itinerários: cartas a Alphonsus de Guimaraens Filho [de] Mário de Andrade e Manuel Bandeira*, São Paulo: Duas Cidades, 1974, p. 82.

Política cultural: fundamentos

em outra coisa, como bem ilustrado por Dostoiévski, romancista russo que assim se expressou: "Quando escrevo algo, penso sobre isto quando como, quando durmo e quando converso com alguém".[13]

A análise da obra de Norbert Elias – particularmente do livro *A sociedade dos indivíduos*,[14] que reúne ensaios resultantes de mais de cinquenta anos de reflexão sobre as relações indivíduo/sociedade – ajuda a responder à questão sobre a origem da criatividade: se devida ao esforço individual ou às influências do meio social. Já no prefácio, o autor critica as teorias que compreendem o indivíduo como "uma entidade existindo em completo isolamento" e a sociedade como uma coletânea desestruturada de muitos indivíduos, ou como "objeto que existe para além dos indivíduos". Em ambos os casos, indivíduo e sociedade são pensados como entidades "ontologicamente diferentes", ou até mesmo opostas. Em contraposição, Elias propõe um novo modelo para explicar as relações indivíduo/sociedade. Inspirado na teoria da *gestalt* e na teoria dos conjuntos, Elias assume como pressuposto que "o todo é diferente da soma de suas partes e que, por isso, tem suas próprias leis; e que as unidades de potência menor dão origem a uma unidade de potência maior", que não pode ser compreendida se suas partes forem consideradas como isoladas, "independentemente de suas relações".[15] Essa unidade maior (a sociedade) constitui uma "ordem oculta ou invisível" (porque não diretamente percebida pelos sentidos), que "oferece ao indivíduo uma gama mais ou menos restrita de funções e modos de comportamento possíveis".[16] Esse "arcabouço básico de funções interdependentes" não pode ser considerado como "criação de indivíduos particulares", pois cada indivíduo "faz parte dele, é representante de uma função que só é formada e mantida em relação a outras funções".[17] Embora o "contexto funcional" não possa ser considerado uma criação de indivíduos particulares, "ou sequer de muitos indivíduos, tampouco ele é algo que exista fora dos indivíduos", pois o contexto só tem existência em virtude da "interdependência das funções individuais" e "é a essa rede de funções que as pessoas desempenham umas em relação a outras, a ela e nada mais, que chamamos 'sociedade'".[18] Para a compreensão do todo, é necessário, portanto, "desistir de pensar em termos de substâncias isoladas únicas e começar a pensar em termos de relações e funções".[19]

À totalidade das relações entre indivíduo e sociedade, Elias dá o nome de "rede":

Criatividade e direito autoral

Para ter uma visão mais detalhada desse tipo de inter-relação, podemos pensar no objeto de que deriva o conceito de rede: a rede de tecido. Nessa rede, muitos fios isolados ligam-se uns aos outros. No entanto, nem a totalidade da rede nem a forma assumida por cada um de seus fios podem ser compreendidas em termos de um único fio, ou mesmo de todos eles isoladamente considerados; a rede só é compreensível em termos da maneira como eles se ligam, de sua relação recíproca. Essa ligação origina um sistema de tensões para o qual cada fio isolado concorre, cada um de maneira um pouco diferente, conforme seu lugar e função na totalidade da rede. A forma do fio individual se modifica quando se alteram a tensão e a estrutura da rede inteira. No entanto, essa rede nada é além de uma ligação de fios individuais; e, no interior do todo, cada fio continua a constituir uma unidade em si; tem uma posição e uma forma singulares dentro dele.[20]

Em seguida, Elias mostra que essa "rede" tem mobilidade, variando no espaço e no tempo:

Em cada associação de seres humanos, esse contexto funcional tem uma estrutura muito específica. Numa tribo de criadores nômades de gado, ela é diferente da que existe numa tribo de lavradores; numa sociedade feudal de guerreiros, é diferente da existente na sociedade industrial de nossos dias e, acima disso tudo, é diferente nas diferentes comunidades nacionais da própria sociedade industrial.[21]

Na tentativa de explicar a existência de variados tipos de associação e a "historicidade fundamental" das sociedades, Elias aponta para uma característica própria do ser humano que contrasta com o comportamento instintivo dos animais. Ao contrário destes, os seres humanos têm maior "flexibilidade" e "capacidade de se adaptar a tipos mutáveis de relacionamentos". Essa maleabilidade possibilita ao ser humano um elevado grau de "autorregulação psíquica" e de liberdade no tocante aos controles exercidos pelos "mecanismos reflexos hereditários".

13 *Ibid.*, p. 49.
14 Norbert Elias, *A sociedade dos indivíduos*, Rio de Janeiro: Zahar,1994.
15 *Ibid.*, p. 16.
16 *Ibid.*, p. 21.

17 *Ibid.*, p. 22.
18 *Ibid.*, p. 23.
19 *Ibid.*, p. 25.
20 *Ibid.*, p. 35.
21 *Ibid.*, p. 22.

Política cultural: fundamentos

É a partir dessas reflexões que Elias afirma que "a história é sempre história de uma sociedade, mas [...] de uma sociedade de indivíduos".[22] Embora a sociedade seja composta de indivíduos distintos, eles se humanizam – aprendem a agir, falar e sentir – somente através do convívio que estabelecem entre si. Assim, o processo mesmo de individualização está relacionado com a interdependência entre o sujeito e a sociedade. No convívio social, a influência de uma pessoa sobre outras pode ser grande, "mas a autonomia da rede em que ela atua é incomparavelmente mais forte".[23]

A "força" da rede e dos indivíduos é exemplificada por Elias em outra obra, *Mozart: sociologia de um gênio*. Nela o autor interpreta a vida desse músico alemão como uma tentativa de enfrentar o poder da "aristocracia de corte", no intuito de tornar-se um artista autônomo, pois, na época, os artistas ocupavam "postos permanentes, seja nas cortes ou nas igrejas das cidades".[24] Mozart (1756-91) morreu aos 35 anos sem alcançar seu objetivo, mas, já na geração seguinte, Beethoven (1770-1827) "conseguiu, não com facilidade, mas com muito menos problemas, aquilo pelo que Mozart inutilmente lutou: liberou-se, em grande parte, da dependência do patronato da corte".[25] É possível dizer que, sem a luta travada por Mozart para forçar a distensão da rede, Beethoven não teria sido alçado à condição de artista autônomo.

* * *

Com base na contribuição de todos esses autores, é possível chegar ao menos a duas conclusões: (1) a criatividade, para emergir, exige dos indivíduos trabalho, dedicação, esforço, concentração e conhecimento (não necessariamente formal, no caso dos artistas); (2) é impossível separar os indivíduos do contexto social e histórico no qual estão inseridos. A criatividade, então, deve ser entendida como resultado da interação entre fatores individuais, sociais e ambientais; e é razoável supor que ninguém cria a partir do nada, pois todos nascem e vivem em contextos que os influenciam desde a infância. Assim, toda obra no fundo é derivada, e ninguém pode se considerar inteiramente original.

No que tange exclusivamente às artes, que, mais do que a ciência, interessam de perto a estes capítulos, vale recuperar a carta que Mário de Andrade escreveu, em 1943, a Alphonsus de Guimaraens Filho, lembrando uma conversa de bar com jovens escritores mineiros, na cidade de Belo Horizonte (MG):

Criatividade e direito autoral

Você se lembra daquele momento em que eu chegando no bar, aí, você ou qualquer um dos rapazes do nosso convívio, perguntou de chofre não me lembro exatamente o teor da pergunta: si a arte era individualista, si assunto em arte era social? Era uma coisa assim. E eu respondi sem hesitar que a arte era sempre um fenômeno social, ou coisa parecida. Sei que a minha resposta contradizia o que você pensava e imaginava que seria o meu pensamento também. Está claro que a arte é sempre um fenômeno social, e que um poeta cantando a sua Marília ou uma borboleta, está fazendo arte fenômeno social.

Em nota de pé de página, o poeta mineiro, que fez publicar as cartas dirigidas a ele por Mário de Andrade, confessa ter sido influenciado pelo paulista quando, posteriormente, assim se manifestou num encontro de escritores: "A arte é social, sempre foi social, e será uma ingenuidade julgar que só hoje ela se tornou assim. E mais: a arte é eminentemente social e irredutivelmente individual".[26]

O indivíduo criativo, se Rollo May tem razão, deve ter alguma dose de obsessão (às vezes, quase loucura), que muitas vezes o leva à exaustão. Contudo, o ato de criar, principalmente o momento da iluminação, compensa, porque gera alegria e regozijo. É razoável supor também que o desenvolvimento do potencial criativo dos indivíduos – que se imagina igualmente distribuído por todos os seres humanos – dependa de conjunturas favoráveis, particularmente de cunho social e econômico. No entanto, sabe-se de grandes obras que foram criadas em condições adversas, como em prisões e hospícios.

Uma hipótese a ser explorada é a de que a criatividade emerge particularmente nos momentos em que o indivíduo ou as coletividades são expostos a desafios. Diante de problemas concretos, excepcionais ou cotidianos, os indivíduos são desafiados a pensar, imaginar e buscar saídas, ou, pelo menos, um alívio para os impasses e sofrimentos.

* * *

22 *Ibid.*, p. 45.
23 *Ibid.*, p. 51.
24 Norbert Elias, *Mozart: sociologia de um gênio.* Rio de Janeiro: Zahar, 1995, p. 34.
25 *Ibid.*, p. 43.

26 Alphonsus de Guimaraes Filho. *Itinerários: cartas a Alphonsus Guimaraens Filho [de] Mário de Andrade e Manuel Bandeira, op. cit.*, pp. 35-6.

Mas o que tudo isso tem a ver com o direito autoral? Há pelo menos duas correlações: (1) o direito autoral reconhece ser o processo de criação um trabalho e, como tal, digno de remuneração. E, se é certo que o trabalho criativo é mais complexo do que o repetitivo, em tese deveria ser mais valorizado; (2) embora muitos críticos pensem o contrário, o direito autoral reconhece também o "esforço" da sociedade; não é puramente individual, pois prevê um prazo no qual o autor é o beneficiário exclusivo da propriedade intelectual da obra; findo esse prazo, a obra cai em domínio público, torna-se coletiva; ou seja, o direito autoral tem uma função social.

Todavia, é preciso reconhecer que a expansão dos meios eletrônicos de informação e comunicação tornou explícita uma ambiguidade existente no âmago dos direitos culturais. De um lado, está o direito de milhões de pessoas ao acesso aos bens da cultura, antes reservados a poucos; e, no lado oposto, o exclusivismo inerente ao direito de autor. Reconhecer essa ambiguidade é o primeiro passo para se chegar a um consenso capaz de harmonizar a liberdade dos autores, de fruir os benefícios que resultam de suas obras com a liberdade dos outros de acessar esses bens. Caso não se chegue a uma solução, o direito autoral corre o risco de tornar-se um empecilho àquilo que é um dos seus maiores trunfos e a principal justificativa de sua existência: o livre desenvolvimento das artes e das ciências. Isso porque o acesso ao conhecimento já produzido é condição básica para o surgimento de novas obras, e os meios eletrônicos multiplicam essa possibilidade.

4.
Os direitos culturais na Constituição brasileira

O artigo 215, que abre a seção sobre a cultura na Constituição brasileira, se inicia com as seguintes palavras: "O Estado garantirá a todos o pleno exercício dos direitos culturais [...]". Essa afirmação geral, no entanto, não se faz acompanhar de uma lista desses direitos. O presente capítulo objetiva cobrir essa lacuna tomando por base os sentidos do termo "cultura" elencados no capítulo 1 deste livro: cultura humana, geral e universal (sentido 1); culturas humanas, referentes a distintos grupos situados no tempo e no espaço (sentido 2); e cultura como o conjunto de atividades intelectuais e artísticas (sentido 3); assim como a lista de direitos culturais proposta no capítulo 2: direito à identidade e à diversidade cultural, direito à participação na vida cultural (livre criação, livre acesso, livre difusão e livre participação nas decisões de política cultural), direito autoral e direito/dever de cooperação cultural internacional. De posse desse instrumental, trata-se, então, de verificar quais significados de cultura estão presentes na Constituição e quais dispositivos seus fazem referência explícita ou implícita aos direitos culturais listados. Todavia, como na Constituição a seção da cultura está acobertada pelo título "Da ordem social", ou seja, os direitos culturais estão sob o manto dos direitos sociais, cabe primeiro verificar até que ponto essa disposição se adapta ao entendimento de Norberto Bobbio, segundo o qual os direitos civis afirmam as liberdades dos cidadãos *em relação* ao Estado, os direitos políticos se realizam *no* Estado, e os direitos sociais se concretizam *por meio* do Estado. Coloca-se, portanto, a seguinte questão: e os direitos culturais? Constituiriam uma categoria autônoma de direitos? Para respondê-la, é necessário analisar os direitos culturais um a um, verificando as relações que eles mantêm com o Estado.

Política cultural: fundamentos

O direito à identidade e à diversidade cultural tem um componente *civil*, que se refere à personalidade; ou seja, toda pessoa, na medida do possível, é como deseja ser. Isso inclui gênero, raça, etnia e modos de viver em geral. Possui também um componente *político*, quando grupos ou comunidades se organizam e reivindicam a inclusão de seus bens culturais no âmbito do patrimônio cultural (material e imaterial) reconhecido pelo Estado. E tem ainda uma dimensão *social*, que se explicita quando o Estado estabelece medidas de salvaguarda de modos de viver de minorias nacionais, étnicas, religiosas e linguísticas que são vítimas de preconceitos e até mesmo ameaçadas de extinção.

O direito à participação na vida cultural possui múltiplas dimensões. A liberdade de criar é de natureza *civil*, posto que quanto menos Estado, mais livre será o exercício da atividade intelectual, artística e científica. O mesmo raciocínio vale para a liberdade de difusão da cultura, quando a todas as pessoas é assegurado o direito de difundir informações, ideias e obras, utilizando os meios de sua escolha e livres de censura. A liberdade de acesso à cultura, por sua vez, tem uma dimensão *social*, que se traduz nas oportunidades oferecidas a todos os cidadãos pelo Estado, mas não só por ele, para que possam livremente adquirir conhecimento, usufruir de serviços e bens culturais, assim como obter os meios de produzi-los. A liberdade de participar das decisões de política cultural por diversos meios, como conselhos de cultura, conferências, orçamento participativo, entre outros, tem uma dimensão *política* explícita.

O direito autoral tem uma dimensão *civil*, não só pelo caráter inalienável da obra criativa, fruto que é da emanação da personalidade do seu autor (que por isso detém a propriedade exclusiva sobre ela), mas também por estar o direito autoral historicamente relacionado com a liberdade de expressão do pensamento, direito civil típico. Mas há também a dimensão *econômica* – a obra é um bem patrimonial que pode propiciar ganhos materiais ao autor e a seus herdeiros – e uma dimensão *social*, pois, depois de determinado prazo, a obra cai em domínio público, ou seja, torna-se propriedade coletiva (ver capítulo 3).

O direito/dever de cooperação cultural internacional (ou de intercâmbio cultural) tem dimensão *política* quando se dá por meio de relações diplomáticas estabelecidas entre os Estados. E há também uma dimensão *civil* quando, independentemente de órgãos oficiais, as pessoas se comunicam e se organizam no âmbito internacional, via redes sociais situadas no ciberespaço.

Feitas essas análises e consideradas as distinções propostas por Bobbio, conclui-se que os direitos culturais, pelo fato de terem múltiplas dimensões – civis, políticas, econômicas, sociais e propriamente culturais –, constituem

Os significados da palavra "cultura" na Constituição Federal de 1988

Percorrendo a Constituição Federal (CF/88), constata-se que as palavras "cultura" e "cultural" são utilizadas ora no sentido mais amplo, como todos os modos de viver dos grupos formadores da sociedade brasileira (significado 2), ora na acepção mais restrita, como o campo das atividades intelectuais e artísticas (significado 3). Há apenas uma referência à cultura no sentido ainda mais amplo, ou seja, como cultura humana universal (significado 1). Está em seu artigo 4º, que versa sobre os princípios que regem as relações internacionais do Brasil. No inciso IX desse artigo, encontra-se o princípio da "cooperação entre os povos para o progresso da *humanidade*".[1]

No texto constitucional, há algumas incongruências terminológicas que podem confundir os intérpretes. A nomenclatura utilizada para "patrimônio" aparece ora como "patrimônio histórico e cultural",[2] ora como "histórico-cultural",[3] ora como "patrimônio cultural brasileiro".[4] No artigo 23 (inciso III), há menção aos bens de valor "histórico, artístico *e* cultural",[5] mas no inciso seguinte está escrito "artístico *ou* cultural".[6] Já no artigo 24, a esses mesmos bens são acrescidos os de valor "estético".[7] Como na Constituição o patrimônio é associado aos "modos de criar, fazer e viver" dos grupos formadores da sociedade brasileira,[8] é razoável interpretar que a palavra "cultural", nesses casos, seja empregada no sentido amplo (significado 2); pelo menos essa parece ser a acepção contida na expressão "patrimônio cultural brasileiro" (artigo 216). No entanto, a separação entre os termos "histórico" e "cultural" sugere ser este último mais restritivo, ou seja, relativo às atividades intelectuais e artísticas (significado 3). Já na distinção entre "cultural", "artístico" e "estético", parece implícita a intenção de destacar a arte como um componente especial do patrimônio.

---

1 Artigo 4º, inciso IX (grifo nosso).
2 Artigo 5º: LXXIII.
3 Artigo 30: IX.
4 Artigo 216: caput e parágrafo 1º.

5 Artigo 23: III.
6 Artigo 23: IV.
7 Artigo 24: VIII.
8 Artigo 216: II.

Política cultural: fundamentos

Referências à atividade intelectual, artística e científica (sem uso da palavra "cultura" ou "cultural") aparecem no artigo que afirma a liberdade de expressão.[9] Termos correlatos, como "autores", "criadores" e "intérpretes", estão nos dispositivos que tratam do direito autoral.[10] O termo "trabalho intelectual" aparece no artigo que proíbe distingui-lo do trabalho técnico e manual.[11]

No artigo 210, que está na seção "Da educação", lê-se que o "respeito aos valores culturais e artísticos, nacionais e regionais"[12] deve ser assegurado quando da fixação dos conteúdos mínimos do ensino fundamental. Nesse caso, os termos "culturais" e "artísticos" referem-se, respectivamente, aos sentidos 2 e 3; e o termo "regional", aos modos de viver característicos das cinco grandes regiões brasileiras (Norte, Nordeste, Centro-Oeste, Sudeste e Sul), podendo ser interpretado de forma a admitir também as culturas sub-regionais (estaduais, municipais e distritais).

A separação entre "cultural" e "artístico" e o vínculo entre cultura nacional e cultura regional estão presentes também no capítulo "Da comunicação social". Quando estabelece os princípios que devem reger a programação das emissoras de rádio e televisão, a Constituição determina-lhes o dever de promover a "cultura nacional e regional",[13] por meio da "regionalização da produção cultural, artística e jornalística".[14]

No *caput* do artigo 215, o primeiro que trata especificamente da questão cultural, também há referência à "cultura nacional". O significado 2 parece ser o que se aplica aqui, mas uma leitura mais atenta permite outra interpretação: a cultura nacional como o legado intelectual e artístico do Brasil (sentido 3). De fato, o mesmo enunciado que fala em "cultura nacional" garante o "acesso às fontes" dessa cultura e o apoio, o incentivo e a valorização das "manifestações culturais".[15] É ilógico garantir aos brasileiros o "acesso" a um modo de vida, posto que todos os nacionais, por definição, estão imersos nele. Também o termo "manifestações culturais" aproxima-se do sentido 3, embora sugira algo mais geral, como a dizer que nessa categoria cabem tanto manifestações eruditas quanto populares. Os parágrafos 1º e 2º do mesmo artigo 215 remetem ao significado 2 de cultura. O primeiro refere-se às manifestações das culturas "indígenas e afro-brasileiras",[16] e o segundo cria a possibilidade de se fixar, em lei, datas comemorativas "de alta significação para os diferentes segmentos étnicos nacionais".[17] Já no parágrafo 3º, objeto de emenda constitucional que instituiu o Plano Nacional de Cultura (PNC), os sentidos 2 e 3 estão igualmente presentes. Fala-se em produção, promoção, difusão e democratização do acesso aos bens culturais (sentido 3), assim

66

Os direitos culturais na Constituição brasileira

como na valorização da "diversidade étnica e regional" brasileira (sentido 2).[18] Uma fusão dos dois sentidos aparece no inciso III, que introduz, entre os objetivos do PNC, a "formação de pessoal qualificado para a gestão da cultura em suas *múltiplas dimensões*".[19] Ressalte-se nesse dispositivo a preocupação com a profissionalização da atividade de gestor cultural.

No mesmo parágrafo do PNC, surge o termo "desenvolvimento cultural", elevado a objetivo maior do Plano. Expressão idêntica é utilizada no capítulo "Da ciência e tecnologia", que defende incentivar o mercado interno, a fim de viabilizar "o desenvolvimento cultural e socioeconômico, o bem-estar da população e a autonomia tecnológica do País".[20] Em ambos os casos o sentido 3 parece explícito.

No artigo 216, que trata do patrimônio cultural brasileiro, o sentido 2 é predominante, mas não exclusivo. Note-se que o uso do termo "brasileiro", em vez de "nacional", denota uma perspectiva mais ampla, parecendo referir-se à diversidade cultural do país, pois a esse patrimônio são expressamente vinculadas a identidade, a ação e a memória dos diferentes grupos formadores da sociedade brasileira,[21] seus modos de viver, fazer e criar.[22] Entretanto, no mesmo artigo são consideradas partes integrantes do patrimônio cultural as "formas de expressão, as criações científicas, artísticas e tecnológicas e as obras, objetos, documentos, edificações e demais espaços destinados às manifestações artístico-culturais",[23] que remetem explicitamente ao sentido 2. Já o inciso 5º, que faz referência aos "conjuntos urbanos e sítios de valor histórico, paisagístico, artístico, arqueológico, paleontológico, ecológico e científico",[24] reúne os significados 2 e 3. Destaca-se nesse dispositivo a inter-relação entre os patrimônios cultural e natural. O sentido 3 está presente também no parágrafo 6º (incluído via emenda constitucional), que faculta aos Estados e ao Distrito Federal a criação de fundos de incentivo à cultura.

9   Artigo 5º: IX.
10 Artigo 5º: XXVII, XXVIII e XXIX.
11 Artigo 7º: XXXII.
12 Artigo 210: *caput*.
13 Artigo 221: II.
14 Artigo 221: III.
15 Artigo 215, *caput*.
16 Artigo 215: parágrafo 1º.
17 Artigo 215: parágrafo 2º.

18 Artigo 215, parágrafo 3º, inciso V.
19 Artigo 215, parágrafo 3º, inciso III (grifo nosso).
20 Artigo 219.
21 Artigo 216: *caput*.
22 Artigo 216: II.
23 Artigo 216: I, III e IV.
24 Artigo 216: V.

Os direitos culturais na Constituição brasileira (CB/88)

Os direitos culturais estão presentes em vários dispositivos da Constituição de 1988. O direito à identidade e à diversidade cultural está bem representado no artigo 216, que se refere à proteção da identidade, da memória e da ação dos diferentes grupos formadores da sociedade brasileira. Note-se que, ao associar a palavra "ação" à defesa do patrimônio cultural, o enunciado remete não só ao passado, mas também ao futuro, assumindo a tese de que as identidades não são fixas, ao contrário, estão sempre em construção. Embora o artigo 216 faça uma referência geral aos "grupos formadores", no artigo 215 o constituinte individualiza determinadas culturas: "O Estado protegerá as manifestações das culturas populares, indígenas e afro-brasileiras, e das de outros grupos participantes do processo civilizatório nacional". Ao citar especificamente essas culturas – o que lhes assegura proteção especial –, esse constituinte parece ter se preocupado com a reparação de injustiças históricas cometidas contra esses grupos no Brasil, como o genocídio de inúmeros povos indígenas originários e a escravização de negros africanos. Preocupou-se igualmente com o risco de extinção das culturas populares e dos modos de viver, fazer e criar das culturas indígenas e afro-brasileiras. Isso fica nítido em outros dispositivos, como no artigo 231, que reconhece a especificidade da organização social dos índios, seus costumes, línguas e tradições, e também no artigo 216 (parágrafo 5º), que determina o tombamento de todos os documentos e sítios detentores de reminiscências históricas dos antigos quilombos.[25] Para ambos os grupos, a Constituição reconhece ser o território uma fonte genuína de identificação cultural, pois assegura aos indígenas e comunidades quilombolas a posse definitiva das terras que tradicionalmente ocupam.[26]

Dar proteção especial não significa desmerecer as culturas de outros grupos participantes do "processo civilizatório nacional", que não são individualizados no texto constitucional, o que se pode inferir pelo papel que tiveram na história do Brasil, sejam os povos colonizadores, não só os portugueses, como também os espanhóis, holandeses e franceses, sejam os imigrantes que vieram para o Brasil a partir da segunda metade do século xix: italianos, alemães, sírios, libaneses, turcos, húngaros, poloneses, japoneses, chineses e latino-americanos, entre outros. De fato, os portugueses, os povos negros africanos e os povos indígenas não foram os únicos formadores da cultura brasileira. Além dessas matrizes culturais, na sociedade brasileira reúnem--se culturas de vários povos do mundo.

Em 2012, o direito à identidade e à diversidade cultural foi consagrado na Constituição por meio da emenda constitucional que resultou no artigo 216-A, introduzindo no Brasil o Sistema Nacional de Cultura (SNC). Entre os princípios que regem o SNC consta, em primeiro lugar, a "diversidade das expressões culturais".[27] Ao repassar o conjunto de dispositivos relacionados à proteção e à promoção desse direito, incluindo os artigos sobre a educação e a comunicação, citados na seção anterior, é possível concluir que a sociedade brasileira, por meio de seus constituintes, elegeu a diversidade cultural como o alicerce sobre o qual devem ser erguidas as políticas culturais da União, estados, municípios e Distrito Federal.

O direito à livre participação na vida cultural está presente em vários artigos da Constituição. A liberdade de criar é assegurada em dois incisos do artigo 5º, que afirmam ser livre "a manifestação do pensamento e a expressão da atividade intelectual, artística, científica e de comunicação, independentemente de censura ou licença".[28] Esses dispositivos estão no capítulo que trata dos direitos e deveres individuais e coletivos, cujas cláusulas são pétreas, ou seja, não podem ser suprimidas da Constituição.[29] Para reforçá-los, há ainda o artigo 220, do capítulo "Da comunicação social", cujo *caput* é incisivo: "A manifestação do pensamento, a criação, a expressão e a informação sobre qualquer forma, processo ou veículo não sofrerão qualquer restrição". O parágrafo 2º desse mesmo artigo completa: "É vedada toda e qualquer censura de natureza política, ideológica e artística". E no artigo 206, da seção "Da educação", é garantida a "liberdade de aprender, ensinar, pesquisar e divulgar o pensamento, a arte e o saber".

No entanto, a liberdade de expressão não é absoluta: o anonimato é vedado; o direito de resposta é assegurado; a intimidade e a privacidade das pessoas são resguardadas, cabendo indenização por dano material e moral à honra e à imagem; e na cobertura jornalística é garantido o sigilo da fonte.

---

25 Artigo 216: parágrafo 5º.

26 Cf. sobre as terras de quilombos o artigo 68 do Ato das Disposições Constitucionais Transitórias (ADCT).

27 Maiores referências sobre o Sistema Nacional de Cultura encontram-se no capítulo 12.

28 Artigo 5º: IV e IX.

29 Cf. artigo 6º, parágrafo 4º.

Política cultural: fundamentos

A limitação da liberdade de expressão justifica-se pelo princípio da dignidade da pessoa humana, um dos fundamentos do Estado democrático de direito, previsto no artigo 1º da Constituição (inciso II) e reforçado no artigo 3º, que inclui entre os objetivos da República Federativa Brasileira o de "promover o bem de todos, sem preconceitos de origem, raça, sexo, cor, idade e quaisquer outras formas de discriminação" (inciso IV).

Os direitos ao acesso e à difusão da cultura estão contidos no artigo 215: "O Estado garantirá a todos o pleno exercício dos direitos culturais e *acesso* às fontes da cultura nacional, e apoiará e incentivará a valorização e a *difusão* das manifestações culturais", diz o *caput* desse artigo. Esse direito aparece também no artigo 208, da seção "Da educação", que estabelece como dever do Estado garantir o "acesso aos níveis mais elevados do ensino, da pesquisa e da criação artística".[30] O artigo 227, que trata da família, da criança, do adolescente e do idoso, é mais amplo quando afirma ser dever da família, da sociedade e do Estado assegurar à criança, ao adolescente e ao jovem o direito à cultura.

A liberdade de difusão permanece incipiente, porque depende de lei complementar ao artigo 221, do capítulo "Da comunicação social", que estabelece como princípios que devem orientar a programação das emissoras de rádio e televisão a "regionalização da produção cultural, artística e jornalística, conforme percentuais estabelecidos em lei" e o "estímulo à produção independente".[31] Desde 1991 tramita no Congresso Nacional o projeto de lei n. 256, que regulamenta esses princípios, mas ainda sem aprovação devido à resistência dos grandes meios de comunicação (ver capítulo 12).

O direito à participação nas decisões de política cultural está inscrito no inciso LXXIII, do artigo 5º, que garante a qualquer cidadão o direito de propor ação popular visando anular ato lesivo ao patrimônio histórico e cultural, e, principalmente, no parágrafo 1º do artigo 216, no qual se afirma que o Poder Público deve promover e proteger o patrimônio cultural brasileiro "com a colaboração da comunidade". Como o conceito constitucional de patrimônio é bastante amplo, pois inclui todos os modos de viver, fazer e criar dos grupos formadores da sociedade brasileira, é possível inferir que o princípio da colaboração entre Poder Público e comunidades pode ser estendido às políticas culturais como um todo. A comunidade não só pode como deve ser chamada a participar de todas as decisões concernentes à política cultural, por todos os meios previstos na Constituição: plebiscitos, referendos, iniciativa popular de leis[32] e, recentemente, por intermédio dos conselhos de política cultural e das conferências de cultura, constitucionalizados em 2012, por força da emenda

Os direitos culturais na Constituição brasileira

que instituiu no artigo 216-A o Sistema Nacional de Cultura (snc). Entre os princípios que regem o snc está explícita a "democratização dos processos decisórios com participação e controle social".

O direito autoral na Constituição brasileira é garantido pelos incisos xxvii e xxviii do artigo 5º, que assegura aos autores o "direito exclusivo de utilização, publicação ou reprodução de suas obras, transmissível aos herdeiros pelo tempo que a lei fixar".[33] Esse direito estende-se aos intérpretes, aos participantes de obras coletivas e aos que têm sua voz ou imagem reproduzidas.[34] A fiscalização do aproveitamento econômico das obras é assegurada aos criadores, intérpretes e respectivas representações sindicais e associativas. Atualmente, com a expansão dos meios eletrônicos de comunicação, surgiram inúmeras polêmicas em torno do direito autoral, incluindo posições que advogam sua extinção pura e simples. Registre-se, no entanto, que na Constituição brasileira o direito autoral está sob o manto dos "direitos e garantias fundamentais" (Título ii), cujas cláusulas são pétreas, ou seja, não podem ser objeto de emenda supressiva.

O direito/dever de cooperação cultural nacional e internacional (ou de intercâmbio cultural) está previsto no artigo 4º, incisos de i a x, elencando-se os princípios que regem as relações do Brasil com o mundo, entre eles: "prevalência dos direitos humanos, autodeterminação dos povos, não intervenção, repúdio ao terrorismo e ao racismo, igualdade entre os Estados" e, como já citado, a "cooperação entre os povos para o progresso da humanidade". No parágrafo único desse artigo está dito que o Brasil deve priorizar os esforços em prol da "integração econômica, política, social e cultural dos povos da América Latina",[35] opção que contrasta com a história cultural do país, marcada pela submissão a Portugal e, após a independência, à França, à Inglaterra e aos Estados Unidos.

Ainda entre os princípios do artigo 4º, vê-se que o Brasil reafirmou na Constituição de 1988 uma tradição de sua política externa[36], como revelam os incisos vi e vii: "defesa da paz" e "solução pacífica dos conflitos". Em função dessa tradição, pouco a pouco o Brasil vem se tornando um interlocutor qualificado para promover o diálogo intercultural, recomendado pelas

---

30 Artigo 208: v.
31 Artigo 221: ii e iii.
32 Artigo 14: i, ii e iii.
33 Artigo 5º: xxvii.

34 Artigo 5º: xxviii.
35 Artigo 4º, parágrafo único.
36 Os incisos vi e vii se referem à paz.

Nações Unidas como o caminho mais adequado para a conquista da paz e da segurança internacionais. Paz que não significa ausência de conflitos, porque isso é ilusório – os conflitos podem até mesmo promover avanços –, e sim a possibilidade de solucioná-los por meios não violentos. Essa possibilidade é assegurada pelo regime democrático, que se funda no diálogo entre eventuais adversários; mas a democracia precisa ser aprofundada;[37] já não basta que seja política, econômica e social, deve ser também cultural. E a democracia cultural, entre outras características, é o sistema de governo que põe em prática os direitos culturais.

Concluindo, é possível dizer que existe hoje no Brasil uma base constitucional suficientemente robusta para alicerçar políticas culturais democráticas. Na CF/88, questões relativas à cultura, em todos os seus significados, perpassam sete dos nove títulos em que se divide o texto constitucional. Portanto, é lícito inferir que a cultura é um componente estrutural da Constituição. No entanto, ainda falta à maioria dos governos e à sociedade em geral reconhecer o papel estratégico que cumprem as políticas culturais na promoção da cidadania.

37 Cf. Samuel P. Huntington, *O choque de civilizações e a recomposição da ordem mundial*, Rio de Janeiro: Objetiva, 1997, pp. 18-9.

* * *

5.
Campos de produção da cultura: indústria cultural, campo erudito e cultura popular

Introdução

A clássica divisão do campo de produção da cultura em erudito, popular e massivo (ou da indústria cultural) foi muito contestada nas duas últimas décadas, em função de várias e mútuas influências e interpenetrações que passaram a existir entre esses campos, a ponto de serem considerados extintos e substituíveis pela ideia de "culturas híbridas". No entanto, numa perspectiva analítica, essa divisão ainda faz sentido. Isso se eles forem compreendidos como "tipos ideais", ou seja, objetos de análise que o pesquisador destaca e focaliza para conhecer mais a fundo a sociedade, mas que na vida real se encontram entrelaçados.[1] Assim considerados, esses campos podem ser diferenciados conforme dois critérios básicos: o objetivo principal de cada um e a espécie de público que suas respectivas obras visam alcançar. Dessa forma, entende-se por indústria cultural o campo de produção cujo principal objetivo é obter lucro e que, para tanto, busca atingir o maior público possível. O campo erudito é aquele cujas obras se destinam prioritariamente aos próprios pares, os intelectuais e artistas, e cujo objetivo principal é angariar prestígio e distinção social para os criadores e seus consumidores. O campo da cultura popular, por sua vez, reúne as múltiplas manifestações que objetivam fortalecer a coesão

---

1   José Maurício Domingues, *Sociologia e modernidade: para entender a sociedade contemporânea*, Rio de Janeiro: Civilização Brasileira, 1999, pp. 89 e 158-9.

das comunidades das quais procedem e para as quais são dirigidas.[2] Essas distinções podem ser resumidas no quadro seguinte:

Tipologia dos campos de produção da cultura: objetivos e públicos

CAMPOS	OBJETIVO PRINCIPAL	PÚBLICO PRINCIPAL
Indústria cultural	Lucro	Grande público
Campo erudito	Distinção social	Pares
Cultura popular	Coesão social	Comunidades

Partindo desses pressupostos, este capítulo discute temas que entrelaçam cultura e política em cada um desses campos. Sobre a indústria cultural, o tema selecionado refere-se ao debate entre os que sustentam serem os produtos dessa indústria capazes de manipular ideologicamente a consciência do público, com o objetivo de manter a ordem social vigente, e os que creem na autonomia dos receptores para interpretar e até mesmo interferir nas mensagens transmitidas. Essas duas posições são aqui denominadas, respectivamente, "teoria da manipulação" e "teoria da recepção". O debate sobre o campo erudito refere-se à posição que artistas e intelectuais ocupam na estrutura social. Nesse caso, há os que sustentam que eles são "orgânicos", ou seja, expressam as visões de mundo da classe social a que pertencem, e os que pensam ser o campo erudito autônomo em face das estruturas social, econômica, política e religiosa. Sobre a cultura popular, a discussão situa-se entre os adeptos de duas teses aqui denominadas "paternalistas": uma que nega a existência de uma cultura popular autônoma, considerando-a simples eco da cultura dominante, e outra que identifica nas manifestações da cultura popular resquícios de um passado pré-moderno a ser protegido e preservado. Em oposição a essas teses, estão os apoiadores da "teoria da contra-hegemonia", que sublinham a capacidade das classes subalternas de terem iniciativa própria, mas sempre dentro da interação contraditória com os grupos hegemônicos.

Indústria cultural: manipulação ou autonomia dos receptores?

Pierre Bourdieu define a indústria cultural como um campo submetido ao imperativo da obtenção de lucro e cujos produtos se destinam a um público social e culturalmente heterogêneo. Para atingi-lo, a indústria cultural lança mão de procedimentos técnicos e efeitos estéticos imediatamente acessíveis, excluindo "temas capazes de provocar controvérsia ou chocar alguma fração do público" e optando, em geral, por "personagens e símbolos otimistas e estereotipados". O produto da indústria cultural é classificado pelo autor como "arte média", porque visa ao espectador médio, que expressa o grande público. O objetivo de conquistar a maior audiência possível é mantido mesmo quando as mensagens são dirigidas a segmentos específicos, como "os jovens, as mulheres, os aficionados de futebol, os colecionadores de selos etc.".[3]

Para os filósofos Max Horkheimer e Theodor Adorno, que cunharam a expressão "indústria cultural", a fusão entre indústria e entretenimento provê "uma espécie de sucedâneo ao 'apoio' antes fornecido pela religião e pelas formas pré-capitalistas de relacionamento humano",[4] fornecendo a coesão social necessária ao funcionamento do sistema capitalista. Seus objetivos, além de econômicos, são políticos e ideológicos. Para tanto, a indústria cultural mobiliza um aparato de manipulação das consciências que não é imediatamente percebido pelos indivíduos: através de pesquisas de opinião pública, as indústrias culturais identificam os desejos e carências latentes no público, a quem ofertam produtos feitos sob medida para atendê-lo; isso dá

---

2 Com base nessa classificação, e relembrando que é uma tipologia, pode-se distinguir, por exemplo, o cinema industrial, que visa ao puro entretenimento e inclui a maior parte da produção cinematográfica; o cinema erudito, chamado "cinema de arte", que é intelectualizado e tem a pretensão de estimular a reflexão do público; e o cinema de tipo popular, que objetiva expor e fortalecer os símbolos e valores que conformam a identidade de uma comunidade nacional. No caso do teatro,

é possível distinguir o de tipo industrial, que hoje chamamos "comercial", o teatro erudito, denominado "experimental", e o teatro popular, encenado por amadores por ocasião de festejos que comemoram datas cívicas ou religiosas.

3 Pierre Bourdieu, *A economia das trocas simbólicas*, São Paulo: Perspectiva, 1982, pp. 99-181.

4 Rodrigo Duarte, *Adornos: nove ensaios sobre o filósofo frankfurtiano*, Belo Horizonte: Ed. UFMG, 1997, p. 18.

Política cultural: fundamentos

ao consumidor a falsa impressão de que ele adquire as mercadorias por sua livre escolha.

Essa tese foi aceita por alguns pesquisadores e refutada por outros. Entre os opositores estão os sociólogos norte-americanos que, a partir da década de 1950, realizaram estudos sobre a transmissão e a recepção de produtos veiculados pelos meios de comunicação de massa. Essas pesquisas formam o que se convencionou chamar de "teoria da recepção", cujo argumento principal é o de que o receptor não é um ente passivo, que assimila as mensagens sem processá-las; ao contrário, ele é capaz de refletir e pode até mesmo intervir na programação.

Entre esses pesquisadores, destaca-se John B. Thompson, que arrola uma série de características da recepção: (1) ela deve ser vista como uma atividade, e não como um comportamento passivo; (2) os usos que o receptor faz das mensagens podem divergir dos pretendidos por aqueles que as produzem; (3) a recepção é *situada*, ou seja, "os produtos da mídia são recebidos por indivíduos colocados em 'contextos sócio-históricos'" específicos; (4) a recepção é *especializada*, porque depende de habilidades e competências adquiridas, que "podem variar em muitos aspectos de um grupo para outro, de uma classe para outra ou de um período histórico para outro"; (5) a recepção é um *processo hermenêutico*, porque as mensagens só "adquirem sentido" quando interpretadas pelo receptor. Thompson afirma ainda que, mais do que "receber", verbo que denota certa passividade, os indivíduos, na verdade, se "apropriam" das mensagens. Ao interpretá-las, eles as utilizam "como veículos para reflexão sobre si mesmos, os outros e o mundo a que pertencem".[5]

Para sustentar a tese da manipulação, um dos argumentos dos filósofos da Escola de Frankfurt é o de que os meios de comunicação detêm o poder exclusivo de transmitir mensagens, sem a equivalente contrapartida do receptor. No entanto, como observa Leonardo Avritzer, o receptor possui instrumentos de intervenção: cartas são escritas aos jornais, os ouvintes e telespectadores podem mudar o canal do rádio ou da TV e, mais importante, "as instituições midiáticas são sensíveis a campanhas públicas que afetam sua credibilidade".[6] Além disso, as novas tecnologias permitem uma interatividade em tempo real. Com base nessas constatações, Avritzer sustenta que o que existe de fato é um desequilíbrio entre produtor e receptor, que varia de mídia para mídia: "Ele é maior no caso do rádio, menor no caso da televisão e quase inexistente no caso da internet".[7]

Embora bastante questionada, a ponto de ser tida por Thompson como definitivamente descartada, a "teoria da manipulação" ainda encontra argumentos. Rodrigo Duarte aponta o empreendimento do conglomerado da indústria cultural Disney – o condomínio residencial Celebration, localizado próximo de Orlando, na Flórida – como um exemplo concreto da vitalidade dessa teoria. O lugar é todo cercado, vigiado 24 horas por dia e planejado para que os moradores, à beira de uma lagoa, se sintam num Mediterrâneo idealizado. A entrada de pedintes é vedada e há um rígido controle da poluição. Para Duarte, Celebration é a expressão desenvolvida de uma das facetas da indústria cultural que está no cerne de seu caráter manipulador: a capacidade de reproduzir, o mais realisticamente possível, a nossa percepção sensível, fenômeno originalmente criado pelo cinema. Na visão desse autor, Celebration sinaliza "um desenvolvimento da indústria cultural que talvez esteja apenas começando: a celebração da virtualidade real".[8]

Campo erudito: autonomia ou dependência "orgânica"?

"Os intelectuais são um grupo social autônomo e independente, ou cada grupo social tem sua própria categoria especializada de intelectuais?"[9] A pergunta de Antonio Gramsci, que pode ser estendida aos artistas, ainda hoje divide opiniões, até mesmo entre os tributários da teoria marxista, à qual se filia o pensador italiano. Refletindo sobre a atividade intelectual, que julga estar presente em qualquer trabalho humano – mesmo o mais mecânico e degradado trabalho físico exige um mínimo de qualificação técnica, ou seja, intelectual –, Gramsci conclui que não se pode separar o *homo faber* do *homo sapiens*. No entanto, faz distinção entre a atividade intelectual em geral e a categoria profissional dos intelectuais, que engloba aqueles cujo trabalho exige um esforço cerebral maior, se comparado ao esforço muscular.

Gramsci considera que, historicamente, cada novo grupo social que ocupa funções essenciais no mundo da produção – como a burguesia e o

---

5   John B. Thompson, *A mídia e a modernidade: uma teoria social da mídia*, Petrópolis: Vozes, 1998, pp. 41-6.
6   Leonardo Avritzer, "Entre o diálogo e a reflexividade", em: Leonardo Avritzer; José Maurício Domingues (org.), *Teoria social e modernidade no Brasil*, Belo Horizonte: Ed. UFMG, 2000, pp. 61-83.

7   *Ibid.*, p. 71.
8   Rodrigo Duarte, "A celebração da virtualidade real", *Mosaico*, revista da Fundação João Pinheiro, 2002, vol. 1, n. 0.
9   Antonio Gramsci, *Obras escolhidas*, Lisboa: Editorial Estampa, 1974, vol. II, p. 189.

Política cultural: fundamentos

proletariado – cria para si, *organicamente*, intelectuais que lhe dão "homogeneidade e consciência da própria função, não só no campo econômico, mas também no campo social e político".[10] A pretensa "autonomia" não passa de uma miragem de intelectuais vinculados a uma ordem preexistente – em fase de superação –, que se julgam imersos num contínuo histórico ininterrupto, mas que, na verdade, estão organicamente atrelados à ordem econômico-social em decadência. A esse tipo de intelectual, Gramsci dá o nome de "tradicional", e a filosofia que o sustenta, chama de "idealista".

A posição de Gramsci, entretanto, não é uma unanimidade entre os marxistas. Leia-se, por exemplo, o "Manifesto por uma arte revolucionária independente" (1938), liderado pelo surrealista André Breton e coassinado, no México, por Diego Rivera e Leon Trotsky. Embora tenha como alvo a defesa da liberdade da arte e do artista, o manifesto aborda a atividade intelectual como um todo e, apoiado no jovem Marx, mas também na psicanálise, defende o respeito às "leis específicas a que está sujeita a criação intelectual", que conserva "individualidade em sua gênese" e aciona "qualidades subjetivas" que levam a um "enriquecimento objetivo" do conhecimento.[11] O manifesto foi traduzido no Brasil pelo também marxista e crítico de arte Mário Pedrosa. Ainda que, no início da carreira, ele tenha se posicionado a favor de uma "arte proletária", com "função social", alterou gradativamente sua posição, sem contudo perder a perspectiva de uma arte revolucionária. Esta ele sempre associou às inovações formais das vanguardas artísticas, aí incluídos o movimento da arte abstrata, na década de 1950, e as manifestações da contracultura, nas décadas de 1960-70, nas quais ele identificou "maneiras extremas de se preservar a autonomia da arte".[12]

Carlos Estevam, teórico do Centro Popular de Cultura (CPC), autor identificado de forma equivocada com o marxismo vulgar, também reconhece a autonomia do "mundo da cultura", que denomina "superestrutura espiritual" da sociedade. Ele não descarta a influência da infraestrutura econômica, mas entende que nela há outros componentes, além dos materiais, que também podem ser considerados básicos, porque visam "à realização do ser do homem no mundo", tais como a ciência, a filosofia, a educação e até mesmo a "emoção artística":[13] "A necessidade de emoção artística, por exemplo, tornou-se para a espécie humana uma necessidade tão imperativa quanto o são as determinadas pelo funcionamento do organismo e a manutenção da vida. O mesmo se pode dizer de outras necessidades como o saber, a convivência moral, a educação, o divertimento etc.".[14]

80

Campos de produção da cultura: indústria cultural...

A pergunta sobre a existência ou não de artistas e intelectuais relativamente autônomos, do ponto de vista social, econômico, político e cultural, foi abordada por Pierre Bourdieu quando situou historicamente a emergência do "campo erudito", processo que se inicia no final do século XVIII e se consolida na segunda metade do XIX. De modo progressivo, constitui-se um público amplo e socialmente diversificado de consumidores de bens simbólicos, por meio da generalização do ensino fundamental, que viabiliza o surgimento de um corpo numeroso e diferenciado de produtores desses bens; fatos que resultam na formação de um mercado cultural. Paralelamente, são criadas instâncias próprias de consagração de intelectuais e artistas, como associações científicas, academias de letras e salões de artes plásticas, relativamente independentes do poder econômico, político e religioso.

De acordo com Bourdieu, vários elementos caracterizam a autonomia do campo erudito: (1) as obras são criadas prioritariamente para o consumo e avaliação dos pares, os próprios intelectuais e artistas; (2) a avaliação é feita com base em critérios ("lei cultural") criados no âmbito do próprio campo; (3) esses critérios se referem à forma ou ao estilo das obras (modo de representação), mais do que ao conteúdo (objeto de representação), que segue em geral uma demanda oriunda de fora do campo; (4) as instituições que conferem reconhecimento e consagração são criadas e compostas por membros do próprio campo; (5) as teorias que justificam ideologicamente a autonomia do campo são formuladas pelos próprios intelectuais e artistas, entre elas a teoria da "arte pela arte", que pressupõe ser a cultura uma realidade superior, irredutível ao mercado; e a criação artística e intelectual, livre e desinteressada; (6) desconsideram-se, no interior do campo, os fatores de diferenciação econômica, social e política entre os artistas e intelectuais, que são reconhecidos, ou não, independentemente de sua origem, classe social ou posição política. O gênio, seja ele artista ou intelectual, é tido como um ser distinto tanto da burguesia como do povo.

Contribui para a consolidação da autonomia relativa do campo erudito a instituição do direito autoral, nascido da Revolução Francesa (1789) como

10 *Ibid.*, p. 189.

11 Disponível em: <www.culturabrasil.pro.br/poruma.htm>.

12 Otília Beatriz Fiori Arantes, *Mário Pedrosa: itinerário crítico*, São Paulo: Página Aberta, 1991, pp. XII e 140.

13 Carlos Estevam, *A questão da cultura popular*, Rio de Janeiro: Tempo Brasileiro, 1963, p. 10.

14 *Ibid.*

resultado da luta dos autores em defesa de seus interesses. Contribui do mesmo modo o processo de apropriação de elementos da cultura popular pelo campo erudito. O conteúdo das obras pode permanecer o mesmo, mas a mudança de campo, do popular para o erudito, altera as relações sociais implicadas. Assim, a música anônima da festa popular, quando transplantada para as partituras e para a sala de concerto, perde sua força de coesão comunitária e ganha distinção, atribuindo prestígio ao maestro, aos músicos e ao público do concerto: "[...] de um lado, a festa sazonal, que cumpre uma função de integração e revivificação dos "grupos primários" e, no outro polo, o concerto, reunião de um público cujo único liame é uma relação abstrata de pertinência exclusiva ao mundo dos iniciados".[15]

A autonomia do campo erudito eleva a posição social dos intelectuais e artistas e implica um "ganho de poder"[16] na relação com seus públicos. Também introduz distinções que permanecem até hoje, como as que separam arte e artesanato, erudito e popular.

Cultura popular: dependência ou contra-hegemonia?

O debate a respeito do que é a cultura popular começa pela definição do termo "povo", que pode ser empregado em pelo menos três sentidos: "povo-nação", "povo-massa" e "povo-classe". Essa distinção não é semântica, pois cada um dos significados implica diferentes relações sociais, políticas e econômicas.

Na primeira acepção, povo é diretamente associado ao Estado-nação, que engloba todas as classes sociais dentro de um mesmo território. Fala-se, por exemplo, em "povo brasileiro". A ideia de "povo-nação" é compreendida quando analisada sob a ótica das relações entre o "nacional" e o "popular", e entre "memória nacional" e "memória coletiva". Ao estudar o candomblé, Renato Ortiz conclui que a memória coletiva é necessariamente "vinculada a um grupo social determinado e só pode existir enquanto vivência, isto é, enquanto prática que se manifesta no cotidiano das pessoas".[17] A memória nacional, ao contrário, refere-se a "uma história que transcende os sujeitos e não se concretiza imediatamente no seu cotidiano; situa-se em outro nível, ela se vincula à história e pertence ao domínio da ideologia".[18] A partir daí, o autor pergunta: "Quem é o artífice desta identidade e desta memória que se querem nacionais?" E responde: "Se existem duas ordens de fenômenos

Campos de produção da cultura: indústria cultural...

distintos, o popular (plural) e o nacional, é necessário um elemento exterior a essas duas dimensões que atue como agente intermediário. São os intelectuais que desempenham esta tarefa de mediadores simbólicos".[19]

Os intelectuais realizam a mediação entre a memória coletiva – que é popular e *vivida* por múltiplos grupos sociais – e a memória nacional – que é *construída* ideologicamente e visa unificar a sociedade como um todo em torno da nação. Dessa forma, a ideia de "povo-nação" é, na verdade, uma construção do campo erudito.

"Povo-massa" refere-se a um agregado de indivíduos que, independentemente de classe social ou nação, são consumidores de determinados produtos. Nesse caso, fala-se, por exemplo, em "popularidade" para designar a condição de indivíduos ou mercadorias que têm grande aceitação entre os consumidores. Assim definido, o termo "povo-massa" acha-se vinculado ao campo da indústria cultural, tal como formulado pelos filósofos da Escola de Frankfurt. É nesse contexto que também são utilizados os termos "cultura de massas" e "cultura *pop*", a fim de diferenciar o erudito do massivo.

O terceiro sentido ("povo-classe") designa uma classe social específica, definida como "subalterna" em relação à classe "dominante". É nessa acepção que o termo "cultura popular" deve ser entendido e empregado, embora seja mais apropriado falar em "culturas populares", pois englobam modos de viver, fazer e criar que, do ponto de vista da análise econômica, são próprios de uma única classe social, mas que, numa perspectiva antropológica, compõem um mosaico de comunidades e práticas socioculturais fragmentadas.

Sobre a cultura popular, dois pontos de vista, ideológica e politicamente distintos, coincidem por terem uma visão idealizada do povo, o que resulta numa postura "paternalista" em relação às classes ditas subalternas. De um lado, estão os estudos reunidos sob o nome de "folclore" e, de outro, as obras de artistas e intelectuais politicamente engajados cujo objetivo é conscientizar o "povo" de sua missão histórica: fazer a revolução.

Com relação ao folclore, cabe, antes de tudo, desfazer a confusão que pressupõe ser esse termo sinônimo de cultura popular, a ponto de se falar

15 Pierre Bourdieu, *op. cit.*, p. 114.
16 *Ibid.*, p. 44.
17 Renato Ortiz, *Cultura brasileira & identidade nacional*, São Paulo: Brasiliense, 1985, p. 133.

18 *Ibid.*, p. 135.
19 *Ibid.*, p. 139.

em "manifestações folclóricas". O folclore é somente um ramo da sociologia da cultura, cujo objeto de estudo é a cultura popular. Na definição de Aires da Mata Machado Filho, o folclore é a "ciência da tradição".[20] É provável que a confusão tenha derivado da própria história do folclore, que nasceu não como ciência, mas como prática do romantismo, movimento artístico que buscou nas culturas populares elementos que podiam ser identificados com a origem ou fundação das nacionalidades. Na Alemanha, o romantismo coincidiu com a busca de uma unidade da nação em face da fragmentação dos principados, que comporiam mais tarde o novo país. Da mesma forma, na América Latina o interesse pelo popular originou-se durante o processo de independência e formação dos Estados nacionais. No Brasil, o indianismo, que integra o movimento romântico, é representativo dessa busca de um mito fundador do país. Sobre o indígena romântico, Antonio Candido escreve:

> Já inexistente havia muito nas regiões civilizadas, ele se tornou imagem ideal e permitiu a identificação do brasileiro com o sonho de originalidade e de passado honroso, além de contribuir para reforçar o sentimento de unidade nacional, sendo, como era, algo acima da particularidade de cada região. [...] O indianismo proporcionou deste modo um antepassado mítico, que lisonjeava por causa das virtudes convencionais que lhe eram arbitrariamente atribuídas, inclusive pela assimilação ao cavaleiro medieval, tão em voga na literatura romântica.[21]

Como escreve Machado Filho, os escritores românticos, "na valorização da vida popular, punham de lado qualquer preocupação científica".[22]

É somente a partir do positivismo que a metodologia científica chega ao folclore. Néstor Canclini demarca historicamente esse momento quando da fundação na Inglaterra, em 1878, da primeira Sociedade do Folclore. A partir daí, "frente às exigências do positivismo que guiam os novos folcloristas, os trabalhos dos escritores românticos ficaram como utilizações líricas de tradições populares".[23] Datam dessa época as primeiras tentativas de delimitar e classificar os objetos de pesquisa, registrar de forma sistemática as observações feitas em campo, elaborar questionários e também colecionar objetos, que depois viriam a compor os acervos de museus especializados nas culturas populares.

No Brasil é possível identificar o momento de transição do folclore, do romântico ao científico:

Campos de produção da cultura: indústria cultural...

As figuras de Sílvio Romero e Mário de Andrade lembram-nos quanto o folclore deve à literatura e à música, com as quais manteve uma relação simbiótica, incômoda no momento de reivindicar estatuto de ciência. A tensão entre abordagens "literária" e "científica" do folclore, inaugurada na obra de Sílvio Romero, teve continuidade na de Mário. De certa forma, este se situa na encruzilhada entre coletas movidas pelo desejo de travar contato direto com a cultura popular, destinadas a fornecer documentos inspiradores para os artistas cultos, e atividades de pesquisa e análise destinadas a ampliar o conhecimento sobre a cultura.[24]

A Sociedade de Etnografia e Folclore, que em 1936 teve Mário de Andrade entre seus fundadores e primeiro presidente, demarca o momento de institucionalização do folclore como ciência, que se consolida com a criação da Comissão Nacional de Folclore, em 1947, incorporada ao Ministério da Educação e da Saúde.

A ciência do folclore, talvez por ter tido sua origem vinculada às artes, esteve sempre sujeita a críticas acadêmicas. A mais recorrente é a de que a cultura popular é vista pelos folcloristas "como resíduo morto, como museu e arquivo, como o 'tradicional' que será desfeito pela 'modernidade'".[25] Sobre essa crítica, é fato que aos folcloristas falta, em geral, compreender que existe uma dialética da tradição. Isto é: para manter-se viva, uma tradição, quando colocada diante de transformações históricas, pode se ver na contingência de adaptar-se aos novos tempos; caso contrário tende a perder sentido e poder de coesão, acabando por desaparecer. No Brasil, o conceito de tradição adotado pelo Instituto do Patrimônio Histórico e Artístico Nacional (Iphan) caminha nesse sentido. Entende-se por tradição de um grupo: "as práticas produtivas, rituais e

20 Aires da Mata Machado Filho, *Curso de folclore*, Rio de Janeiro: Livros de Portugal S.A., 1951, p. 17.
21 Antonio Candido, *O romantismo no Brasil*, São Paulo: Humanitas/FFLCH/SP, 2004, pp. 80-1.
22 Aires da Mata Machado Filho, *Curso de folclore, op. cit.*, p. 37.
23 Néstor Garcia Canclini, *Culturas híbridas: estratégias para entrar e sair*

da modernidade, São Paulo: Edusp, 1998, p. 209.
24 Elizabeth Travassos, "Mário e o Folclore", *Revista do Patrimônio Histórico e Artístico Nacional*, (org. de Marta Rosseti Batista), Brasília: Iphan, 2002, n. 30, p. 94.
25 Marilena Chaui, *Conformismo e resistência: aspectos da cultura popular no Brasil*, São Paulo: Brasiliense, 1986, p. 24.

Política cultural: fundamentos

simbólicas que são constantemente reiteradas, transformadas e atualizadas, mantendo para o grupo um vínculo do presente com seu passado".[26]

Toda prática cultural está sujeita a mudanças provocadas pelo andar da História e o renovar das gerações. Algumas tradições são até mesmo inventadas por razões políticas, como mostrou Eric Hobsbawm;[27] e há também a possibilidade de se ressuscitar tradições já esquecidas, por nostalgia ou conveniências econômicas (estímulo ao turismo, por exemplo). Sem a compreensão dessa dialética, a afeição dos folcloristas pela cultura popular, que é inegável, assemelha-se ao respeito que se vota diante da urna funerária de um amigo morto. Uma segunda crítica é a de que a posição do folclorista diante da cultura popular tem um quê de superioridade; e é nesse sentido que é possível falar em "paternalismo", traduzido pela distinção entre o pesquisador, culto/civilizado/moderno, e o povo, inculto/bárbaro/primitivo. Há ainda uma terceira crítica: os folcloristas pensam a cultura popular como uma totalidade fechada sobre si mesma: "Ao atribuir-lhe uma autonomia imaginada, suprimem a possibilidade de explicar o popular pelas interações que tem com a nova cultura hegemônica. O povo é "resgatado", mas não conhecido".[28]

Embora bombardeada pelas críticas, não se pode negar que a ciência do folclore, por suas práticas cuidadosas de registro e recolhimento das tradições e objetos que fazem referência ao popular, contribuiu e continua contribuindo para o conhecimento e, eventualmente, para a proteção dos modos de viver, criar e fazer das classes subalternas. No Brasil, as obras de Mário de Andrade e de Câmara Cascudo atestam a riqueza desse resgate; e sabe-se que o primeiro chamou a atenção do segundo sobre a necessária adoção do método científico. Comentando artigos escritos por Câmara Cascudo, Mário de Andrade, na sua costumeira sinceridade, critica a falta de paciência do amigo e compadre para a coleta e análise da documentação. E aproveita para expor o seu programa de pesquisa:

> Fiquei num tal estado de irritação pela sua falta de paciência e leviandade de colheita de documentação, que disse palavras duras, te esculhambei mesmo, para um amigo comum que também quer muito bem você, o Luis Sáia.[29] Ele que está se metendo também em folclore (científico, sério, pertencente ao grupinho de pesquisadores que estou formando aqui, com o Curso de Etnografia e agora com a Sociedade de Etnografia e Folclore) ele concordou logo com o jeito anticientífico do estudo de você, a ausência de dados sobre como foram colhidos os dados, de quem, etc.[30]

Campos de produção da cultura: indústria cultural…

Pelo jeito, o compadre "Cascudinho" aceitou bem as críticas, como afirma Veríssimo de Melo, autor da introdução e das notas do livro que contém as cartas de Mário de Andrade ao pesquisador potiguar, ao se referir à *paulada* do escritor paulista:

> Serviu demais. Cascudo, a partir dali, deu guinada de 180 graus em seus estudos e passou a elaborar plano de trabalho sobre os aspectos fundamentais do folclore nordestino e brasileiro [...]. A cacetada de Mário de Andrade serviu como aquele hipotético estalo de Padre Vieira: despertou-o para o campo infinito de sua obra folclórica, agigantando-se e aprofundando-se no estudo e pesquisa da cultura popular.[31]

Comungam o mesmo respeito e admiração pelo popular os artistas e intelectuais politicamente engajados, como Bertolt Brecht, que optaram por se tornar "parte integrante do povo, adotar e enriquecer suas formas de expressão [...] familiarizar-se com as tradições e desenvolvê-las".[32] A história dos Centros Populares de Cultura (CPCs), criados no Brasil pela União Nacional dos Estudantes (UNE) na década de 1960, é representativa dessa visão. Carlos Estevam Martins, no artigo "Por uma arte popular revolucionária", que se tornou conhecido como o "manifesto do CPC", distingue "arte do povo", "arte popular" e "arte popular revolucionária". A arte do povo é

> predominantemente um produto das comunidades economicamente atrasadas e floresce de preferência no meio rural e em áreas urbanas que ainda não atingiram as formas de vida que acompanham a industrialização. O traço que melhor a define é que nela o artista não se distingue da massa consumidora. Artistas e públicos vivem integrados no mesmo anonimato, e o nível

26 Resolução n. 001, de 03 de agosto de 2006, *Diário Oficial da União*, 23 mar. 2017.
27 Eric Hobsbawm; T. Ranger, *The Invention of Tradition*, Cambridge: CUP, 1983.
28 Néstor García Canclini, *Culturas híbridas*, *op. cit.*, p. 210.
29 Arquiteto, destacou-se pelas obras de restauro de construções dos séculos XVII e XVIII em São Paulo.

30 Mário de Andrade, *Cartas de Mário de Andrade a Luís da Câmara Cascudo*, Belo Horizonte: Itatiaia, 2000, p. 149, Obras de Mário de Andrade, vol. 24.
31 Veríssimo de Melo, em: *ibid.*, pp. 17-8.
32 Bertolt Brecht, *O caráter popular da arte e a arte realista*, em: *Teatro e vanguarda*, Lisboa: Presença, 1970, *apud* Maria Helena Kühner, *Teatro popular: uma experiência*, Rio de Janeiro: F. Alves, 1975, p. 100.

Política cultural: fundamentos

de elaboração artística é tão primário que o ato de criar não vai além de um simples ordenar os dados mais patentes da consciência popular atrasada.[33]

A arte popular, por sua vez, se distingue

> não só pelo público, que é constituído pela população dos centros urbanos desenvolvidos, como também devido ao aparecimento de uma divisão de trabalho que faz da massa a receptora improdutiva de obras que foram criadas por um grupo profissionalizado de especialistas. Os artistas se constituem assim num estrato social diferenciado de seu público, o qual se apresenta no mercado como mero consumidor de bens cuja elaboração e divulgação escapam ao seu controle.

Tanto a arte do povo quanto a arte popular são consideradas alienadas e alienantes, ao contrário da "arte revolucionária", cujo objetivo é conscientizar o povo (às vezes identificado como "massa") para que ele cumpra seu destino histórico, que é o de realizar a revolução socialista. Para tanto, o artista revolucionário deve preocupar-se em ser didático e priorizar os conteúdos, em detrimento da forma.

Assim como ocorreu com os folcloristas, o projeto dos CPCs também recebeu inúmeras críticas, algumas injustas porque desconsideraram as distintas concepções que permearam o movimento durante seus poucos anos de existência. Os CPCs foram acusados de ser sectários e populistas e de utilizar a arte como mero instrumento político. A postura paternalista é evidente, pois quem conscientiza é sempre superior àquele que, supõe-se, deva ser conscientizado. Entretanto, como mostra Miliandre Garcia de Souza, no transcurso do movimento surgiram posições que retificaram ideias e práticas. Exemplo: a ideia de atuar "junto" ao povo substitui a de atuar "para" o povo, que então passa a ser visto como agente criador, e não mero receptor. Cabe destacar o debate travado entre as duas correntes que se formaram no interior dos CPCs:

> Uma ligada a Carlos Estevam Martins, que defendia a instrumentalização da arte e a adoção do modelo empresarial de difusão da produção cepecista. Outra vinculada a Oduvaldo Vianna Filho, que inicialmente defendia a simplificação da linguagem artística com o propósito de atingir as massas, mas depois considerou que "não há que, em nome da participação, baixar o nível artístico das obras, diminuir sua capacidade de apreensão sensível do real,

Campos de produção da cultura: indústria cultural...

estreitar a riqueza de emoções e significações que ela pode nos emprestar", "acreditamos que seremos mais eficazes quanto mais artisticamente comunicarmos a realidade".[34]

As teses aqui chamadas "paternalistas" – a folclorista e a cepecista – são enfrentadas pela teoria da contra-hegemonia, que "reconhece certa iniciativa e poder de resistência por parte das classes populares, mas sempre numa interação contraditória com os grupos hegemônicos".[35] Essa tese é inspirada no conceito de hegemonia de Antonio Gramsci, que, na relação teórica proposta pelo marxismo, entre a infraestrutura (econômica) e a superestrutura, propôs que, na segunda, há duas esferas: a "sociedade política", ou o governo propriamente dito, que exerce sua dominação por meio da força e da coerção; e a "sociedade civil", que reúne instituições como os sindicatos, partidos, igrejas, organizações profissionais, sistema escolar e imprensa, entre outras, e que exerce seu domínio de forma indireta, com base no consenso "espontâneo" em torno da ideologia da classe dominante. A esse consenso se dá o nome de "hegemonia"[36], e é nesse conceito e no seu antípoda, contra-hegemonia, que os estudiosos dessa corrente sustentam suas teses. Em meio aos autores mais representativos dessa linha de pensamento, destacam-se os fundadores dos Estudos Culturais, entre eles Raymond Williams, E. P. Thompson, Stuart Hall e, no Brasil, a filósofa Marilena Chaui.

O conceito de contra-hegemonia é proposto por Williams em *Marxismo e literatura*. Para o autor, o consenso hegemônico, na prática, não é fixo nem imutável; ao contrário, a hegemonia é "continuamente renovada, recriada, defendida e modificada, assim como é continuamente resistida, limitada, alterada e desafiada".[37] Fundamentada nesse conceito, Chaui qualifica a cultura

---

33 Carlos Estevam Martins, "Manifesto do Centro Popular de Cultura", *apud* Marilena Chaui, *Conformismo e resistência: aspectos da cultura popular no Brasil*, São Paulo: Brasiliense, 1986, pp. 108-9.

34 Miliandre Garcia Souza, *Do teatro militante à música engajada: a experiência do* CPC *da* UNE *(1958-1964)*, São Paulo: Ed. Perseu Abramo, 2007, Coleção História do Povo Brasileiro, p. 46. As citações de Oduvaldo Vianna Filho estão em: Oduvaldo Vianna Filho, "O teatro popular não desce ao povo, sobe ao povo", texto citado por Ian

Michalski (org.), *Teatro de Oduvaldo Viana Filho*, Rio de Janeiro: Ilha, 1981, vol. 1.

35 Néstor García Canclini, *Culturas híbridas*, *op. cit.*, p. 252.

36 Antonio Gramsci, "La formación de los intelectuales", em: *Pequeña antologia politica*, Barcelona: Editorial Fontanella, 1974, Libros de confrontación, Filosofia 5, p. 190.

37 Raymond Williams, *Marxismo e literatura*, Rio de Janeiro: Zahar, 1979, *apud* Marilena Chaui, *Conformismo e resistência: aspectos da cultura popular no Brasil*, *op. cit.*, pp. 22-3.

popular no Brasil "como um conjunto disperso de práticas, representações e formas de consciência que possuem lógica própria". Existem as formas pelas quais a cultura dominante "é aceita, interiorizada, reproduzida e transformada, tanto quanto as formas pelas quais é recusada, negada e afastada, implícita ou explicitamente, pelos dominados".[38]

Thompson, por sua vez, escreve que "a cultura popular é rebelde, mas o é em defesa dos costumes".[39] O autor chega a essa conclusão após pesquisar a história da resistência dos camponeses à expansão do capitalismo na agricultura inglesa (século XVIII), numa época em que a modernização da atividade induziu o cercamento das terras (antes comunais), a racionalização do trabalho e a adoção de novos padrões de consumo, inovações que geraram uma reação popular justificada pela "desintegração dos costumes". Essa forma de resistência pode ser identificada também no chamado "banditismo social", que Hobsbawm considera um fenômeno universal presente em todas as sociedades que vivem a transição da agricultura tradicional (inclusive as economias pastoris) para o capitalismo agrário. Segundo esse autor, "se os bandidos têm realmente um 'programa', será tal programa a defesa ou a restauração da ordem de coisas tradicionais 'como devem ser'". Para tanto, o bandido social "mobiliza principalmente camponeses e trabalhadores sem terras, governados, oprimidos e explorados por senhores, burgos, governos, advogados, e até mesmo bancos".[40]

A resistência popular, em geral, não utiliza argumentos racionais nem apela sempre para a revolta. Às vezes manifesta-se de forma picaresca, abusa de anedotas, da exposição do ridículo e até mesmo da libertinagem. Como explica Paula Monteiro:

> Não é no confronto dos discursos que se dá a resistência do dominado, mas na maneira pela qual este é capaz de confundir o jogo do outro, jogando no espaço instituído pelo outro. O que caracteriza, portanto, a produção ideológica dos grupos subalternos é essa atividade sutil e tenaz que, na falta de um jogo inteiramente próprio, improvisa no interior de um sistema de forças definidas de antemão.[41]

Ainda na perspectiva da contra-hegemonia, ressaltam as reflexões de Stuart Hall. Para ele, o estudo da cultura popular deve ter como foco as relações de "influência e antagonismo" existentes entre a cultura popular e a cultura dominante. É inútil inventariar o que o povo faz, porque, de tempos em

Campos de produção da cultura: indústria cultural...

tempos, o valor cultural de certas práticas populares é "promovido", *sobe* de grau na escala cultural e passa para o lado dominante; outras *perdem* valor e são apropriadas pelo campo popular. O que importa analisar é a "luta cultural", que envolve circuitos de distribuição de "poder cultural", nos quais as "relações de força" podem assumir diversas formas: "incorporação, distorção, resistência, negociação, recuperação".[42]

Conclusão

As teses abordadas neste capítulo podem ser divididas em dois tipos: autonomistas e estruturalistas. As primeiras ressaltam a possibilidade de indivíduos e grupos desvencilharem-se da estrutura social, tornando-se sujeitos da história e agentes do próprio destino. As teses estruturalistas, ao contrário, enfatizam o poder da sociedade, que é governada por determinações que acorrentam os indivíduos e grupos a posições socialmente definidas. Essas teses situam-se no âmbito da dicotomia indivíduo/sociedade, que se instaura na sociologia a partir do pensamento de dois autores, hoje clássicos: Émile Durkheim e Max Weber. Ambos partiram da seguinte questão: os indivíduos são determinados pela estrutura social ou, ao contrário, é a ação dos indivíduos que determina a sociedade? A perspectiva weberiana assenta-se no pressuposto de que os fenômenos sociais só podem ser compreendidos a partir das condutas individuais; somente o indivíduo possui realidade objetiva, sendo a sociedade uma construção abstrata. O pressuposto de Durkheim, ao contrário, afirma a transcendência da consciência coletiva sobre a individual e considera a sociedade como uma totalidade autônoma, objetiva e regida por leis próprias.

38 *Ibid.*, p. 24.

39 Edward P. Thompson, *Costumes em comum: estudos sobre a cultura popular tradicional*, São Paulo: Companhia das Letras, 1998, p. 19.

40 Eric Hobsbawm, *Bandidos*, Rio de Janeiro: Forense-Universitária, 1975, p. 13.

41 Paula Monteiro, *Da doença à desordem: magia na umbanda*, Rio de Janeiro: Graal, 1985, *apud* Núbia Pereira de Magalhães

Gomes; Edimilson de Almeida Pereira, *Do presépio à balança: representações da vida religiosa*, Belo Horizonte: Mazza edições, 1995, p. 29.

42 Stuart Hall, "Notas sobre a desconstrução do 'popular'", em: *Da diáspora: identidades e mediações culturais*, Belo Horizonte: Ed. UFMG; Brasília: Representação da Unesco no Brasil, 2003, pp. 247-63.

Política cultural: fundamentos

No caso das teses sobre a indústria cultural, há, de um lado, os que acreditam no poder dos agentes desse campo de moldar e manipular a consciência dos receptores e, do outro, os que creem na capacidade das pessoas de interpretar e até mesmo atuar sobre as mensagens emitidas. No caso do campo erudito, de um lado estão os que advogam a independência do trabalho intelectual e artístico frente à estrutura econômica, social e política; de outro, os que defendem que os intelectuais e artistas são meros representantes da classe social a que pertencem. De forma semelhante, em relação à cultura popular, há os que consideram ser ela uma mera e pálida reprodução da cultura dominante, enquanto outros acreditam na capacidade relativa que têm as classes populares de jogar um jogo próprio. Essas teses estão resumidas no quadro abaixo:

Tipologia das teses sobre os campos
de produção da cultura

CAMPOS/TESES	AUTONOMISTAS	ESTRUTURALISTAS
Indústria cultural	Recepção crítica	Manipulação
Campo erudito	Autonomia	Organicidade
Cultura popular	Contra-hegemonia	Reprodução

É provável que a verdade esteja no meio, ou seja, que o poder de manipulação da indústria cultural seja inversamente proporcional à quantidade (e qualidade) das informações detidas pelo receptor; que os intelectuais e artistas tenham seu espaço de autonomia, sendo ela sempre relativa, porque não há como escapar dos condicionantes impostos pelas origens sociais dessa categoria, vinda majoritariamente das classes médias; e que a cultura popular, na sua relação com a cultura dominante, assuma diferentes formas, incluindo o conformismo, mas também a resistência.

Para concluir, cabe explorar de forma sucinta as relações de poder que se estabelecem entre os campos erudito, popular e da indústria cultural. Do ponto de vista econômico, é inegável que a indústria cultural ocupa o topo da pirâmide; o campo erudito fica no meio; e o campo popular, na base.

Campos de produção da cultura: indústria cultural...

A indústria cultural, particularmente a grande indústria, tem maior capacidade de produzir, comprar, vender e obter crédito, e ainda conta com a mão de obra originária do campo erudito, que lhe fornece profissionais assalariados, como escritores, atores, roteiristas, músicos, cenógrafos e figurinistas, entre outros. É no campo da indústria cultural que se pode falar de relações de produção tipicamente capitalistas. O campo erudito, por sua vez, é mais forte do que o campo popular, cuja fragmentação e escassez de recursos econômicos e políticos dificultam-lhe o acesso ao mercado e ao Estado. Além disso, no campo popular existem práticas não econômicas, mais precisamente não capitalistas, que se realizam pela cooperação e adesão voluntária.

Sob o ponto de vista político, as relações se alteram e são mais complexas. É no campo erudito, entre os intelectuais e artistas, que em geral são recrutados os gestores das políticas públicas de cultura. Além disso, como observa Pierre Bourdieu, é esse campo que confere legitimidade e valor cultural aos modos de composição e às obras produzidas no próprio campo e, também, pela indústria cultural e pelas culturas populares. A legitimidade cultural, ou valorização simbólica, é uma espécie de "selo de qualidade" atribuído pela crítica de arte e por grandes e pequenas instâncias de consagração eruditas (universidades, academias de letras, museus, editoras, curadorias etc.), que estabelecem para si e para os outros campos as normas de produção ("lei cultural"), avaliação e consagração que, de tempos em tempos, sofrem variações. Só quando esses códigos são assimilados pelo grande público é que a indústria cultural os transforma em produtos estandardizados, com alto potencial de geração de rentabilidade econômica. Até hoje os valores e a estética do romantismo continuam a alimentar as infindáveis telenovelas. Como no mercado de cultura a valorização econômica de um bem está vinculada ao seu valor simbólico (ver capítulo 9), pode-se deduzir que, sob a perspectiva de uma economia política da cultura, o campo erudito é dominante.

Com relação ao campo popular, pelos menos duas coisas podem ser ditas: (1) como visto neste capítulo, quem fala sobre as culturas populares geralmente pertence ao campo erudito (incluindo este autor). Ainda está em fase de construção um discurso sobre o popular produzido pelo próprio campo; (2) o campo erudito, a partir do romantismo, e, posteriormente, a indústria cultural sempre beberam e continuam bebendo nas fontes da cultura popular. Embora sejam beneficiados por essa relação, via direitos autorais e propriedade industrial, os campos erudito e industrial raramente dão algum retorno ao campo popular, que assim vive sob uma dupla dominação.

6.
Arte: origem, características, modos de produção e função social

Introdução

Fundado no diálogo com diversos autores – filósofos, sociólogos, antropólogos e críticos de arte –, este capítulo aborda algumas facetas da arte: origem, características essenciais, processos e meios de produção, efeitos sobre os indivíduos e função social. Na medida do possível (e as possibilidades são poucas), a análise abstrai-se de referências a épocas, escolas, gêneros e às várias artes particulares, a fim de tentar captar o que é universal no fazer artístico.

Sobre a origem das artes

A obra sobre a origem da antiga tragédia grega publicada, em 1872, pelo filósofo alemão Friedrich W. Nietzsche[1] é uma referência para o entendimento da origem das artes no mundo ocidental. A tese de Nietzsche é a de que a tragédia se origina de dois impulsos humanos vitais – o dionisíaco e o apolíneo – que se entrelaçam, sob a influência da música, para criar o ato teatral. Esses impulsos derivam de características atribuídas aos deuses gregos Dioniso e Apolo, resumidas no quadro a seguir.

---

1   Friedrich Nietzsche, *Origem da tragédia*, Lisboa: Guimarães Editores, 1978. A edição original foi intitulada *O nascimento da tragédia no espírito da música*.

Política cultural: fundamentos

Características dos impulsos dionisíaco e apolíneo

DIONISO	APOLO
Embriaguez	Sonho
Noturno, tenebroso, lunar	Brilhante, luminoso, solar
Êxtase, exaltação, entusiasmo, prazer e dor	Aparência, ilusão, imagem, serenidade
Grotesco, desmedido, cruel, espantoso	Harmonia, medida, beleza, altivez
Esquecimento de si	Individuação
Artes cênicas, poesia lírica e música	Artes visuais e poesia épica (ou homérica)

A tragédia nasce como resultado do seguinte processo: nas festas celebradas em honra a Dioniso, deus da fertilidade e do vinho, o canto induz à formação do coro; este, extasiado pela música, "vê" a imagem de Dioniso; então um indivíduo, o primeiro ator, destaca-se do grupo, encarna o deus e inicia o diálogo com o coro, dando assim origem à representação teatral. O impulso dionisíaco opera desde o momento inicial, a exaltação provocada pela música, até a percepção da imagem de Dioniso, quando entra em ação o impulso apolíneo – do sonho, da imaginação e da individuação. A tragédia, que na origem teve em Dioniso seu único herói, continua, mesmo depois, a manter essa tradição, pois todas as figuras célebres do palco grego, como Prometeu e Édipo, não passam de "máscaras do herói original: Dioniso".[2]

Embora sob a proteção de Dioniso, a música tem parte também com Apolo, porque age como elemento catalisador dos dois impulsos vitais. Na visão de Nietzsche (inspirada em Schopenhauer), a música é a linguagem universal que traduz o âmago do ser (ou a essência das coisas), ao contrário do conceito, abstração que atinge apenas a superfície dos fenômenos. A música gera encantamento e insufla a imaginação: "Aquele que se abandona sem reservas à impressão produzida por uma sinfonia julga ver desenrolar-se perante os seus olhos todos os acontecimentos inimagináveis da vida e do mundo".[3]

Arte: origem, características, modos de produção...

Roger Garaudy também relaciona a origem das artes à Grécia antiga e ao culto de Dioniso, mas, citando o coreógrafo Ted Shawn, sugere que "o teatro nasceu da dança, e a dança do trabalho", especificamente da pisa dos grãos de trigo e das uvas. Para tornar o trabalho coletivo coordenado e eficaz, "o movimento se faz rítmico e demoradamente sustentado, até a ofuscação dos sentidos pela fadiga, provocando um transe que se apossa dos trabalhadores, contagiando-os". O transe propicia a sensação da transcendência, que é a superação da individuação – fonte de todo o sofrimento –, e a fusão no todo, englobando a natureza, a comunidade, o corpo e a mente do ritmista que, nesse compasso, torna-se "solidário do todo".

Para Garaudy, que menciona também o culto de Osíris no Egito e a dança de Shiva na Índia, "não foi apenas o teatro, da tragédia grega ao drama nô japonês, que nasceu da dança [...], mas também o canto, a música e a poesia". Para esse autor, os ritmos fundamentais da poesia grega (chamados "pés de verso"), como o iambo, o troqueu, o dáctilo, o espondeu e o anapesto, resultaram da formalização da "batida rítmica dos pés".[4]

O que há de comum nas duas interpretações é a presença do ritmo e do transe coletivo, que faz lembrar o trabalho de Mário de Andrade denominado *Música de feitiçaria no Brasil*, no qual o autor associa música e religião:

A música é uma força oculta, incompreensível por si mesma. Ela não toca de forma alguma a nossa compreensão intelectual, como fazem o gesto, a linha, a palavra e o volume das outras artes. Por outro lado é a mais socializadora e dinâmica, a mais dionisíaca e hipnótica, especialmente nas suas formas primárias em que o ritmo predomina. Assim, a música é terrível, é fortíssima e misteriosíssima.[5]

---

2 *Ibid.*, p. 85.

3 Arthur Schopenhauer, *O Mundo como vontade e representação*, apud F. Nietzsche, *Origem da tragédia*, Lisboa: Guimarães Editores, 1978, p. 119.

4 Roger Garaudy, *Dançar a vida*, Rio de Janeiro: Nova Fronteira, 1980, pp. 17-9 e 25.

5 Mário de Andrade, *Música de feitiçaria no Brasil*, em: *Obras completas de Mário de Andrade*, vol. XII. Belo Horizonte: Itatiaia; Brasília: Instituto Nacional do Livro/Fundação Nacional Pró-Memória, 1983, p. 44.

Características essenciais da arte

Na obra de Georg W. Friedrich Hegel, é possível encontrar algumas das características fundamentais da arte.[6] Para esse filósofo, a arte, assim como a religião, a filosofia e a ciência, é um modo de expressão das ideias mais nobres do espírito. No entanto ele, retrucando Nietzsche, considera que a arte não é mais, como na antiga Grécia, "a forma mais elevada do espírito"; não possui a mesma "plenitude vital", já que os conceitos e representações abstratas passaram a ocupar, gradativamente, o lugar mais alto da cultura. Por outro lado, o fato de os conceitos terem sobrepujado aquilo que é "verdadeiramente vivo na vida" tornou possível colocar a arte sob o exame da estética, dando-lhe, assim, sua "verdadeira consagração".[7] A estética é a filosofia ou ciência do belo, mas somente do belo artístico, que é superior ao belo natural, por ser "um produto do espírito que, superior à natureza, comunica esta superioridade aos seus produtos e, por conseguinte, à arte".[8] Tudo o que provém do espírito é superior ao que existe na natureza, e o espírito, em Hegel, equivale à verdade em si. Embora muito próximas, a arte difere da ciência e da filosofia pelo "poder de dar, das ideias elevadas, uma representação sensível",[9] tornando-as acessíveis a todos. A arte ocupa um lugar entre "o sensível puro e o pensamento puro". Sua principal finalidade é expressar a beleza, tida por Hegel como um dos modos de exteriorização da verdade. Mais precisamente: o belo é o "aparecer sensível da ideia", definição na qual "fica patente uma conexão interna entre o radicalmente espiritual (a ideia) e o imediatamente dado (a aparência sensível)".[10] A arte une o inteligível, que é da ordem do pensamento, da reflexão e do intelecto, ao sensível (corporal, intuitivo, imediato, mundano), fazendo das ideias "algo vital e cotidiano, que diz respeito a todos nós".[11]

Mas como conciliar essas características gerais com a particularidade da arte de cada tempo e lugar? Relacionar arte e sociedade ou, de forma mais clara, "tomar a obra de arte como reveladora de uma determinada sociedade e momento histórico"[12] é próprio dos estudos antropológicos. Clifford Geertz pesquisou a arte praticada em múltiplas comunidades humanas, e afirma que a arte clássica da China ou do Islã não é a mesma que hoje se pratica em Pueblo ou nas montanhas da Nova Guiné, mas que, apesar das especificidades, há algo comum nas artes de todos os tempos e lugares:

Arte: origem, características, modos de produção...

Em todos os lugares do mundo certas atividades parecem estar especificamente destinadas a demonstrar que as ideias podem ser visíveis, audíveis e – será preciso inventar uma palavra – "tactíveis"; que podem ser contidas em formas que permitem aos sentidos, e por intermédio destes, às emoções, comunicar-se com as ideias de maneira reflexiva. A variedade das formas de expressão artística é resultado da variedade de concepções que os seres humanos têm sobre como são e funcionam as coisas.[13]

Assim, é possível concluir que a característica mais essencial da arte é ser uma forma de conhecimento do mundo. Comparado com a ciência e a filosofia, o conhecimento propiciado pela arte é mais imediato, simples e comum a todos. Como suscita emoções, a arte parece ter maior proximidade com a religião, mas é distinta dela, porque não é da ordem do transcendente, mas do mundano, cotidiano, carnal.

Processos e meios de produção da arte

O que é preciso para ser um artista? Não basta seguir determinadas regras, pois, como diz Hegel, só o trabalho mecânico subordina-se a regras.[14] Admitir isso, entretanto, não significa cair no oposto e supor que a arte é pura criação de espíritos especialmente dotados de gênio ou talento, pois a obra de arte tem um componente técnico, "que só pelo exercício se chega a dominar".[15] A técnica aproxima a arte do artesanato, que tem para o artista "importância capital", como ensina Mário de Andrade. Para esse autor, embora "imprescindível para que exista um artista verdadeiro", o artesanato é apenas um

6 Georg Wilhelm F. Hegel, *Estética: a ideia e o ideal*, São Paulo: Nova Cultural, 1999.

7 *Ibid.* p. 38.

8 *Ibid.*, p. 27.

9 *Ibid.*, p. 43.

10 Cf. Rodrigo P. Duarte, "Seis nomes, um só Adorno", em: Adauto Novaes (org.), *Artepensamento*, São Paulo: Companhia das Letras, 1994, p. 439.

11 Boris Schnaiderman, "Dostoievski: a ficção como pensamento", em: Adauto Novaes (org.), *Artepensamento*, *op. cit.*, p. 247.

12 Gilberto Velho, (org.), *Arte e sociedade: ensaios de sociologia da arte*, Rio de Janeiro: Zahar Editores, 1977, p. 7.

13 Clifford Geertez, "Arte como sistema local", em: *Conocimiento local: ensayos sobre la interpretación de las culturas*, Barcelona/ Buenos Aires/México: Paidós, 1994, p. 149.

14 Georg Wilhelm F. Hegel, *Estética*, *op. cit.*, p. 59.

15 *Ibid.*, p. 61.

Política cultural: fundamentos

dos componentes da técnica artística, que envolve também a *virtuosidade* – ou conhecimento de técnicas tradicionais historicamente consagradas – e a *solução pessoal*, que é a junção da habilidade própria do artista na utilização do material atinente ao seu ofício (pedra, lápis, pincel, som, palavra, gesto, voz etc.) com o *espírito do tempo*, que o influencia "como indivíduo e como ser social".[16] Em carta datada de 1940, escrita ao poeta mineiro Alphonsus de Guimaraens Filho, Mário de Andrade faz a distinção entre a *técnica objetiva* e a *técnica expressiva*, esta última relacionada à solução pessoal:

> O que você tem, sobretudo, é de escrever muito, muitíssimo, forçar mesmo a chegada da poesia, gastar seu estado de poesia de até fazer sangue [...]. Não se trata exatamente de adquirir técnica objetiva; esta me parece que você já tem suficientemente forte, naquilo em que técnica se aprende. Só lhe falta ainda, da técnica, aquilo que eu chamo (eu, o eterno professor das teorizações...) de técnica "expressiva", aquilo que fez Beethoven escrever que "não havia regra que não se devesse abandonar em benefício da expressão", e não se aprende de ninguém, é uma realização da personalidade.[17]

O sociólogo Norbert Elias, na obra *Mozart, a sociologia de um gênio*, descreve processo semelhante. Ele identifica, na criação artística, três momentos: a "dinâmica interna do fluxo-fantasia", que opera no mundo interior do artista, o "conhecimento do material" e de suas propriedades, que corresponde ao saber técnico, e a "consciência artística do produtor", que se refere à capacidade do artista de criticar sua própria obra:

> O pináculo da criação artística é alcançado quando a espontaneidade e a inventividade do fluxo-fantasia se fundem de tal maneira com o conhecimento das regularidades do material e com o julgamento da consciência do artista, que as fantasias inovadoras surgem como por si mesmas, satisfazendo as demandas tanto do material, como da consciência.[18]

Para adquirir a capacidade de criticar sua própria obra e se aperfeiçoar, o artista precisa conhecer o que foi criado no passado (a tradição) e o que está sendo feito no presente. Para tanto, é necessário observar, comparar e estudar.

A imersão no "espírito do tempo", à qual se refere Mário de Andrade, envolve uma relação dialética: o contexto sócio-histórico influencia o artista; e esse, por sua vez, age sobre o mundo. Além de refletir as inquietações e aspirações

Arte: origem, características, modos de produção...

de seu tempo, a arte algumas vezes antecipa a história e projeta o futuro.[19] Na visão do crítico Mário Pedrosa, essa capacidade de projeção se dá pela "força expressiva da forma" que, ao se "destacar e se contrapor à realidade, a submete a uma perspectiva imprevista, graças à qual um novo mundo parece ser entrevisto".[19] Também o conteúdo pode ser antecipador. Um exemplo é a obra de Franz Kafka, que pode ser interpretada como uma antecipação do processo de coisificação do ser humano e de burocratização da vida, que seria desencadeado pelos regimes totalitários do século xx. É fato que na arte, como a entende Walter Benjamin, forma e conteúdo são indissociáveis.[20] Essa conexão é visível na obra de Kafka, um inovador também no campo formal.

Efeitos da arte sobre os indivíduos

É bastante conhecida a tese de Aristóteles sobre a tragédia grega, que, "suscitando o terror e a piedade, tem por efeito a purificação [catarse; purgação] dessas emoções".[21] O alívio provocado pela purgação do medo e do sofrimento é de natureza emocional, mas também cognitiva, porque durante o espetáculo o público tem consciência de que está diante de uma representação teatral e, ao final, compreende a trama por detrás do sofrimento do herói.

Séculos depois, Nietzsche, ao tratar desse mesmo tema, disse que a tragédia *verdadeira* (de Esquilo e Sófocles) gera o *consolo metafísico* de que a vida, independentemente de tempo ou lugar, é sempre *poderosa e alegre*. O consolo metafísico não se confunde com o sentimentalismo lânguido instilado pelas tragédias de Eurípedes, nas quais a contemplação (apolínea) é substituída

---

16 Mário de Andrade, "O artista e o artesão", em: *O baile das quatro artes*, São Paulo: Livraria Martins Ed., 1963, pp. 10-36 (aula inaugural dos cursos de filosofia e história da arte do Instituto de Artes, Universidade do Distrito Federal, RJ, em 1938).

17 Alphonsus de Guimaraens Filho, *Itinerários: cartas a Alphonsus Guimaraens Filho [de] Mário de Andrade e Manuel Bandeira*, São Paulo: Duas Cidades, 1974, p. 21.

18 Norberto Elias, *Mozart: sociologia de um gênio, op. cit.*, p. 63.

19 Otília Beatriz Fiori Arantes, *Mário Pedrosa: itinerário crítico, op. cit.*, pp. XII e XX.

20 Katia Muricy, "Walter Benjamin: alegoria e crítica", em: Rafael Haddoch-Lobo (org.), *Os filósofos e a arte*, Rio de Janeiro: Rocco, 2010, pp. 183 e 190.

21 Aristóteles, *Poética*, em: Duarte, Rodrigo (org.), *O belo autônomo: textos clássicos de estética*, Belo Horizonte: Ed. UFMG, 1997, p. 31.

Política cultural: fundamentos

pelo estímulo ao pensamento; o entusiasmo dionisíaco pelos sentimentos ardentes e o consolo metafísico pelo *deus ex machina*, solução cênica inesperada e artificial que força o final feliz. Em contraposição, Nietzsche propõe restaurar a energia vital contida no mito trágico, que conduz ao entendimento fundamental da unidade no todo, quando se experimenta a alegre esperança de que o exílio da individuação pode ser rompido.

Schiller, antes de Nietzsche, já falara na unidade do cosmos, que é interiorizada quando, diante da obra de arte, o indivíduo se liberta do *estado físico* (ou de natureza), no qual está preso a necessidades e desejos imediatos, e é alçado ao *estado estético*, que lhe dá a conhecer sua própria dignidade, e também a dos outros. No estado físico, o indivíduo, em sua "avidez selvagem", é "egoísta, sem ser ele próprio, nunca percebe o outro em si, somente a si nos outros", ao passo que no estado estético ele conquista a "liberdade da mente [...] perante as paixões".[22] Hegel vai além quando diz que a obra de arte, ao revelar o painel das paixões humanas, coloca o indivíduo diante de seus próprios instintos e, assim, incute-lhe a consciência de si. Ao desvelar as paixões, a arte lhes retira a força e a intensidade, transformando-as "em simples objetos", mais ou menos alheios ao indivíduo.[23] É nessa situação que se pode falar no poder libertador da arte. Ela se revela capaz de vencer a alienação cotidiana dos indivíduos, tornando-os conscientes.

Função social da arte

O poder da arte contrasta com suas fragilidades, particularmente as inúmeras manipulações a que ela está sujeita quando é instrumentalizada pelo poder político e econômico. No campo político, a arte muitas vezes é chamada a legitimar ou a contestar o poder. Lembre-se, de passagem, da força de mobilização que possuem os hinos e bandeiras, que, antes de mais nada, são música e arte aplicada ao pano; ou das marchas e evoluções militares, em que se tem as técnicas das artes cênicas aplicadas ao ritual de exibição do poder coercitivo do Estado.

Hobsbawm enumera três demandas que "o poder costuma fazer à arte": (1) "demonstrar a glória e o triunfo do próprio poder, como nos grandes arcos e colunas comemorativos de vitórias na guerra", assim como nos monumentos públicos, particularmente a estatuária equestre que homenageia os heróis da pátria; (2) "organizar o poder como drama público", por meio de

102

Arte: origem, características, modos de produção...

cerimônias nas quais o povo é a plateia (nas ditaduras essa plateia é organizada); e (3) "ensinar, informar e inculcar o sistema de valores do Estado", basicamente por meio da educação pública e da propaganda governamental.[24]

Em ocasiões específicas, quando as sociedades são dominadas por paixões políticas, os artistas são chamados a servir às razões de Estado ou, ao contrário, aos movimentos de contestação, e não raro aderem, seja por convicção ideológica, seja por necessidade de sobrevivência. O engajamento, embora tenha pouco a ver com a arte em si, é compreensível, levando-se em conta a ubiquidade da política, que a tudo penetra, e a indissolúvel relação do artista com o seu tempo e lugar.

Além da política, o poder econômico também manipula a arte. Nesse caso, ressalta o papel da publicidade e da indústria cultural, cujas estratégias comerciais visam seduzir os consumidores, multiplicar os lucros e, dessa forma, manter a ordem mercantil vigente. O sucesso e a fama, mais do que a expectativa de riqueza ou poder, são os chamarizes que atraem os artistas. Disso se aproveita a indústria cultural, cujo *star system* estimula de tal forma a idolatria do artista pelo público, que acaba provocando o esgarçar da personalidade do astro, proveniente da distância entre sua imagem pública e a pessoa que ele de fato é. Talvez seja por isso que muitos artistas famosos sucumbem à morte prematura, pelo consumo de álcool e outras drogas, ou pelo suicídio. É verdade que, para inventar e manter a *aura de um astro*, contribuem os próprios artistas, "orgulhosos afirmadores de si mesmos", como os define Mário Andrade, que arremata: "A arte é muito mais larga, humana e generosa do que a idolatria dos gênios incondicionais; ela é principalmente comum".[25]

As manipulações a que estão submetidos os artistas e a arte são reflexos distorcidos de suas funções sociais reais. A esse respeito, os autores, em geral, não são coerentes. Parece haver pudor em pretender ou exigir que a arte seja mais do que ela é. Hegel, por exemplo, pensa que "a arte deve conter, implicitamente, um ensino moral", mas que esteja nela "sem realce, em estado não desenvolvido, a fim de não se impor como doutrina, lei ou imperativo".[26]

---

22 Johann Christoph F. Schiller, "Sobre a educação estética do homem em uma sequência de cartas", em: Rodrigo Duarte, *O belo autônomo: textos clássicos de estética*, *op. cit.*, pp. 123-34.

23 Georg Wilhelm F. Hegel, *Estética, op. cit.*, p. 52.

24 Eric Hobsbawm, *Tempos fraturados: cultura e sociedade no século xx*, São Paulo; Companhia das Letras, 2013, pp. 269-70.

25 Mário de Andrade, *Música, doce música*, São Paulo: Liv. Martins Ed, 1976, p. 417.

26 Georg Wilhelm F. Hegel, *Estética, op. cit.*, p. 54.

Política cultural: fundamentos

Na mesma direção, Schiller diz ser contraditório pretender uma arte "que ensina (didática) ou que melhora (moral), pois nada se opõe mais ao conceito de beleza do que dar à mente uma determinada tendência". Por outro lado, admite que somente a partir do "estado estético", e não do "estado físico", pode-se atingir um "estado moral".[28] Gramsci, citando Benedetto Croce, concorda que "a arte é educativa enquanto arte, mas não enquanto 'arte educativa' porque neste caso ela é nada e o nada não pode educar".[29] Por outro lado, o mesmo Gramsci defende que, na literatura, "a beleza não basta: requer-se um determinado conteúdo intelectual e moral que seja a expressão elaborada e completa das aspirações mais profundas de um determinado público, isto é, da nação-povo numa certa fase de seu desenvolvimento histórico".[29]

Abstraindo-se das eventuais incoerências, é possível identificar, no conjunto dos autores, pelo menos duas funções sociais da arte: (1) gera distinção social; e (2) possui potencial educativo.

Pierre Bourdieu aborda o tema da distinção social quando trata da emergência da autonomia do campo erudito na história (ver capítulo 5). Conceitos desenvolvidos pelo autor explicitam a relação especial que artistas e intelectuais mantêm com a sociedade, entre eles: (1) *capital cultural ou simbólico*: "moeda" acumulada por artistas e intelectuais, lastreada na educação familiar, diplomas obtidos no sistema de ensino, obras, prêmios, críticas favoráveis, eleição para academias, participação em congressos e exposições etc.; (2) *legitimidade cultural*: reconhecimento público e consagração obtidos por artistas e intelectuais, resultante da acumulação de capital cultural; (3) *concorrência no mercado simbólico*: disputa travada entre artistas e intelectuais (individualmente ou em grupos) com a finalidade de acumular capital cultural e obter legitimidade cultural; (4) *instâncias de consagração e legitimação ou sociedades de mútua admiração*: espaços públicos instituídos e ocupados por intelectuais e artistas, formais e informais, tais como museus, conservatórios, corpos artísticos estáveis, academias de letras, sociedades científicas, universidades, grupos e grupelhos (como, por exemplo, os reunidos em torno de uma editora ou revista literária); (5) *monopólio da violência simbólica*: controle do alcance da legitimidade cultural por intelectuais e artistas que acumularam capital cultural, exercido por meio da *repressão simbólica*, cujo objetivo, entre outros, é evitar a emergência de novas "estrelas" e o consequente aumento da concorrência no mercado simbólico. Exemplo paradigmático do monopólio da violência simbólica é a Academia de Letras, cujos membros se intitulam "imortais", ou seja, todos os que dela não fazem parte são simples mortais.

Esse exemplo faz lembrar o que o filósofo Miguel de Unamuno chama de "fome de imortalidade", que ele atribui ao gênero humano, mas que, pode-se dizer, acomete de forma particular os intelectuais e artistas:

> Quem disser que pinta, escreve, esculpe ou canta para recreação própria, se levar a público o que faz, mente; mente se assinar seu escrito, sua pintura, sua escultura ou sua canção. Quer, quando menos, deixar uma sombra de seu espírito, algo que sobreviva a ele [...]. Daí essa tremenda luta para singularizar-se e para sobreviver de algum modo na memória dos outros e dos que virão; essa luta mil vezes mais terrível do que a luta pela vida.[30]

A função educativa da arte decorre de sua característica básica: ser uma forma de conhecimento do mundo, sem que para tanto precise ser didática, de tese, moralista, de propaganda ou denúncia. Pode-se contar a história universal tendo como referência a história da arte. E também é possível compreender a história da arte quando a ela se relaciona a história geral da humanidade ou, ainda, a dos povos em particular. Se é verdade que a educação é civilizatória, e que o mundo contém tanto coisas sublimes como coisas vis, pode-se dizer, com Hegel, que a finalidade essencial da arte é *"l'adoucissement de la barbarie"*,[31] ou seja, suavizar a barbárie, que se impõe pelas paixões violentas.

Conclusão

Não é possível concluir este capítulo sem fazer uma breve referência a um novo campo de pesquisa, a estética digital, cujo objeto é a arte eletrônica (*media art*), pensada no âmbito das inter-relações entre as ciências (cibernética, inteligência artificial e teoria da informação), as tecnologias eletrônicas (audiovisuais, computadorizadas, telemáticas) e a arte. Quem reflete sobre o tema

27 Johann Christoph F. Schiller, "Sobre a educação estética do homem em uma sequência de cartas", *op. cit.*, p. 128.
28 Antonio Gramsci, *Literatura e vida nacional*, São Paulo: Civilização Brasileira, 1986, p. 10.

29 *Ibid.*, p. 90.
30 Miguel Unamuno, *Do sentimento trágico da vida: nos homens e nos povos*, São Paulo: Martins Fontes, 1996, pp. 50-3.
31 Georg Wilhelm F. Hegel, *Estética*, *op. cit.*, p. 51. (Em francês, no original.)

é a escritora Cláudia Giannetti, que destaca nessa nova modalidade de arte as "relações dialógicas entre o público e a obra ou sistema", o que dá à criação um "caráter compartilhado". A autora compara o impacto dos sistemas digitais sobre os criadores àquele causado pelas leis da perspectiva sobre o artista renascentista. Esse impacto "expande o conceito de arte para o de sistema (arte além da arte)", renovando a teoria estética, que a autora denomina "endoestética", "que já não se baseia nos conceitos clássicos de verdade, realidade, objetualidade, transcendência, autonomia, originalidade etc.", mas nos princípios da autorreferencialidade, virtualidade, interatividade e interface.[32]

---

32 Claudia Giannetti, *Estética digital: sintopia da arte, a ciência e a tecnologia*, Belo Horizonte: C/Arte, 2006, p. 203.

* * *

7.
Identidade, diversidade e patrimônio cultural

Este capítulo está dividido em quatro partes. Na primeira discute-se o conceito de identidade na sociologia de Norbert Elias e Zigmunt Bauman; a segunda apresenta uma periodização dos documentos da onu/Unesco que se referem ao patrimônio cultural, mostrando como evoluiu o tratamento dessa questão no plano internacional; na terceira parte analisam-se os dispositivos da Constituição brasileira que tratam do mesmo tema, à luz do pensamento de Mário de Andrade e Aloísio Magalhães. O capítulo é concluído com uma análise dos atuais desafios enfrentados pelo Poder Público na tarefa de proteger e promover a diversidade cultural.

O conceito de identidade na sociologia contemporânea

Entre os sociólogos contemporâneos que pensam a questão da identidade há uma posição unânime: as identidades são permanentemente construídas, isto é, não são fixas nem imutáveis. Embora pareça evidente, essa conclusão é recente, pois resultou da observação das transformações que o mundo viveu nas últimas duas décadas, em particular o processo de globalização, que provocou uma surpreendente fragmentação das identidades coletivas. Nesse novo contexto, a identidade tornou-se *um assunto de extrema importância*, levando Bauman a relembrar M. Heidegger, que identifica a emergência de preocupações intelectuais a respeito de determinados objetos de pesquisa justo no momento em que eles "se desvanecem, fracassam, começam a se comportar estranhamente ou

Política cultural: fundamentos

decepcionam de alguma forma".[1] Na verdade, diz Bauman, a identidade sempre teve essa condição "precária e inconclusa", sempre foi inventada, e não descoberta. O que mudou no mundo contemporâneo é que essa verdade não pôde mais ser ocultada: o segredo foi revelado. Por outro lado, o comportamento errático das identidades coletivas, sua fragmentação e instabilidade, induziu à reflexão sobre um novo tema: a diversidade cultural, que é a outra face da moeda.

É fato que o tema da identidade nunca deixou de ser central para a psicologia, no estudo da identidade individual, e para a antropologia, na pesquisa sobre as identidades coletivas locais. Mesmo entre os sociólogos, a questão específica das identidades nacionais sempre encontrou espaço de reflexão, sendo tema também explorado pelos historiadores. É possível que seja esse caráter interdisciplinar que fez de Norbert Elias um dos pioneiros no tratamento do tema da identidade de forma multidisciplinar, antes mesmo da consolidação do que hoje chamamos de globalização. Transitando pela história e pela psicologia, esse sociólogo construiu ao longo da vida uma teoria sobre a relação indivíduo/sociedade, reunida na obra *A sociedade dos indivíduos*, na qual o tema da identidade é central.

Elias partiu de três pressupostos: (1) indivíduo e sociedade não existem um sem o outro; (2) a sociedade é composta de indivíduos distintos, mas que se humanizam apenas quando estabelecem relações entre si; e (3) ambos, indivíduo e sociedade, são atravessados pela história e por isso estão em constante mutação, embora as mudanças não sejam sempre lineares ou progressivas. O adulto torna-se diferente da criança que foi um dia, e as sociedades, impulsionadas por tensões em seu interior, também se transformam, passando das formas mais simples às mais complexas, vivendo períodos pacíficos ou turbulentos, fases de florescimento e declínio. Até mesmo os modos de se pensar o indivíduo, a sociedade e as relações entre ambos variam com o tempo.

Partindo desses pressupostos, Elias estabelece os conceitos de identidade-eu e identidade-nós (indissociáveis) e o de balança nós-eu:

> Cada pessoa só é capaz de dizer "eu" se e porque pode, ao mesmo tempo, dizer "nós" [...]. A sociedade não é externa aos indivíduos; tampouco é simplesmente um "objeto" "oposto" ao indivíduo; ela é aquilo que todo indivíduo quer dizer quando diz "nós" [...]. E esse fato, o de cada "eu" estar irrevogavelmente inserido em um "nós", deixa claro por que o entremear dos atos, planos e propósitos de muito "eus" origina constantemente algo que não foi planejado, pretendido ou criado por nenhum indivíduo.[2]

Identidade, diversidade e patrimônio cultural

A balança nós-eu representa a maior ou menor inclinação, ao longo da história, para um ou outro polo da identidade. Os indivíduos das sociedades primitivas, por exemplo, davam enorme valor à vida grupal (identidade-nós), da qual dependiam para sobreviver. O Renascimento europeu, por sua vez, exemplifica o inverso. A balança, que até a Idade Média pendia para a identidade-nós, passa a inclinar-se para a identidade-eu; e daí em diante firma-se uma tendência à individualização, processo por meio do qual as pessoas se descobrem distintas umas das outras, dependendo cada vez menos de sua unidade de sobrevivência original (tribo, família, cidade natal, região, país). No curso da história, multiplicam-se as camadas da identidade-nós, que dos níveis familiar e local projetam-se para o plano mundial, passando pelas identidades nacionais, que se cristalizaram fortemente, e pelas unidades pós-nacionais, como os blocos de nações. Tudo culmina no momento presente, no qual a humanidade começa a ser a unidade de sobrevivência de todos os indivíduos, bem como de todos os subgrupos no interior dela.[3] Diante das múltiplas camadas da identidade-nós, varia nos indivíduos a intensidade da identificação, que pode ser mais forte nas primeiras camadas – família, terra natal e país –, tendendo a diminuir quando se passa às unidades pós-nacionais de integração.

Elias segue mostrando a importância da imagem-do-nós ou sentimento-nós para os indivíduos e sociedades:

> Ela dá a cada indivíduo um passado, que se estende muito além de seu passado pessoal e que permite que alguma coisa das pessoas de outrora continue a viver no presente. [...]. A continuidade de um grupo de sobrevivência, expressa na continuidade de sua língua, na transmissão das lendas, da história, da música e de muitos outros valores culturais, é em si uma das funções de sobrevivência desse grupo.

Nos momentos de transição, quando um grupo pré-estatal, como, por exemplo, uma tribo, integra-se a um Estado nacional, a "imagem-do-nós", que assegura a coesão desse grupo, se vê ameaçada. Enquanto outra "imagem-do-nós" não é associada à nova unidade de sobrevivência, o desvanecimento ou desaparecimento do "sentimento-nós" da ordem anterior afigura-se

---

1   Zigmunt Bauman, *Identidade*, Rio de Janeiro: Jorge Zahar Ed. 2005, pp. 22-3.

2   Norbert Elias, *A sociedade dos indivíduos*, Rio de Janeiro: Zahar, 1994, p. 57.

3   *Ibid.*, nota 1, p. 187.

Política cultural: fundamentos

"como uma ameaça de morte, uma destruição coletiva, como uma perda de sentido no mais alto grau".[4] Esse sentimento de morte coletiva gera o que Elias chama de efeito-trava, que nada mais é do que o processo coletivo de resistência à mudança. Agarramo-nos aos valores do estágio anterior, na tentativa de bloquear a transição para o estágio seguinte.

A resistência à mudança lembra o que Bauman chama de "ambivalência da identidade". A identidade é almejada pelos indivíduos como fator de estabilidade individual e social, mas, por outro lado, é sentida como uma "camisa de força", porque os valores e comportamentos individuais são constantemente cobrados e vigiados, particularmente nas pequenas comunidades. O desejo de segurança e, ao mesmo tempo, de liberdade vivem em constante tensão. No mundo globalizado, ao qual Bauman dá o nome de "modernidade líquida", as identidades são fluidas. As referências tradicionais de raça, gênero, país, local de nascimento, família e classe social estão perdendo importância. Sem essas âncoras sociais, as identidades, que antes pareciam naturais, predeterminadas e inegociáveis, tornam-se, agora, incertas e transitórias, negociáveis e revogáveis; a ponto de se poder falar em comunidades "guarda--roupa". Com a perda das referências tradicionais, os indivíduos estão sempre em busca de um "nós" a que possam ter acesso. Daí a crescente procura por essas comunidades, em que os problemas individuais são "pendurados" temporariamente. Elas se reúnem apenas "enquanto dura o espetáculo", seja uma partida de futebol, um crime cruel com repercussão na mídia, a estreia de um filme badalado, um grande *show* musical ou o "casamento, divórcio ou infortúnio de uma celebridade em evidência".[5] Qualquer evento espetacular ou escandaloso pode se tornar um pretexto para construir comunidades desse tipo, que se desfazem imediatamente quando finda o motivo que as uniu.

Essa mobilidade, no entanto, é relativa. Como reconhece o mesmo autor, há uma desigualdade no acesso à identidade: num dos polos da hierarquia global emergente "estão aqueles que constituem e desarticulam as suas identidades mais ou menos à própria vontade"; no outro polo, abarrotam-se "os que tiveram negado o acesso à escolha da identidade" e que se veem "oprimidos por identidades aplicadas e impostas por outros", que "estereotipam, humilham, desumanizam, estigmatizam...".[6] Bauman refere-se ao que ele chama de *subclasse*, que inclui os sem-teto, sem-Estado, mendigos, viciados e outros grupos marginalizados. Com base nesse fato, o autor conclui que hoje a maior disfunção da economia capitalista não é a exploração, mas a exclusão, que está na base dos casos de aprofundamento da desigualdade, da pobreza, da miséria e da humilhação.[7]

Identidade, diversidade e patrimônio cultural

À luz dos conceitos expressos por Elias e Bauman, é possível definir identidade coletiva, diversidade e patrimônio cultural. As identidades coletivas formam um conjunto mutável de valores, ideias e práticas, vivido e transformado por famílias, grupos, classes sociais, instituições, nações, blocos de nações, cujo objetivo é dar sentido e significado às experiências compartilhadas. A diversidade cultural é a coexistência de identidades coletivas distintas dentro de um território determinado: cidade, região, país ou o próprio globo. Patrimônio cultural, por sua vez, é o conjunto de bens, materiais e imateriais, que fazem referência às identidades coletivas.

A evolução do conceito de patrimônio cultural nos documentos internacionais

A preocupação internacional com o tema do patrimônio cultural data dos anos 1889 e 1907,[8] quando foram realizadas as Conferências da Paz, em Haia, que se ocuparam não só desse tema, mas de todas as questões e regras de conduta ligadas aos períodos de guerra. Desses encontros resultaram vários documentos internacionais, entre eles a Convenção Relativa às Leis e Usos de Guerra Terrestre" (1907), cujo artigo 27 dispõe:

> Nos sítios e bombardeios, todas as medidas necessárias devem ser tomadas para poupar, tanto quanto possível, os edifícios consagrados aos cultos, às artes, às ciências e à beneficência, os monumentos históricos, os hospitais e os locais de ajuntamento de enfermos e de feridos, salvo o caso em que estejam empregados ao mesmo tempo para fins militares.

O primeiro documento interamericano dedicado exclusivamente à proteção de bens culturais, seja nos tempos de guerra, seja nos de paz, foi o Pacto Internacional Röerich da Paz e Cultura, assinado em 1935, na cidade de

---

4 *Ibid.*, nota 1, p. 182.

5 Zigmunt Bauman, *Identidade, op. cit.*, p. 37.

6 *Ibid.*, pp. 30, 34-5 e 37.

7 *Ibid.*, pp. 44 e 46-7.

8 Há dois antecedentes territorialmente circunscritos: o Código Lieber, de 1863, exclusivo dos Estados Unidos, e a Declaração de Bruxelas, de 1874 (europeia). Ambos os documentos foram referenciais para as Conferências da Paz de Haia (1889 e 1907).

Política cultural: fundamentos

Washington, por 21 Estados vinculados à União Panamericana (entre eles o Brasil), mas aberto à adesão de qualquer outro país. Nos termos desse pacto, os "monumentos históricos, museus, instituições científicas, artísticas, educacionais e culturais são *considerados neutros* e, como tal, devem ser *respeitados e protegidos pelos beligerantes*".

Após a Segunda Guerra Mundial, ocasião em que ocorreram saques e a destruição de bens culturais, móveis e imóveis, do patrimônio de países ocupados ou atacados, a proteção do patrimônio ganhou o seu primeiro documento universal, a Convenção sobre a Proteção dos Bens Culturais em Caso de Conflito Armado, ou Convenção de Haia, resultado da Conferência da Paz realizada em Haia em 1954. Posteriormente, vários documentos internacionais foram produzidos pela Organização das Nações Unidas para a Educação, a Ciência e a Cultura (Unesco).

É possível dividir a evolução do conceito de patrimônio cultural nesses documentos em três períodos. O primeiro começa com a citada Convenção sobre a Proteção dos Bens Culturais em Caso de Conflito Armado (1954) e vai até a Convenção sobre a Proteção do Patrimônio Cultural e Natural Mundial (1972). Nesse período, a ênfase recai sobre três aspectos: (1) o patrimônio cultural é associado às nacionalidades, particularmente aos Estados nacionais; (2) é compreendido exclusivamente em sua base material, incluindo, além dos bens móveis e imóveis, os de natureza arqueológica e paisagística; (3) prevê-se a repressão ao comércio ilícito de bens culturais.

Além das convenções de 1954 e 1972, nesse período são assinadas as seguintes recomendações: Recomendação que Define os Princípios Internacionais que Deverão Aplicar-se às Escavações Arqueológicas (Nova Delhi, 1956); Recomendação relativa à Proteção da Beleza e do Caráter dos Lugares e Paisagens (Paris, 1962); Recomendação sobre Medidas Encaminhadas a Proibir e Impedir a Exportação, Importação e Transferência da Propriedade Ilícita dos Bens Culturais (Paris, 1968); e a Recomendação concernente à Conservação dos Bens Culturais que a Exportação de Obras Públicas ou Privadas Pode Pôr em Perigo (Paris, 1968).

O segundo período está compreendido entre 1972 e 1989. O marco inicial é a Convenção sobre o Patrimônio Cultural e Natural Mundial (1972); e o de chegada, a Recomendação sobre a Salvaguarda da Cultura Tradicional e Popular (1989). Esse período pode ser caracterizado como de transição, em dois sentidos: da visão nacional para a perspectiva mundial (ou planetária); e de uma concepção de patrimônio que destaca o suporte material para uma que enfatiza simultaneamente o aspecto imaterial dos bens culturais e a

Identidade, diversidade e patrimônio cultural

diversidade das culturas.[9] Na Convenção de 1972, cabe destacar o paralelismo entre patrimônio cultural e natural. As lutas em defesa do meio ambiente, que desde o início tiveram caráter supranacional, com certeza contribuíram para introduzir essa dimensão também na questão do patrimônio cultural. É nessa Convenção que são criados o Comitê do Patrimônio Mundial, o Fundo do Patrimônio Mundial e a Lista do Patrimônio Mundial.

A Recomendação de 1989, que destaca a questão da cultura popular, vincula-se à ênfase que começa a ser dada à dimensão imaterial do patrimônio, antes desconsiderada em face de uma concepção "restritiva de patrimônio cultural, limitada à sua dimensão física". Como observa Laurent Lévi-Strauss, nessa desigualdade de tratamento pode-se perceber "os efeitos de um predomínio longamente confirmado em nossa cultura do escrito sobre o oral, da arte erudita sobre a arte popular, do histórico sobre o cotidiano, do aristocrático e do religioso sobre o profano."[10]

O terceiro período começa em 1989, com a recomendação sobre a cultura popular, e vem até a atualidade, demarcada pela Convenção sobre a Proteção e a Promoção da Diversidade das Expressões Culturais, de 2005; contando ainda com a aprovação da Declaração Universal sobre a Diversidade Cultural (2001) e da Convenção para a Salvaguarda do Patrimônio Cultural Imaterial (2003). Nesse período a transição é concluída, ou seja, a ênfase agora recai sobre o patrimônio dos diversos grupos humanos, independentemente de territórios nacionais, e sobre o aspecto imaterial desse patrimônio. O foco é na promoção da diversidade cultural e na valorização do atributo simbólico dos bens culturais, a ponto de ser possível dizer que todo patrimônio é, na verdade, imaterial, no sentido de que a base física importa menos do que os símbolos e valores que lhe são inerentes. E pode ocorrer que a um único bem cultural sejam atribuídos significados distintos, conforme a interpretação de quem o contempla e preserva. O que ocorre, por exemplo, com Jerusalém, cidade do patrimônio mundial que tem significados diferentes, e às vezes conflitantes, para judeus, cristãos e muçulmanos.

9   Cabe registrar a Convenção n. 169, sobre os povos indígenas e tribais, proclamada em 1989 pela Organização Internacional do Trabalho (OIT), agência do sistema das Nações Unidas que reconhece "as aspirações desses povos de assumir o controle de suas próprias instituições e formas de vida".

10   Laurent Lévi-Strauss, "Patrimônio imaterial e diversidade cultural: o novo decreto para a proteção dos bens imateriais", *Tempo Brasileiro*, ed. trimestral, Rio de Janeiro: out/dez. 2001, n. 147, p. 24.

O patrimônio cultural na Constituição brasileira de 1988

Uma abordagem dos dispositivos constitucionais relativos ao patrimônio cultural não pode prescindir de uma análise preliminar do decreto-lei n. 25, de 1937, que foi recepcionado pela Constituição de 1988 e continua em vigor.[11] Essa análise, por sua vez, deve começar pelo documento que deu origem ao decreto: o "Anteprojeto para a criação do Serviço do Patrimônio Artístico Nacional",[12] elaborado pelo escritor, musicólogo e pesquisador do folclore Mário de Andrade, cuja passagem pelo Departamento de Cultura de São Paulo deixou a marca de uma política cultural inovadora. Nas palavras de Fernando Correia Dias: "Ao ler atentamente os artigos 215 e 216 da Constituição, podemos identificar ressonância de ideias (e até de sentimentos) dos mentores da política cultural brasileira, em especial de Mário de Andrade e de Aloísio Magalhães".[13]

Entre essas ideias, Dias destaca a "consciência formada nos meios letrados em torno das prerrogativas de que o povo deve desfrutar no campo da cultura":

> Para dizer o essencial, ressaltamos que, além de assegurar a todos os direitos culturais, os incisos aludidos, por outras palavras, franqueiam a participação dos brasileiros nos bens culturais (pelo acesso a eles e pelo incentivo às vivências comunitárias), reconhecem a identidade cultural das etnias formadoras da nacionalidade e procuram criar clima favorável aos processos criativos. O conceito de patrimônio não poderia ser mais amplo: a definição é extremamente feliz. As comunidades são envolvidas na defesa da herança comum.[14]

Outra observação de Dias sobre os artigos 215 e 216 – "há muito de antropológico nos enunciados"[15] – possibilita que se compare o conceito de patrimônio cultural adotado na Constituição com o de arte, utilizado no "Anteprojeto para a criação do Serviço do Patrimônio Artístico Nacional", redigido em 1936. Na seção intitulada "Discussões", Andrade antecipa-se a eventuais objeções ao anteprojeto, incluindo o provável questionamento das razões que o levaram a propor a criação de um Museu de Artes Aplicadas e Técnica Industrial. Pergunta o autor: "Então a técnica industrial é arte?". Ele mesmo responde: "Arte é uma palavra geral, que neste seu sentido geral significa a habilidade com que o engenho humano se utiliza da ciência, das coisas e dos fatos".

Identidade, diversidade e patrimônio cultural

Essa concepção ampla – pode-se dizer antropológica – da arte está explícita também quando Andrade discorre sobre as "artes arqueológica e ameríndia", nas quais inclui elementos que "de alguma forma interessam à Arqueologia em geral e particularmente à arqueologia e etnografia ameríndias", entre eles: os *objetos* (fetiches, instrumentos de caça, de pesca e de agricultura, objetos de uso doméstico, veículos, indumentária); *monumentos* (jazidas funerárias, agenciamento de pedras, sambaquis, litógrifos de qualquer espécie de gravação); *paisagens* (como cidades lacustres, canais, aldeamentos, caminhos, grutas trabalhadas) e *folclore ameríndio* (vocabulário, cantos, lendas, magias, medicina, culinária ameríndias etc.). A mesma concepção ampla está presente na definição de arte popular, que inclui entre os monumentos até mesmo as "cruzes mortuárias de beira-estrada". Para a proteção das artes arqueológica, ameríndia e popular, Andrade reserva o Livro de Tombo n. 1, entre os quatro propostos pelo "Anteprojeto para a inscrição dos bens tombados pelo Serviço do Patrimônio Artístico Nacional".

---

11 Brasil, Decreto-lei n. 25, de 30 de novembro de 1937. Organiza a proteção do patrimônio histórico e artístico nacional. Esse decreto estava amparado em dispositivo da Constituição de 1934, cujo artigo 10 atribuía competência à União e aos Estados para "proteger as belezas naturais e os monumentos de valor histórico ou artístico, podendo impedir a evasão de obras de arte". No entanto, no momento em que foi publicado, já haviam se passado 20 dias da promulgação da Constituição de 1937, fruto de um golpe de estado urdido pelo presidente Getúlio Vargas. O decreto então se baseou no artigo 180 da nova Constituição, que dizia: "Enquanto não se reunir o Parlamento Nacional, o Presidente da República terá o poder de expedir decretos-leis sobre todas as matérias da competência legislativa da União".

12 Mário de Andrade, "Anteprojeto para a criação do Serviço do Patrimônio Artístico Nacional", *Revista do Patrimônio Histórico e Artístico Nacional*, Brasília, 2002, n. 30.

13 Fernando Correia Dias, "Humanismo latino e política cultural", em: Arno Dal Ri Júnior; Jayme Paviani, *O humanismo latino no Brasil de hoje*, Belo Horizonte: PUC Minas, 2001, p. 224.

14 *Ibid.*, pp. 224-5.

15 Na literatura a respeito de políticas culturais distinguem-se duas dimensões do conceito de cultura: a *dimensão sociológica* – entendida como um circuito socialmente organizado de produção artística e preservação da memória – e a *dimensão antropológica*, que abrange *tudo o que o ser humano elabora e produz, simbólica e materialmente falando*. Essa distinção pode ser lida em: Isaura Botelho, "As dimensões da cultura e o lugar das políticas públicas", *São Paulo em Perspectiva*, São Paulo: abr./jun. 2001, vol. 15, n. 2, pp. 73-83. A autora admite ter se inspirado em: José Joaquín Brunner, "La mano visible y la mano invisible", em: *América Latina: cultura y modernidad*, México: Editorial Grijalbo, 1993, pp. 205-47.

Política cultural: fundamentos

Também chama atenção por sua amplitude a categoria "artes aplicadas", que inclui móveis, torêutica, tapeçaria, joalheria, decorações murais etc. Aliás, o uso constante do "etc." revela o esforço do autor para não limitar e, assim, resguardar a possibilidade de incluir novos bens passíveis de proteção pelo tombamento.

As propostas de Mario de Andrade tiveram ressonância na Constituição de 1988. No parágrafo 1º do artigo 215, está escrito que "o Estado protegerá as manifestações das culturas populares, indígenas e afro-brasileiras", e no artigo 216, entre os bens que constituem o patrimônio cultural brasileiro, estão incluídos "os modos de criar, fazer e viver, portadores de referência à identidade, à ação, à memória dos diferentes grupos formadores da sociedade brasileira", bem como "os conjuntos urbanos e sítios de valor histórico, paisagístico, artístico, arqueológico, paleontológico, ecológico e científico".

As diferenças entre o anteprojeto de Mário de Andrade, que é de março de 1936, e o decreto-lei n. 25, de novembro de 1937, de autoria de Rodrigo M. F. de Andrade, são muitas, mas o "espírito" original foi mantido. Uma primeira alteração refere-se ao nome da instituição a ser criada: no anteprojeto, está Serviço do Patrimônio Artístico Nacional (Span) e, no decreto, é acrescentado o termo "histórico", ficando Serviço do Patrimônio Histórico e Artístico Nacional (Sphan), o que de resto é coerente com a proposta original, que incluía a *arte histórica* entre as categorias de arte a serem protegidas. A esse respeito, outra diferença é digna de nota: o anteprojeto define como bens da arte histórica aqueles que "de alguma forma refletem, contam, comemoram o Brasil e a sua evolução nacional", ao passo que o decreto se limita aos bens referentes a "fatos memoráveis da história do Brasil".

Cabe registrar uma preocupação extensamente tratada no decreto (artigos 14 a 20 e 26 a 28), mas apenas ligeiramente abordada no anteprojeto: "proibir, coibir, denunciar e castigar a fuga, para fora do país, das obras tombadas; decidir a exportação das obras de arte, cuja saída o Span permite; dar alvarás de entrada e saída das obras de arte residentes no estrangeiro, vindas para exposições de qualquer gênero ou para comércio".

Interessa observar ainda um avanço do decreto quando estabelece a proteção, não prevista no anteprojeto, da "vizinhança da coisa tombada", na qual é proibido erigir construções e colocar anúncios ou cartazes que impeçam ou que reduzam a *visibilidade* do bem tombado.

O decreto-lei n. 25, nas palavras de Francisco Humberto Cunha Filho, é "reverenciado com um respeito próximo do religioso, quer por sua excelência

Identidade, diversidade e patrimônio cultural

originária, mas também por sua longa vida, algo excepcional em um país com histórico de mudança de leis – até mesmo as constitucionais – em velocidade comparável às alterações de rumos dos ventos".[16]

Não resta dúvida a esse respeito, mas também são dignos de reconhecimento os avanços obtidos na Constituição de 1988, resumidos no quadro abaixo:

Comparação entre o decreto-lei 25/37 e a Constituição de 1988

	DECRETO-LEI 25/37 (DL/25)	CONSTITUIÇÃO DE 1988 (CF/88)
OBJETO DA PROTEÇÃO	Patrimônio histórico e artístico nacional	Patrimônio cultural brasileiro
BENS PROTEGIDOS	Bens móveis e imóveis vinculados a fatos memoráveis da história do Brasil	Bens materiais e imateriais referentes à identidade, à ação e à memória dos diferentes grupos formadores da sociedade brasileira
COMPETÊNCIA DOS ENTES FEDERADOS	União, com a colaboração dos estados (via acordos e uniformização da legislação complementar)	Competência comum e concorrente da União, estados e municípios
FORMAS DE PROTEÇÃO	Tombamento	Tombamentos, inventários, registros, vigilância, desapropriação e outras
RESPONSÁVEL	Poder Público	Poder Público com a colaboração da comunidade

16　Francisco Humberto Cunha Filho (org.), *Proteção do patrimônio cultural brasileiro por meio de tombamento: estudo crítico e comparado das legislações estaduais organizadas por regiões*, Fortaleza: Edições UFC, 2013, p. 11.

Ressalta de imediato a denominação do próprio objeto, que passa de "patrimônio histórico e artístico nacional" (DL/25) para "patrimônio cultural brasileiro" (CF/88), o que deve ser interpretado como uma ampliação do escopo a ser protegido. O uso do termo "nacional" revela uma preocupação do período (década de 1930), marcado, no Brasil, pela busca de afirmação da identidade e da unidade nacional. O termo também sugere ser o patrimônio algo monolítico, sob a guarda do Estado-nação, ao passo que o termo "brasileiro" sinaliza a diversidade cultural existente na sociedade brasileira.

Sobre os bens protegidos, comparem-se os dois documentos. Para o DL/25, faz parte do patrimônio "o conjunto de bens móveis e imóveis existentes no país, cuja conservação seja de interesse público, quer por sua vinculação a fatos memoráveis da história do Brasil, quer por seu excepcional valor arqueológico ou etnográfico, bibliográfico ou artístico".

Além de introduzir a dimensão imaterial do patrimônio, o que amplia sobremaneira o âmbito da definição (ver mais adiante), a Constituição de 1988 se refere aos bens culturais "portadores de referência à identidade, à ação e à memória dos diferentes grupos formadores da sociedade brasileira" (artigo 216). Essa mudança é significativa, porque a História é uma *construção* erudita, cujos "fatos" são em geral apropriados pelo Estado-nação para legitimar-se, ao passo que a identidade, a memória e a ação são *vividas* pelos grupos que constituem a sociedade brasileira.

Outro avanço da Constituição está nos dispositivos que ampliam a competência de estados e municípios para conduzir suas próprias políticas de patrimônio cultural. O DL/25 previa a possibilidade de acordos entre a União e os estados, com a finalidade de coordenar ações e uniformizar as leis estaduais (artigo 23). A Constituição, por sua vez, estabelece que tanto a União como os estados, o Distrito Federal e os municípios são competentes para "proteger os documentos, as obras e outros bens de valor histórico, artístico e cultural" (incisos III e IV dos artigos 23 e 24; e inciso IX do artigo 30). Cabe à União editar normas gerais e, aos estados e Distrito Federal, a competência concorrente para editar normas gerais (quando houver omissão da União) e para suplementar essas normas; restando, aos municípios, a competência para "complementar a legislação existente nas outras esferas no intuito de tornar operativa a proteção do patrimônio cultural conforme a sua estrutura administrativa".[17] Se antes os bens passíveis de proteção legal estavam limitados àqueles de excepcional valor, que faziam referência a fatos memoráveis da história do Brasil, hoje a possibilidade de proteção estende-se aos bens

Identidade, diversidade e patrimônio cultural

materiais e imateriais de regiões, municípios e bairros e até mesmo às referências pontuais que valorizam a identidade de distintos grupos no interior da sociedade. Essa possibilidade, por sua vez, introduziu um novo desafio: o de identificar os bens culturais merecedores de proteção. Essa dificuldade, porém, parece ter sido prevista pelos constituintes, que introduziram na Carta um dispositivo facilitador, atribuindo à comunidade a tarefa de colaborar com o Poder Público na proteção e promoção do patrimônio cultural brasileiro (parágrafo 1o do artigo 216). Se posta em prática, essa participação poderá introduzir mudanças significativas nas políticas de patrimônio, tradicionalmente unilaterais, ainda que assessoradas por conselhos de especialistas: antropólogos, arquitetos, historiadores, sociólogos e advogados, entre outros. De resto, esse dispositivo é coerente com a íntegra da Constituição de 1988, que prevê no seu artigo 1º a coexistência da democracia representativa com a democracia participativa.

Registre-se, finalmente, a ampliação dos mecanismos de proteção introduzida pela CF/88. É fato que o tombamento e a vigilância permanente das coisas tombadas já estavam previstos no DL/25, mas a Constituição, além de prever a possibilidade da desapropriação, eleva à condição de instrumentos de proteção duas práticas de natureza administrativa: os inventários e os registros. E ainda deixa aberto o caminho para a criação de "outras formas de acautelamento e preservação".

A proposta de Mário de Andrade para a política de proteção do patrimônio cultural brasileiro não foi cumprida imediatamente pelo Serviço do Patrimônio Histórico e Artístico Nacional (Sphan), atualmente Instituto (Iphan). O anteprojeto era, de fato, muito abrangente, e a diretiva do órgão acabou restringindo-se ao que depois foi chamado de bens de "pedra e cal", designação dada ao patrimônio arquitetônico, particularmente o barroco das cidades históricas mineiras. Dias justifica essa opção pela necessidade de salvação "dos monumentos, entregues ao abandono e ao progressivo desgaste. Estes foram objeto preferencial do desvelo do Estado, que se interessou mais tarde também pelos sítios urbanos nos quais se localizavam".[18]

A partir de meados da década de 1970, sob a liderança do *designer* Aloísio Magalhães, o âmbito da proteção patrimonial foi ampliado. Primeiro no

17 *Ibid.*, p. 17.
18 Fernando Correia Dias, "Humanismo latino e política cultural", *op. cit.*, p. 218.

Centro Nacional de Referência Cultural (criado em 1975) e depois no Iphan e na Secretaria de Cultura do Ministério da Educação e Cultura (MEC), Magalhães introduziu o conceito de "bem cultural". A fim de sistematizar a nova política, esses bens foram divididos em três categorias: (1) os de valor histórico, voltados para o passado, aos quais se deve "garantir a proteção que merecem e a possibilidade de difusão que os torne amplamente conhecidos"; (2) os bens de criação individual espontânea, obras "que constituem o nosso acervo artístico (música, literatura, cinema, artes plásticas, arquitetura, teatro), quase sempre de apreciação elitista"; e (3) os procedentes do fazer popular – "que por estarem inseridos na dinâmica viva do cotidiano não são considerados como bens culturais". Sobre esses últimos, escreve: "É a partir deles que se afere o potencial, se reconhece a vocação e se descobrem os valores mais autênticos de uma nacionalidade. Além disso, é deles e de sua reiterada presença que surgem expressões de síntese de valor criativo que constitui o objeto de arte".[19]

A partir dessa sistematização, Magalhães discute o papel do Iphan, instituição até então voltada "para os bens de natureza histórica", e propõe "ampliar e revitalizar" o órgão. De forma que ele passaria a cobrir um espectro bem maior, destacando-se o fazer popular:

> do universo cultural de um produto brasileiro como o caju aos monumentos holandeses do Cabo de Santo Agostinho; das indústrias domésticas dos imigrantes de Orleans, em Santa Catarina, às cerâmicas de Tracunhaém, em Pernambuco; da tecelagem manual do Triângulo Mineiro (que escapou do desmantelamento decretado por D. Maria I e se mantém inalterada até hoje) ao estudo do artesanato indígena do Centro-Oeste.[20]

Finalmente, identifica-se a ressonância das ideias de Mário de Andrade e Aloísio Magalhães na referência que a CF/88 faz aos bens de natureza "imaterial", que foi objeto de tratamento jurídico complementar 12 anos depois, por meio do decreto n. 3.551, de 4 de agosto de 2000. Uma consulta aos bens imateriais considerados dignos de proteção por esse decreto torna evidente sua relação com as culturas populares. São eles: (1) os saberes (conhecimentos e modos de fazer enraizados no cotidiano das comunidades); (2) as celebrações (rituais e festas que marcam a vivência coletiva do trabalho, da religiosidade, do entretenimento e de outras práticas da vida social); (3) as formas de expressão (manifestações literárias, musicais, plásticas, cênicas e lúdicas); e

Identidade, diversidade e patrimônio cultural

(4) os lugares (mercados, feiras, santuários, praças e demais espaços onde se concentram e se reproduzem práticas culturais coletivas).

O que distingue o bem imaterial do material não é o suporte físico ou simbólico, mas o fato de o primeiro encontrar-se em contínuo processo de atualização, podendo até mesmo "morrer", ao passo que o segundo se materializa em objetos de longa duração. Por isso o decreto n. 3.551 prevê que a proteção do bem imaterial seja reexaminada a cada dez anos, a fim de verificar se está mantida a condição de referência cultural comunitária que justificou sua inscrição na lista do patrimônio cultural brasileiro.

Os desafios da proteção e promoção da diversidade cultural

O desafio que se coloca para as políticas culturais é o de como tornar efetivos os dispositivos da Constituição brasileira e das Convenções, Declarações e Recomendações internacionais, em particular os que se referem à proteção da diversidade cultural. Historicamente, a política de proteção e promoção do patrimônio cultural pelo Estado esteve vinculada à legitimação do seu poder; entendendo-se por legitimação o conjunto de procedimentos e justificativas que visam a apresentar o Estado, seja ele autoritário ou democrático, como o representante do interesse geral da sociedade, isto é, de todos os seus membros, independentemente de classe social, gênero, etnia etc. As estratégias de legitimação constituem o que se pode chamar de "poder ideológico ou simbólico", que se soma aos outros poderes do Estado: o monopólio fiscal (poder de cobrar impostos), o monopólio monetário (poder de emitir moeda) e o monopólio da violência legalizada ou de coerção, que se exerce pela via dos aparelhos repressivo (policial, militar) e judiciário.

O poder ideológico ou simbólico é exercido, sobretudo, mediante a construção de uma identidade coletiva dos habitantes de determinado território, seja ele nacional, subnacional ou local. Em geral, essa construção se faz por meio da criação de dispositivos simbólicos, como hinos, bandeiras e datas

19 Aloísio Magalhães, *E triunfo?: a questão dos bens culturais no Brasil*, Rio de Janeiro: Nova Fronteira; Fundação Roberto Marinho, 1997, p. 60.

20 *Ibid.*, p. 62.

cívicas, e através das políticas educacional e de patrimônio cultural, que implicam a construção e difusão de uma memória oficial. O objetivo é unir os indivíduos em torno de valores comuns, que a todos identificam. Se o Estado logra construir uma identidade coletiva reconhecida por todos, ou ao menos pela maioria, é possível, então, falar em "interesse geral". Mas, para que essa identidade cumpra eficazmente sua função legitimadora, ela deve ser *singular* (referir-se somente ao território controlado pelo Estado), *imutável* (a-histórica e sustentada por mitos fundadores) e *unívoca* (portadora de um mesmo significado para todos os membros da sociedade). Em tese, a ocorrência de diversas identidades coletivas dentro de um mesmo território representa uma "ameaça" à estabilidade política, podendo estimular eventuais contestações ao poder do Estado, a exemplo dos movimentos separatistas.

Com base nessas reflexões, pergunta-se: como o Poder Público irá proteger e promover a diversidade cultural existente no território sob sua jurisdição se ele, para legitimar-se, necessita construir uma identidade única e comum aos cidadãos como um todo? É possível encontrar, nos marcos do sistema democrático, alternativas para superar esse desafio?

Em primeiro lugar, é preciso reconhecer que o Estado, seja qual for, *não detém* o monopólio do poder simbólico. A produção de identidades coletivas se dá num campo de lutas culturais (ou simbólicas) em que, além dos agentes do Estado e seus apoiadores, vários outros atores – grupos, classes e movimentos sociais – buscam afirmar seus valores, símbolos e práticas, podendo mesmo colocar-se como antagonistas ou adversários do Estado. Assim, impor uma identidade coletiva única, geral e imutável é algo inalcançável até mesmo para os Estados totalitários.

Uma evidência parece ser consensual: "Sem o Estado democrático de direito não há como falar em diversidade cultural"[21], pois é só nesse regime que eventuais conflitos podem ser solucionados com base no diálogo, na obtenção de consensos majoritários e no respeito às minorias.

Uma alternativa que se apresenta para os Estados democráticos é a de considerar a identidade "geral" como o conjunto das identidades "singulares" existentes no território, o que significa, além de abrir mão de construir uma identidade única, ser capaz de operar num campo em que podem ocorrer antagonismos entre os movimentos sociais de identidade. Essa posição pressupõe também uma estrutura administrativa capaz de processar as demandas dos múltiplos atores sociais que lutam por proteção e reconhecimento de suas identidades. Diante desse quadro, uma segunda alternativa é priorizar

Identidade, diversidade e patrimônio cultural

os grupos e referências culturais situados em posição subalterna ou ameaçados de extinção. No caso do Brasil, seria fazer valer o dispositivo constitucional que recomenda dar proteção especial às manifestações das culturas populares, indígenas e afro-brasileiras (parágrafo 1º do artigo 215).

Todavia, no atual contexto da globalização, marcado pela crescente hegemonia econômica e cultural norte-americana, o Brasil, como propõe o filósofo do direito Antonio Cavalcanti Maia, se quiser "possuir voz independente no cenário internacional", ao menos como "uma potência média de escala continental", terá de reforçar seus vínculos identitários, porém sem deixar de "atender a reivindicações culturais minoritárias".[22] Esse reforço implica considerar a identidade nacional não como algo adquirido – uma herança do passado –, mas como um *projeto* em contínua construção.

---

21 Sérgio Paulo Rouanet, "Universalismo e diversidade cultural", em: Antonio Herculano Lopes; Lia Calabre (org.), *Diversidade cultural brasileira*, Rio de Janeiro: Edições Casa de Rui Barbosa, 2005, p. 109.

22 Antonio Cavalcanti Maia, "Diversidade cultural, identidade nacional brasileira e patriotismo constitucional", em: Antonio Herculano Lopes; Lia Calabre (org.), *Diversidade cultural brasileira, op. cit.*, p. 124.

8.
Participação nas decisões de política cultural: os conselhos de cultura

Introdução

Na ciência social brasileira recente, os estudos que abordam o tema dos conselhos de políticas públicas[1] partem, em geral, do marco histórico da redemocratização do país, particularmente da Constituição de 1988, que introduziu no Brasil instrumentos próprios da democracia participativa. Admite-se uma "pré-história", que se inicia na década de 1970, com os conselhos comunitários e de bairros, e prossegue na década de 1980, com a eleição em alguns municípios de governos da esquerda democrática que instituem mecanismos de participação popular nas suas decisões. Adotando essa cronologia, os pesquisadores não se perguntaram se houve, ou não, vínculo entre conselhos e democracia em outros períodos da história brasileira, e que fatores teriam contribuído para que haja, atualmente, uma forte correlação entre democracia participativa e conselhos de políticas públicas.

O propósito deste capítulo é cobrir essa lacuna, respondendo a duas perguntas: (1) há na história do Brasil a criação de conselhos fora dos marcos da democracia?; (2) quando e por que os conselhos são associados à democracia participativa, mais especificamente à presença direta da sociedade

---

1 Cf. especialmente: Rachel Raichelis, *Esfera pública e conselhos de assistência social: caminhos da construção democrática*, São Paulo: Cortez, 2000; e Luciana Tatagiba, "Os conselhos gestores e a democratização das políticas públicas no Brasil", em: Evelina Dagnino (org.), *Sociedade civil e espaços públicos no Brasil*, São Paulo: Paz e Terra, 2002.

Política cultural: fundamentos

na formulação e monitoramento de políticas governamentais? Antes de responder-las, discute-se o conceito de participação política, comparado ao de representação política, e, após uma abordagem histórica que se inicia no período imperial, passa-se a discutir especificamente os conselhos de cultura. Uma tipologia histórica desses órgãos colegiados é apresentada e, em seguida, o capítulo se encerra com a proposta de um novo modelo de conselho de cultura que, em tese, é mais adequado à dinâmica contemporânea da cultura e ao espírito da democracia participativa.

Participação política e representação política

A moderna ciência política ainda se ressente de uma definição clara do que seja a participação política, o que não ocorre em relação ao conceito de representação política, que significa, nos termos do *Dicionário de política*, organizado por Norberto Bobbio, "agir no lugar ou em nome de alguém, um fenômeno político que é certamente complexo nos seus elementos constitutivos, mas que é, ao mesmo tempo, unitário em suas finalidades e na sua lógica causal".[2] Já o verbete sobre participação política denuncia a questionável amplitude do conceito, que designa

> uma variada série de atividades: o ato do voto, a militância num partido político, a participação em manifestações, a contribuição para determinada agremiação política, a discussão de acontecimentos políticos, a participação num comício ou numa reunião, o apoio a um determinado candidato no decorrer da campanha eleitoral, a pressão exercida sobre um dirigente político, a difusão de informações políticas, e por aí vai...[3]

A conclusão é a de que, apesar de "numerosas pesquisas realizadas, ainda não foi elaborada uma verdadeira e autêntica teoria da participação política..." Essa preocupação pode parecer um preciosismo, algo que interessa somente aos acadêmicos; mas esse não é o caso. Um conceito definido de forma clara importa tanto para sua comunicabilidade, isto é, para que eventuais interlocutores comunguem o sentido de suas palavras, quanto para sua operacionalização prática. Se não há clareza quanto ao conteúdo do que seja participação política, corre-se o risco de interpretar como tal aquelas ações que têm aparência de participação, mas que, na verdade, são formas de cooptação de

128

Participação nas decisões de política cultural: os conselhos...

lideranças societárias pelos governos, meros ritos de vocalização de demandas populares nunca atendidas ou até mesmo a simples manipulação. Portanto, para uma melhor aproximação do que seja participação política, vale consultar, no mesmo dicionário, os verbetes relativos a "cooptação" e "manipulação", nem que seja para começar a definir o conceito de participação de forma negativa, ou seja, por aquilo que ele não é.

Nos termos do *Dicionário de política*, cooptação designa: "o acolhimento, por parte de um grupo dirigente, de ideias, orientações e programas políticos propostos por grupos da oposição, com o fim de eliminar ou reduzir as consequências dos ataques vindos de fora".[4]

Manipulação, por sua vez, é: "uma relação em que "A" determina certo comportamento de "B", sem que, ao mesmo tempo, "A" solicite abertamente esse comportamento a "B", mas antes lhe esconda sua intenção de obtê-lo, e sem que, por outro lado, "B" note que o seu comportamento é querido por "A", mas antes acredite que é ele que o escolhe livremente".[5]

Esses atributos com certeza não são adequados ao conceito de participação política. Para defini-lo de maneira positiva, é útil consultar os documentos internacionais da ONU e da Unesco que se referem ao direito à participação na vida cultural (ver capítulo 2), entre eles a Declaração do México sobre as Políticas Culturais (1983). Esse documento postula a participação dos indivíduos e da sociedade no processo de "tomada de decisões que concernem à vida cultural" e, para tanto, recomenda "multiplicar as ocasiões de diálogo entre a população e os organismos culturais". A partir desse enunciado, é possível identificar três características de um eventual conceito de participação política: (1) situa-se na *conexão entre a sociedade e os organismos públicos*, ou seja, refere-se à relação governados/governantes; (2) aplica-se à *tomada de decisões políticas*; (3) é direta e pela via do diálogo. Na relação entre a população e o governo, a participação política prescinde da presença de intermediários – é direta; ao contrário, por exemplo, da atividade parlamentar.

A partir dessa análise, pode-se definir participação política como uma ação de atores sociais (pessoas, grupos, comunidades, organizações e movimentos sociopolíticos), cujo objetivo é influir nas decisões governamentais

---

2 Norberto Bobbio; Gianfranco Pasquino, *Dicionário de política*, 11ª ed., Brasília: Ed. UNB, 1988, pp. 1101-6 (verbete: representação política).

3 *Ibid.*, pp. 888-90 (verbete: participação política).

4 *Ibid.*, pp. 286-7 (verbete: cooptação).

5 *Ibid.*, pp. 727-34 (verbete: manipulação).

Política cultural: fundamentos

através da representação direta de interesses, materiais e ideológicos, em instâncias criadas pelo Poder Público para essa finalidade. Essa definição, se comparada com a que foi apresentada no início desta seção, pode parecer restrita demais. Talvez fosse preciso adicionar as atividades que envolvem os partidos políticos, instituições intermediárias entre a população e o governo; mas, para os objetivos deste capítulo, cujo foco é a análise dos conselhos de políticas públicas em regimes democráticos, a definição em princípio parece adequada. Em princípio porque, como se verá na seção final do capítulo, os conselheiros da sociedade civil podem ser indicados por entidades ou mesmo eleitos entre seus pares. Nesses casos, há uma representação semidireta.

Os conselhos na história do Brasil

O Conselho de Estado no período imperial

Abstraindo-se do período colonial, quando atuou o Conselho Ultramarino – órgão com sede em Portugal, composto por membros da nobreza e encarregado de regulamentar e fiscalizar a administração e os negócios da Metrópole em suas colônias –, cabe destacar, já no Brasil independente, a atuação do Conselho de Estado, colegiado que teve presença marcante durante o Império.

Instituído em 1823, após a dissolução da Assembleia Constituinte por D. Pedro I, o Conselho de Estado teve papel proeminente na elaboração da Constituição de 1824, que o oficializou como órgão consultivo do imperador no exercício do Poder Moderador, que se sobrepunha aos poderes Legislativo e Judiciário. Os conselheiros, em número de dez, eram vitalícios, originários das elites econômicas (proprietários de terras e escravos, grandes comerciantes e financistas); ocupavam cargos públicos (senadores, deputados, magistrados e militares, a maioria pertencente às oligarquias das províncias mais poderosas do Império); e possuíam títulos de nobreza (barões, marqueses, condes e viscondes, alguns de nacionalidade portuguesa).

O Conselho era consultado sobre diversas matérias – declaração de guerra, negociação com países estrangeiros, nomeação de senadores (também vitalícios), suspensão de magistrados, estrutura e organização dos serviços públicos, convocação e dissolução da Câmara dos Deputados. Excetuavam-se a nomeação e a demissão de ministros, atribuições exclusivas do imperador. Após ser extinto durante a Regência pelo Ato Adicional de 1834, lei de caráter liberal que deu maior autonomia às províncias, o Conselho de Estado renasceu em 1841, no chamado período do "Regresso", quando o imperador retoma em suas mãos a centralização do poder. Nessa ocasião, o Conselho ressurge com outro formato, incluindo, além do Plenário, presidido pelo imperador, quatro Seções (Justiça e Estrangeiros; Império; Fazenda; e Marinha e Guerra), que correspondiam, em parte, às atribuições dos ministérios. As Seções eram convocadas e presididas pelos ministros, que podiam tomar decisões, sendo elas enviadas diretamente para a sanção do Imperador. Matérias mais polêmicas eram encaminhadas ao Plenário.

O Conselho de Estado não tinha competência legislativa em nível nacional, mas podia modificar e anular a legislação produzida pelas Assembleias provinciais. Não obstante, chegou a redigir projetos de leis de âmbito nacional sobre diversas matérias, que eram posteriormente encaminhadas à Assembleia Geral do Império (Senado e Câmara dos Deputados) para discussão e votação. Dessa forma, atuou como uma espécie de "primeira câmara".[6] Com o tempo, assumiu também o controle da constitucionalidade das leis, função que a rigor caberia ao Superior Tribunal de Justiça. A influência do Conselho de Estado estendeu-se até a Proclamação da República, em 1889; e, ao longo de toda a sua história, nele tiveram assento 72 conselheiros.

Em síntese, pode-se dizer que o Conselho de Estado cumpriu duas funções, aparentemente paradoxais: uma de caráter liberal, porque serviu de contrapeso ao poder pessoal do imperador; e outra de cunho marcadamente absolutista, porque, ao invadir as atribuições dos poderes Legislativo e Judiciário, extrapolou sua função consultiva e acrescentou mais poder ao já superpoderoso imperador, chefe do inédito Poder Moderador.

Os conselhos setoriais no Estado Novo

No período republicano, cabe destacar a atuação dos órgãos colegiados de natureza econômica, criados a partir de 1930, particularmente após 1937, no âmbito do regime autoritário corporativo (Estado Novo: 1937-45). Entre eles, citam-se: Conselho Nacional do Café (1931), Conselho Federal de Comércio Exterior (1934),

---

6   Cf. Maria Fernanda Vieira Martins, "A velha arte de governar: o Conselho de Estado no Brasil Imperial". Disponível em: <https://www.scielo.br/j/topoi/a/34vWKF8v Sdk78sjwHLGqVnq/?format=pdf&lang=ptt>. Acesso em: 12 abr. 2022.

Política cultural: fundamentos

Conselho Técnico de Economia e Finanças (1937), Conselho Nacional do Petróleo (1938), Conselho Nacional de Águas e Energia Elétrica (1939), Comissão de Defesa da Economia Nacional (1940), Coordenação de Mobilização Econômica (1942), Comissão de Financiamento da Produção (1943), Comissão de Planejamento Econômico (1944) e Conselho Nacional de Política Industrial e Comercial (1944).

A criação desses órgãos ocorreu numa conjuntura política caracterizada pela centralização do poder no Executivo federal, intervenção do Estado na economia, nacionalismo e implantação, na administração pública, de arranjos corporativos que buscavam conciliar os interesses de empresários e trabalhadores urbanos, sob a tutela do governo. O período marca a transição de um modelo econômico de tipo agroexportador para outro, de caráter urbano-industrial, com base no desenvolvimento do mercado interno.

Embora a Constituição de 1937 tenha criado um Conselho da Economia Nacional, composto por representantes do governo, empresários e trabalhadores, com a atribuição de promover a organização corporativa da economia nacional, não há notícia de que esse colegiado tenha chegado a funcionar. O que se concretizou foram os conselhos e comissões setoriais, de caráter consultivo, em que o peso político maior era exercido pelo próprio governo, seguido pelas então chamadas "classes produtoras", particularmente o empresariado emergente, vinculado à indústria e ao mercado interno.

Além de espaços de vocalização de demandas empresariais e de negociação entre o governo e setores da iniciativa privada, os conselhos cumpriam outras funções, entre elas a de cooptação, particularmente da elite agroindustrial de São Paulo, que se opusera à Revolução de 1930. Nesse caso se enquadra o Conselho Nacional do Café, criado sob a pressão dos produtores paulistas. Também serviam para a articulação política, que visava incorporar o empresariado no planejamento e modernização da economia, como nos casos do Conselho Nacional de Política Industrial e Comercial, Coordenação da Mobilização Econômica e Comissão de Planejamento Econômico. Cumpriam ainda uma função técnico-executiva, já que alguns conselhos funcionavam como estruturas paralelas de poder que, em contraposição à administração tradicional, davam maior agilidade ao fomento de setores considerados estratégicos para o desenvolvimento do país. Esse é o caso dos Conselhos Nacionais do Petróleo e de Águas e Energia Elétrica que, posteriormente, foram transformados em empresas estatais: Petrobras e Eletrobras.

Foi também no Estado Novo que se criou, em julho de 1938, o primeiro órgão colegiado do Brasil dedicado às questões culturais, o Conselho Nacional

Participação nas decisões de política cultural: os conselhos...

de Cultura, subordinado ao Ministério da Educação e Saúde Pública. Embora não se tenha notícia do funcionamento efetivo desse conselho,[7] encontram-se, nos termos do decreto que o criou, marcas características de políticas culturais de cunho autoritário, ressaltando as atribuições de fazer a "propaganda e a campanha em favor de causas patrióticas ou humanitárias", promover a "educação cívica, através de toda sorte de demonstrações coletivas", e difundir a "educação física": esportes e ginástica.

O não funcionamento efetivo do Conselho Nacional de Cultura provavelmente está ligado ao fato de suas atribuições terem sido exercidas com muito mais agilidade e eficiência pelo Departamento de Imprensa e Propaganda (DIP), órgão com amplos poderes criado em dezembro de 1939 (um ano e meio após o decreto do Conselho). A ele cabia coordenar e centralizar a propaganda do regime, organizar manifestações esportivas, festas cívicas, exposições, concertos e conferências, dirigir o programa oficial de rádio e o cinejornal (documentário de exibição obrigatória antes das sessões de cinema), além de exercer a censura da imprensa e das diversões públicas, incluindo música, teatro, cinema, circo e programação radiofônica.

Conselhos no regime liberal-democrático

A criação de conselhos voltados para o desenvolvimento econômico tem continuidade no governo de Juscelino Kubitschek (1956-60), já no âmbito de um regime democrático, de corte liberal. No início do governo, destaca-se a criação do Conselho de Desenvolvimento, órgão colegiado, diretamente subordinado ao presidente da República, encarregado de implantar um plano econômico geral, o Plano de Metas. Embora eventualmente contasse com a participação de especialistas dos setores da economia incluídos no Plano, o Conselho de Desenvolvimento era composto exclusivamente por membros do governo, sendo eles: todos os ministros, os chefes dos gabinetes civil e militar, o presidente do Banco do Brasil e o presidente do Banco Nacional de Desenvolvimento Econômico (BNDE), que era seu secretário-geral. O conselho

7   Lia Calabre, *Políticas culturais no Brasil: história e contemporaneidade*. Fortaleza: Banco do Nordeste do Brasil, 2010, Coleção Textos Nômades, n. 2, p. 62.

Política cultural: fundamentos

operava por meio de Grupos Executivos (Grupo Executivo da Indústria Automobilística, Grupo Executivo da Indústria Mecânica Pesada, Grupo Executivo da Indústria de Bens de Capital e Grupo Executivo da Construção Naval), que tinham autonomia para conceder recursos ao setor privado, sacados de fundos criados pelo BNDE.

Em 1951 foi criado o Conselho Nacional de Desenvolvimento Científico e Tecnológico (CNPq) e, em 1961, o Conselho Nacional de Cultura. Nos governos democráticos de orientação liberal, é comum que a execução de determinadas políticas – como as de Cultura e Ciência e Tecnologia – dispense estruturas "pesadas" e seja delegada a especialistas, reunidos em órgãos colegiados. Esses conselhos são em geral consultivos, mas também deliberam sobre auxílios a projetos formulados por seus "pares" (cientistas, intelectuais e artistas). A criação do CNPq, que nasceu com o nome de Conselho Nacional de Pesquisa, veio no rastro da Segunda Guerra Mundial, que tornou imperativo para a segurança do país o incentivo a investigações na área da energia nuclear. O CNPq sempre funcionou como uma agência de fomento da pesquisa básica e aplicada, por meio da concessão de bolsas de pesquisa e de formação e aperfeiçoamento de pesquisadores. Em 1974, já com o nome atual, transformou-se numa fundação, hoje vinculada ao Ministério da Ciência e Tecnologia. Embora tenha o nome de "conselho", desde o início o CNPq possui estrutura de órgão público autárquico, incluindo presidência, vice-presidência, divisão técnico-científica, divisão administrativa e consultoria jurídica, sendo o nível decisório composto por comissões de assessoramento e pelo Conselho Deliberativo, instância superior de decisão. Desde sua origem, o Conselho Deliberativo foi composto por membros do governo ligados a vários ministérios e ao Estado-Maior das Forças Armadas e por cientistas e técnicos pertencentes às universidades e instituições científicas.

Em fevereiro de 1961, por meio do decreto n. 50.293, foi criado o segundo Conselho Nacional de Cultura (CNC), subordinado diretamente à presidência da República: "O presidente Jânio Quadros, na cerimônia de instalação do Conselho Nacional de Cultura, definiu as tarefas do órgão, entre elas as de 'coordenar, disciplinar e traçar a política superior dos esforços do poder federal, no campo da vitalização da cultura, de sua popularização e democratização'". [8] A vinculação direta ao chefe do Executivo, e não ao Ministério da Educação e Cultura (MEC, criado em 1953), parece sinalizar uma deferência especial do presidente Jânio Quadros ao setor cultural. Entre os conselheiros nomeados aparecem nomes de expressão notória na cultura brasileira, como

Oscar Niemeyer, Sérgio Buarque de Holanda, Otto Maria Carpeaux, Nelson Rodrigues e Cacilda Becker, entre outros.

Em março de 1962, após a renúncia de Jânio Quadros, o Conselho é redesenhado e vinculado ao MEC. Na nova composição, além de pessoas "notoriamente consagradas aos problemas da cultura",[9] nele tomam assento membros do governo, particularmente do MEC. Com o golpe militar de 1964, o CNC, ao que tudo indica, foi temporariamente desativado, com alguns de seus membros perseguidos pela ditadura civil-militar então instalada no Brasil. Em 1966, após estudos comandados por uma comissão encarregada de reformular a política cultural do país, o Conselho ressurge, agora com o nome de Conselho Federal de Cultura (CFC). Embora criado já no período ditatorial, o CFC mantém o "espírito" liberal, ajustando-se ao primeiro período do regime militar brasileiro, entre 1964 e 1968, no qual a ditadura foi relativamente "moderada", se comparada ao período imediatamente posterior (1969-77), quando vigorava o famigerado Ato Institucional n. 5. O Conselho foi composto por personalidades da cultura brasileira, cuja atribuição era assessorar o MEC na formulação da política cultural e na concessão de auxílios a projetos de instituições públicas e privadas, das áreas artísticas e do patrimônio cultural. Contudo, o CFC também possuía verbas próprias de fomento ao setor e até mesmo um programa específico – Casas de Cultura –, inspirado no modelo implantado pelo Ministério da Cultura da França. Em janeiro de 1973, o CFC já havia implantado, em convênio com municípios brasileiros, 17 Casas de Cultura.[10] Entre outras personalidades da cultura brasileira, passaram pelo Conselho Federal de Cultura: Afonso Arinos, Ariano Suassuna, Cassiano Ricardo, Gilberto Freire, Pedro Calmon e Rachel de Queiroz. Entre as iniciativas do CFC, destaca-se o estímulo à criação de conselhos estaduais de cultura, que saltam, entre 1966 e 1971, de dois para 22. Ao longo das décadas de 1970 e 1980, o poder do Conselho vai diminuindo gradativamente, na mesma proporção em que aumenta o número de órgãos da administração direta e indireta vinculados às questões culturais, incluindo a Fundação Nacional de Artes (Funarte, 1975) e o próprio Ministério da Cultura, criado em 1985.

8 *Ibid.*, p. 64.

9 *Ibid.*, p. 65.

10 *Ibid.*, p. 75.

Política cultural: fundamentos

Conselhos durante a ditadura militar

Se o Conselho Federal de Cultura, com seu "corte liberal", exemplifica o que foi a primeira fase do regime militar, o Conselho de Segurança Nacional representa seu período mais sombrio, entre 1969 e 1977. Já o Conselho Superior de Censura corresponde à etapa conhecida como de "transição lenta, gradual e segura" do poder militar ao civil (1977-85).

O Conselho de Segurança Nacional (CSN) foi criado em 1937, mas se tornou politicamente relevante a partir da reunião que decidiu, em dezembro de 1968, pela edição do Ato Institucional n. 5 (AI-5). A ditadura civil-militar assume então sua face repressiva mais cruenta, marcada pela cassação de mandatos de parlamentares e de ministros do Supremo Tribunal Federal, suspensão do instituto jurídico do *habeas corpus*, censura prévia à imprensa, ao teatro, ao cinema, à música e à literatura, suspensão de direitos políticos, perseguição, prisão, tortura, expulsão do país, morte e desaparecimento de adversários do regime. Integrado pelo Presidente da República e por seus principais ministros, o CSN foi, nesse período, o principal órgão de assessoramento e deliberação do governo. Por lá passaram todas as decisões estratégicas do regime, que costumavam ser publicadas com o preâmbulo: "O Presidente da República, ouvido o Conselho de Segurança Nacional...". O Conselho foi extinto pela Constituição de 1988.

O Conselho Superior de Censura (CSC) foi criado por lei em 21 de novembro de 1968, mas instalou-se efetivamente só após a revogação do AI-5 (1977). Durante esse interregno, os artistas e intelectuais brasileiros sofreram com os cortes parciais ou totais de suas obras, realizados previamente pela Divisão de Censura de Diversões Públicas (DCDP), subordinada ao Departamento de Polícia Federal do Ministério da Justiça. A partir do final da década de 1970, portanto já na fase de transição para a democracia, o CSC funcionou como instância de recurso contra as decisões da DCDP, assinadas pelo diretor-geral do Departamento de Polícia Federal. O Conselho também tinha a atribuição de elaborar normas de orientação do serviço de censura, submetidas à aprovação do Ministério da Justiça, ao qual era diretamente subordinado. Era composto por 15 membros designados pelo ministro, sendo oito de órgãos governamentais, incluindo representantes dos conselhos federais de cultura e educação, e sete ligados a entidades da sociedade civil, entre elas a Academia Brasileira de Letras, Academia Brasileira de Imprensa, representantes dos autores de teatro, filmes e radiodifusão, de produtores cinematográficos e de artistas e técnicos em espetáculos de diversão pública. Das decisões não unânimes do Conselho cabia recurso diretamente ao ministro da Justiça. Recursos também podiam ser apresentados ao Conselho pelos autores de obras censuradas pela Divisão de Censura da Polícia Federal. Durante a transição "lenta, gradual e segura" para a democracia, o csc funcionou como uma espécie de válvula de escape – nem sempre bem-sucedida – das decisões arbitrárias e subjetivas da DCDP.[11]

Pelos exemplos retirados da história brasileira, verifica-se que a instituição denominada "Conselho" serviu a regimes democráticos e autoritários, tendo exercido diferentes funções: consultivas, deliberativas, normativas, repressivas, recursivas, técnicas, de fomento, articulação política, cooptação e legitimação. Cabe agora investigar como e por que essa figura institucional foi adaptada aos princípios da democracia participativa.

A crise de credibilidade da democracia representativa

A partir do final da década de 1970, eclode no plano internacional, principalmente na Europa, uma crise do Estado social-democrático, que se manifesta tanto no campo econômico como no político. Do ponto de vista econômico, a chamada "crise fiscal" resulta da conjunção de três fatores: (1) inflação de demandas, pois para tudo se cobra a presença do Estado; (2) déficit público, que decorre dos crescentes gastos para o atendimento dessas demandas; e (3) redução gradual da capacidade de investimento do Estado. Do ponto de vista político, ocorre uma erosão da credibilidade das instituições da democracia representativa – particularmente dos partidos políticos, do parlamento e do processo eleitoral –, crise que resulta da percepção pública de que essas instituições se tornaram incapazes de representar o arco de interesses e ideologias presentes na sociedade. De fato, os partidos políticos, a fim de obter ganhos eleitorais, vão aos poucos descartando bandeiras extremas e

---

11 Cf. Maika Lois Carocha, "A censura musical durante o regime militar (1964-1985)", em: *História: questões e debates*, Curitiba: Ed. da UFPR, 2006, n. 44, pp. 89-211.

Política cultural: fundamentos

se colocando o mais próximo possível do centro do espectro ideológico, onde cabem posições ambíguas a respeito de qualquer tema:

> Para ser bem-sucedido nas eleições e na luta pelo cargo governamental, o partido tem que orientar seu programa para as conveniências do mercado político. Isso exige, primeiramente, a maximização dos votos, por meio do apelo ao maior número possível de eleitores e, concomitantemente, a mini-mização dos elementos programáticos que podem criar antagonismos dentro do eleitorado. Além disso, *vis-à-vis* os outros partidos, tem de ter a habilida-de para fazer coalizões, o que muitas vezes envolve restringir o âmbito das propostas políticas substantivas, a fim de se enquadrar às demandas que os sócios, em potencial, da coalizão estão dispostos a considerar ou a negociar.[12]

Por esses motivos, raramente os programas eleitorais refletem as reais diretrizes que os partidos em disputa irão implantar em suas políticas, caso cheguem ao poder. Em geral, todos os programas se parecem, porque são feitos com base em pesquisas sobre as demandas mais urgentes da popula-ção e, mesmo que pareçam "sinceros", raramente são detalhados, para evitar polêmicas desgastantes durante a campanha eleitoral. E mais: nada garante que o programa será aplicado, dados os constrangimentos impostos a quem exerce o poder – pressões de *lobbies*, escândalos políticos ou a necessidade de ampliar a base de apoio parlamentar –, fatores que levam os governos a rearranjar seus planos e práticas. Por fim, deve-se levar em conta a tendên-cia dos governantes ao pragmatismo, ou seja, a manter o poder a qualquer custo, o que os induz a formar alianças até mesmo com antigos adversários, a fim de ampliar os apoios e recursos para a campanha eleitoral seguinte.

A combinação da crise política (de credibilidade das instituições demo-cráticas) com a crise econômica (fiscal) coloca em xeque a instituição estatal como um todo, que passa a ser alvo de contestações de conteúdo neoliberal. As críticas miram de modo especial as políticas sociais, econômicas e cultu-rais dos governos social-democratas, acusados de minar as bases de susten-tação do sistema capitalista: o livre mercado e a iniciativa privada.

Em contrapartida à falta ou perda de substância programática dos parti-dos políticos, assiste-se ao surgimento dos chamados movimentos sociais, que assumem as bandeiras abandonadas pelos partidos institucionalizados. Mais tarde, quando o modelo neoliberal se expande pelo mundo, ganham força as Organizações Não Governamentais (ONGs), que ocupam o espaço abandonado pelos governos no exercício das políticas sociais e culturais. Consideradas não típicas de Estado, essas políticas ou sofrem redução de pessoal e cortes orçamentários ou são simplesmente extintas e transferidas ao mercado.

Os movimentos sociais e as ONGS justificam-se publicamente com base em três argumentos: (1) o espaço público ultrapassa as fronteiras do Estado, isto é, há uma esfera pública não estatal, onde grupos organizados intervêm com a mesma legitimidade que os partidos políticos no parlamento; (2) só têm validade as normas que resultam do debate público e deliberativo entre os atores sociais potencialmente afetados por essas normas, visto que a discussão parlamentar, limitada aos partidos políticos, é insuficiente para esgotar toda a gama de interesses e argumentos envolvidos nos múltiplos assuntos que afetam a vida da população; e (3) os procedimentos da democracia representativa, por si sós, são incapazes de dar solução aos problemas da sociedade contemporânea, cada vez maiores e mais complexos, exigindo o concurso de especialistas e o convencimento, adesão e participação direta dos cidadãos.

No mundo contemporâneo, soluções para problemas que afetam o planeta, como os que ocorrem, por exemplo, na saúde (grandes epidemias), no meio ambiente (poluição de todos os tipos) e na segurança pública (tráfico de drogas, armas e pessoas), exigem atitudes individuais e coletivas que, em princípio, podem parecer pequenas, mas que são fundamentais para a preservação da vida. Entre elas, coleta seletiva de lixo, manutenção periódica de motores, adesão a campanhas de vacinação, uso de preservativos e participação em ações de segurança de uma rua. A sociedade contemporânea encontra-se diante de uma situação inusitada: as pessoas, para manterem intacta sua liberdade individual, necessariamente terão de cooperar entre si e com o Poder Público.

É nesse novo contexto que se reivindica e até mesmo se impõe como necessária a criação de conselhos de políticas públicas, fundados nos princípios da democracia participativa. Neles a participação social se dá com dois objetivos, um geral e outro específico: (1) cobrar do Poder Público que garanta aos cidadãos os direitos civis, políticos, econômicos, sociais e culturais; e (2) solucionar problemas específicos por meio da cooperação entre Estado e agentes sociais especializados, interessados e diretamente afetados pelas políticas setoriais.

12 Claus Offe, *Problemas estruturais do Estado capitalista*, Rio de Janeiro: Tempo Brasileiro, 1984, p. 363.

Política cultural: fundamentos

Tipologia histórica dos conselhos de cultura

Uma análise dos conselhos de cultura que surgiram ao longo da história permite classificá-los em três tipos: conselhos de notáveis, conselhos de especialistas e conselhos corporativos, conforme o quadro abaixo:

Tipologia histórica dos conselhos de cultura

TIPOS DE CONSELHO	COMPOSIÇÃO	QUEM INDICA	ATRIBUIÇÃO
Conselho de notáveis	Personalidades de destaque	Governo	Consultivo
Conselho de especialistas	Intelectuais das ciências humanas	Governo e associações científicas	Consultivo
Conselho corporativo	Representantes dos setores artísticos	Governo e associações profissionais	Consultivo

O conselho de notáveis é composto por personalidades de destaque na vida intelectual e artística. Nesse modelo a cultura é vista como um campo regido por leis próprias, acessíveis a um número restrito de indivíduos dotados de talentos especiais e socialmente reconhecidos como tal. Delegar aos notáveis a formulação de políticas culturais implica o reconhecimento, pelo Estado, de que a política cultural não é adequada ao modelo burocrático aplicado a outros setores da administração pública.

O conselho de especialistas tem semelhança com o de notáveis, mas difere na medida em que é composto por indivíduos selecionados menos pela notoriedade individual do que por sua especialização em determinados saberes. Esse tipo de conselho opera particularmente na área de proteção do patrimônio histórico e artístico, sendo composto por intelectuais do campo das ciências humanas: história, arquitetura, urbanismo, sociologia, direito e antropologia, entre outros. A distinção entre os notáveis e os especialistas enquadra-se na análise que Norberto Bobbio faz da relação dos intelectuais com o poder, dividindo-os em *ideólogos* – que fornecem aos governantes princípios-guia, tais como valores e concepções de mundo – e *especialistas*, que contribuem com conhecimentos específicos, indispensáveis à resolução de problemas nos diversos setores da administração pública.[13]

O conselho corporativo é composto por profissionais de segmentos artísticos e por pesquisadores da cultura popular, organizados em sindicatos e associações. Além da vontade de influir na formulação da política cultural, o que os une é o interesse na obtenção de fatias do orçamento público destinadas ao fomento de projetos nas áreas de teatro, dança, circo, música, artes visuais, audiovisual, literatura e folclore.

Esses três tipos de conselho em geral são presididos pelo Poder Público e têm atribuições apenas consultivas, sendo seus membros nomeados ou selecionados pelos governantes em listas apresentadas por associações e sindicatos. Como se verá adiante, esses três tipos de conselho perderam a capacidade de conter e representar a complexidade da vida cultural contemporânea.

As transformações da cultura no Brasil e no mundo

A partir do fim da Guerra Fria – a queda do muro de Berlim, em 1989, ou a *débâcle* da União Soviética, em 1992, podem ser tomadas como marcos –, o mundo assistiu a grandes transformações, hoje conhecidas pelo nome de "globalização". No que se refere às questões da cultura, ocorreram três fenômenos concomitantes: (1) emergência de conflitos políticos que se justificam com base em valores culturais; (2) fragmentação das identidades coletivas, como resposta às tendências uniformizadoras da cultura global; e (3) crescimento da produção e consumo de cultura, como resultado da valorização econômica dos bens culturais no comércio internacional (ver Introdução).

No Brasil, a Constituição Federal de 1988 (CF/88), refletindo a dinâmica da sociedade, antecipou-se e acolheu o conceito amplo de cultura, dando

13 Norberto Bobbio, *Os intelectuais e o poder: dúvidas e opções dos homens de cultura na sociedade contemporânea*, São Paulo: Unesp, 1997.

Política cultural: fundamentos

relevância à diversidade cultural, representada pelos "diferentes grupos formadores da sociedade brasileira",[14] seus "modos de viver, fazer e criar".[15] A mesma CF/88 atribuiu aos estados e municípios maior competência para conduzir suas políticas de patrimônio cultural e, compreendendo o papel da cultura na vida econômica, induziu o Estado brasileiro a elaborar o Plano Nacional de Cultura, que elegeu entre suas prioridades a promoção do desenvolvimento cultural do país.

Nesse novo contexto nacional e internacional, o modelo do conselho de notáveis representa um tempo já superado, quando a política cultural era tratada como algo atinente única e exclusivamente às elites intelectuais e artísticas. Hoje não há mais como desconhecer a existência de movimentos socioculturais de identidade, incluindo aqueles que representam as culturas populares, indígenas e afro-brasileiras, que mereceram referência especial na Constituição.

Com a ampliação do conceito e das competências na área de patrimônio cultural, também o conselho de especialistas ficou defasado. Embora fundamental, a contribuição de especialistas já não é mais suficiente. Diante da crescente quantidade de bens passíveis de proteção, portadores de valores diversos e às vezes conflitantes, torna-se indispensável uma participação ativa das comunidades na identificação, justificação e proteção desses bens. Não por acaso a CF/88 introduziu o dispositivo que prevê, para o alcance dessas finalidades, a colaboração entre o Poder Público e as comunidades.

Finalmente, o crescimento da economia da cultura tornou ultrapassado também o modelo corporativo tradicional. O processo de diferenciação e especialização de funções nas diversas cadeias produtivas da cultura, associado à revolução nas tecnologias de informação e comunicação, introduziu outros atores na cena econômica da cultura: (1) novas profissões estabeleceram-se, com destaque para as que envolvem a arte eletrônica (*media art*); (2) pequenas e médias indústrias culturais foram criadas, principalmente nas áreas fonográfica e do audiovisual, que se beneficiaram da modernização tecnológica; (3) novos setores passaram a reivindicar espaço nas decisões de política cultural, como os de *design*, moda, gastronomia e cultura digital. Por tudo isso, trata-se agora de desenhar um novo tipo de conselho, capaz de enfrentar os desafios postos pela ampliação do conceito e das práticas culturais contemporâneas.

Um novo modelo de conselho de cultura

"Todo o poder emana do povo, que o exerce por meio de representantes eleitos ou diretamente, nos termos desta Constituição." Esse princípio, que está no parágrafo único do artigo 1º da Constituição brasileira, introduz no país o Estado democrático de direito, que combina procedimentos da democracia representativa (eleições) e da democracia participativa (direta). Entre os instrumentos de participação direta previstos na Constituição, estão os plebiscitos, referendos e a iniciativa popular de leis; mas a prática política do país, antes, durante e após a redemocratização, consagrou outros mecanismos, como as audiências públicas, conferências, orçamento participativo e os conselhos de políticas públicas. Em 2012, com a aprovação da emenda que introduziu na Constituição o Sistema Nacional de Cultura (artigo 216-A), os termos "conselho" e "conferência" apareceram de forma explícita na Carta Magna.

Falar em conselhos pressupõe, de antemão, estabelecer suas atribuições, poder de decisão e composição. A literatura especializada indica que os conselhos tornam-se mais efetivos quando têm competência para formular diretrizes políticas, gerir fundos e fiscalizar a execução dos planos e programas governamentais. A efetividade torna-se ainda mais incisiva quando esses conselhos são deliberativos (em vez de consultivos) e paritários, ou seja, com participação igualitária da sociedade e do Poder Público.[16]

A valorização da diversidade cultural deve ser o ponto de partida para definir a composição dos conselhos. Além dos segmentos artísticos (artes cênicas, artes visuais, música, audiovisual, artesanato, culturas populares, literatura, livro e leitura), devem ter assento os movimentos sociais de identidade, entre eles os representantes de etnias, identidades sexuais e faixas etárias (movimentos de juventude e da cultura da criança, por exemplo). Também devem estar representadas as circunscrições territoriais (regiões, bairros, distritos e povoados) e as organizações não governamentais ligadas aos temas da cultura.

Os setores da economia da cultura constituem outro bloco de representantes. Nele cabem produtores culturais, pequenas, médias e grandes

---

14 Artigo 216: *caput*.

15 Artigo 216: II.

16 Renato Raul Boschi, "Descentralização, clientelismo e capital social na governança urbana: comparando Belo Horizonte e Salvador", *Dados*, Rio de Janeiro: 1999, vol. 42, n. 4, p. 14 (versão impressa).

Política cultural: fundamentos

indústrias culturais (editorial, fonográfica, cinematográfica, da moda e do *design*), representantes de elos das cadeias produtivas (distribuição e exibição de produtos audiovisuais, livrarias, casas de espetáculos e outros) e também a indústria da comunicação (TV, rádio, jornais e revistas), que tem papel saliente na produção e difusão da cultura. Noutro polo estão os representantes dos trabalhadores e técnicos desses setores.

Não se pode dispensar a participação dos intelectuais, menos por sua notoriedade do que por sua condição de especialistas e representantes de universidades (cursos de artes, ciências humanas e da informação), associações científicas (ciências sociais) e institutos de pesquisas e estudos culturais.

O conceito amplo de cultura condiciona mudanças também na participação do Poder Público, que deve incluir não só os órgãos de cultura, mas representantes de outras políticas que têm interface com a política cultural, tais como educação, comunicação, turismo, ciência e tecnologia, meio ambiente, esporte, saúde, segurança pública e desenvolvimento econômico e social.

Para reforçar o conteúdo e a prática democrática e participativa do conselho, tão ou mais importante que a composição é a forma de escolha de seus membros. Os representantes da coalizão governamental, em parte legitimados pelo processo eleitoral, são indicados pelos órgãos que integram o conselho. Os conselheiros da sociedade civil, por sua vez, devem ser eleitos pelos respectivos segmentos. No processo eleitoral, para terem o direito de votar em seus representantes, os membros desses segmentos – de artistas, dos movimentos sociais de identidade e das cadeias produtivas da cultura – devem cadastrar-se como eleitores no órgão gestor da cultura e comprovar experiência e participação nas suas respectivas áreas. O mesmo procedimento precisam ter os cidadãos moradores das circunscrições territoriais que, no ato do cadastramento, devem comprovar residência.

Esses são os critérios que devem nortear a composição e a escolha dos membros dos Conselhos de Política Cultural, com base nos princípios da democracia participativa. No entanto, é a realidade da cultura de cada lugar que irá determinar quantos membros e quais segmentos terão assento no conselho. Essa advertência faz-se necessária, a fim de se evitar que o modelo sugerido seja aplicado sem levar em conta as especificidades dos múltiplos e variados contextos.

Outra advertência é a de que os conselhos, em geral, não podem ser vistos como panaceia para os problemas da administração pública e, muito menos, como o único instrumento de participação da sociedade nas decisões políticas.

Participação nas decisões de política cultural: os conselhos...

A avaliação do funcionamento dos conselhos instituídos após a Constituição de 1988 – particularmente os mais robustos, que possuem competência deliberativa para gerir recursos, formular políticas e fiscalizá-las, como os conselhos de saúde, assistência social e defesa dos direitos da criança e do adolescente – mostra que é reduzida a capacidade decisória desses colegiados.[17] Isso por vários motivos, sendo o principal deles a tensão permanente que existe entre as duas legitimidades que convivem e se conflitam nesses espaços institucionais: a do voto popular, reclamada pelos representantes dos governos; e a "corporativa", dos membros da sociedade civil, justificada pelo fato de serem eles os diretamente afetados pelas políticas públicas em debate. Há também o risco de que o governo manipule ou até mesmo coopte os conselheiros da sociedade, visto que possui mais recursos: disponibilidade de tempo, mais informação e o maior deles, o controle do orçamento. Pode ocorrer ainda um déficit de representatividade dos membros tanto do governo como também da sociedade. O primeiro caso ocorre quando servidores de escalões inferiores da administração são escolhidos para assento no conselho; e o segundo, quando, mesmo eleitos pelos pares ou indicados por entidades, os membros defendem mais seus próprios interesses do que os da categoria que representam.

Considerando que o conceito de cidadania compreende a ideia de "participação na vida política do país e consiste em definir, em abstrato, e fiscalizar, em concreto, a formação da vontade do Estado", o jurista Francisco Humberto Cunha Filho entende que a maneira mais tradicional de incentivá-la reside na "constituição de órgãos colegiados que definem normas, decidem questões e fiscalizam os resultados da ação estatal", entre eles os conselhos. Todavia, com base na análise dos conselhos de cultura implantados no Brasil, o jurista não se exime de apontar três deficiências: (1) *fragilidade institucional*, que resulta da tendência à criação desses colegiados não por meio de leis, mas por decretos, "que a qualquer momento podem ter sua essência redefinida ou mesmo eliminada por decisão monocrática"; (2) *incompreensão do foco político*, em decorrência do fato de atribuir-se a tais órgãos funções administrativas, em vez do poder maior de definir normas e fiscalizar seu cumprimento; (3) *sabotagem de suas potencialidades*, que ocorre "quando, na definição

17 Cf. Luciana Tatagiba, "Os conselhos gestores e a democratização das políticas públicas no Brasil", em: Evelina Dagnino (org.), *op. cit.*, nota 2, p. 94.

Política cultural: fundamentos

das competências dos órgãos representativos, estas são de tal forma tímidas, sem poder algum de vinculação, que, uma vez eliminado, tal órgão nenhuma falta faria".[18]

Apesar de todos esses problemas, há incontestáveis aspectos positivos dos conselhos: (1) são instâncias de explicitação, negociação e resolução de conflitos; (2) propiciam o aperfeiçoamento e a consequente maior eficácia das políticas públicas; (3) dão mais transparência aos atos do governo; (4) e são espaços que ampliam a legitimidade das decisões, por serem compartilhadas pelo governo e pela sociedade. Por isso, mesmo com limitações, tanto os especialistas como também os conselheiros da sociedade civil continuam a ver nesses espaços "um importante avanço na construção de formas mais democráticas de gestão dos negócios públicos".[19]

---

18 Francisco Humberto Cunha Filho, "Cidadania cultural: um conceito em construção", em: Lia Calabre, (org.), *Políticas culturais:* *diálogos e tendências*, Rio de Janeiro: Edições Casa de Rui Barbosa, pp. 177-201.

19 *Ibid.*, p. 100.

* * *

9.
Conceitos fundamentais de economia da cultura

Campos de produção da cultura

Para introduzir o tema da economia da cultura, convém retomar a tipologia elaborada no capítulo 5 sobre os campos de produção da cultura: erudito, da indústria cultural e das culturas populares, conforme o quadro abaixo.

Tipologia dos campos de produção da cultura: objetivos e públicos

CAMPOS	OBJETIVO PRINCIPAL	PÚBLICO PRINCIPAL
Indústria cultural	Lucro	Grande público
Campo erudito	Distinção social	Pares
Cultura popular	Coesão social	Comunidades

Nesse quadro os campos de produção distinguem-se conforme dois critérios: o objetivo principal de cada um e a espécie de público que suas obras visam alcançar. Assim, entende-se por indústria cultural o campo de produção cujo principal objetivo é obter lucro; para tanto, busca atingir o maior público possível. O campo erudito é aquele cujas obras se destinam prioritariamente aos próprios pares, os intelectuais e artistas, tendo como objetivo

149

Política cultural: fundamentos

principal conferir prestígio e distinção social aos criadores e seus consumidores. O campo da cultura popular, por sua vez, reúne as múltiplas manifestações que visam fortalecer a coesão das comunidades das quais procedem e para as quais são destinadas.

Lembre-se que o quadro reflete uma tipologia, isto é, um recurso metodológico da sociologia que consiste em selecionar na vida social campos predeterminados de análise, que o pesquisador focaliza e amplia, a fim de sintetizá-los em conceitos puros – os chamados "tipos ideais" –, que ajudam a compreender aspectos da realidade concreta que frequentemente se acham misturados. Muitas expressões culturais manifestam-se na prática por meio de formas híbridas. Veja-se, por exemplo, o carnaval do Rio de Janeiro, tal como hoje se apresenta no sambódromo da avenida Sapucaí. Nele há um componente seminal de cultura popular, presente durante o ano inteiro, quando as diversas comunidades territoriais urbanas (bairros) se reúnem na sede (ou quadra) da escola de samba "para brincar e conversar, para cantar e compor, para celebrar o lugar e manter viva sua memória". O acesso do público é gratuito, com exceção dos ensaios, que *se* "amiúdam nas proximidades do Carnaval" e para os quais "é preciso pagar o ingresso e o consumo no bar-restaurante da sede". No desfile, manifestam-se os componentes erudito e industrial da festa. O componente erudito está presente nas comissões de especialistas que julgam e pontuam vários quesitos relativos ao desempenho da escola durante o desfile na avenida. É característico do campo erudito estabelecer regras formais de composição que servem como índices de avaliação da qualidade das obras. Ocasionalmente esses cânones sofrem mudanças, por força de inovações introduzidas por sujeitos criativos. Por fim, a indústria cultural impõe sua hegemonia quando tudo o que envolve a festa é transformado em mercadoria: ingressos, camarotes, anúncios publicitários, transmissões televisivas pagas, "editora musical com direitos exclusivos para gravação dos sambas-enredo do ano e uma etiqueta fonográfica própria".[1] Em alguns casos, até mesmo o enredo das escolas é patrocinado por interessados na divulgação de efemérides como, por exemplo, o aniversário de cidades ou estados da federação.

O fato de existir hibridismos não elimina a necessidade de se aprofundar na realidade concreta de cada campo de produção da cultura. Nesse sentido, avulta a questão da indústria cultural, que, por ser historicamente nova, ainda suscita muitas polêmicas, a começar pelo conceito. Além do debate sobre a manipulação das consciências *versus* autonomia do receptor (ver capítulo 5), também não há consenso sobre quais setores industriais se inserem nesse campo.

Conceitos fundamentais de economia da cultura

Uma atualização proposta pelo economista César Bolaño confere maior objetividade ao conceito, sem retirar-lhe o substrato marxista:

> A indústria cultural é uma área da produção social no capitalismo avançado que deve cumprir uma dupla condição de funcionalidade, a serviço do capital individual monopolista em concorrência (função publicidade) e do capital em geral ou do Estado (função propaganda), servindo como elemento-chave na construção da hegemonia. Para isso deve responder também a uma terceira condição de funcionalidade (função programa), ligada à reprodução simbólica de um mundo da vida empobrecido de suas condições de autonomia.[2]

Sobre os setores industriais, vários autores propuseram categorizações. Enrique Saravia, doutor em direito e especialista em administração pública, tomando por base "diversas intersecções possíveis", arrola os produtos dessas indústrias – artes plásticas destinadas à venda, sítios de valor histórico, artístico ou típico, espetáculos ao vivo, livros, música gravada, filmes, vídeos, programas de rádio e televisão –, lista os equipamentos e instalações necessários à sua produção, bem como suas redes de transmissão (hertzianas, terrestres, satélite, cabo), e só então identifica os setores: mercado de arte, turismo cultural, indústria do espetáculo ao vivo, indústria editorial, indústria fonográfica, indústria cinematográfica, radio e televisão.[3]

O etnólogo Jean-Pierre Warnier propõe uma definição de indústrias culturais e identifica seus setores:

> a) elas necessitam de grandes meios financeiros; b) utilizam técnicas de produção em série; c) trabalham para o mercado, ou, em outras palavras, elas mercantilizam a cultura; e d) são baseadas em uma organização do trabalho do tipo capitalista, isto é, elas transformam o criador em trabalhador e a

---

1 Trechos entre aspas nesse parágrafo foram retirados de: Walnice Nogueira Galvão, *Ao som do samba: uma leitura do carnaval carioca*, São Paulo: Editora Fundação Perseu Abramo, 2009, pp. 23 e 51.

2 César Bolaño, "Economia política da comunicação e da cultura: breve genealogia do campo das taxonomias das indústrias culturais", em: César Bolaño; Cida

Folin; Valério Brittos, *Economia da arte e da cultura*, São Paulo: Itaú Cultural; São Leopoldo: Cepos/Unisinos; Porto Alegre: ppgcom/ufrgs; São Cristovão: Obscom/ufs, 2010, p. 45.

3 Enrique Saravia, "Notas sobre as indústrias culturais: arte, criatividade e economia", em: *Revista Observatório Itaú Cultural*, São Paulo: jan/abr. 2007, n. 1, p. 30.

Política cultural: fundamentos

cultura em produtos culturais [...]. Definiremos então indústrias culturais as atividades industriais que produzem e comercializam discursos, sons, imagens, artes e qualquer capacidade ou hábito adquirido pelo homem enquanto membro da sociedade.[4]

A partir dessa definição ampla, o autor inclui, além do cinema, livro, disco, fotografia, publicidade, atividades de comunicação (mídia em geral), espetáculos ao vivo e turismo de massa, também as indústrias "alimentares, de equipamento doméstico [como móveis], de brinquedo, de vestuário, de medicina etc."[5], com seus respectivos conteúdos e suportes tecnológicos.

César Bolaño cita Ramón Zallo, que propõe os seguintes ramos da indústria cultural:

(1) representação de massa (teatro, dança, *showbiz*), entendida por ele como pré-indústria; (2) indústrias de edição descontínua: indústria editorial (livro), fonográfica e edição audiovisual descontínua (cinema e produção e edição de vídeo); (3) edição contínua (imprensa), audiovisual contínuo (rádio e televisão); e (4) tecnocultura (programas informáticos de consumo doméstico, teletexto, videotexto e bancos de dados de acesso doméstico).[6]

O que há por trás dessas classificações é o recurso aos diferentes conceitos de cultura: amplo (todos os modos de viver dos grupos humanos); e restrito (atividades intelectuais e artísticas). Para fins de política pública, é recomendável limitar o rol das indústrias culturais àquelas adequadas ao conceito restrito, que objetivam lucro e se baseiam em tecnologias que possibilitam ampla reprodução de seus produtos. Incluem-se nessa definição as indústrias *editorial* (livro), *fonográfica* e *cinematográfica*. Indústrias correlatas ou relacionadas são as do *turismo* e das *comunicações* (televisão, rádio, jornais e revistas), sendo que a primeira tem nas artes e no patrimônio cultural um (entre vários) de seus atrativos, e a segunda veicula produtos culturais, como novelas e espetáculos musicais, mas tem uma programação bem mais ampla. No ramo das comunicações, pode-se incluir também as grandes corporações tecnológicas que disponibilizam sítios na internet, as chamadas "redes sociais", que se diferenciam apenas por igualar emissor e receptor, ao passo que as indústrias tradicionais de comunicação utilizam o modelo "de um para todos". Uma exceção a essa proposta de classificação aplica-se às TVs e rádios públicas, de caráter educativo e cultural, que não visam ao lucro

152

e eventualmente fazem parte da estrutura administrativa da gestão estatal da cultura.

Outra ponderação a ser feita ao quadro apresentado no início desta seção é que, apesar de terem objetivos distintos dos da indústria cultural, os campos erudito e popular também geram economias, embora nesse aspecto haja diferenças significativas entre esses dois campos.

O campo erudito é composto por profissionais que atuam ou no setor público (universidades, órgãos governamentais e corpos artísticos estáveis) ou no mercado, seja como contratados da indústria cultural, seja tocando seu próprio negócio. Nesse último caso, a produção pode gerar algum retorno financeiro, mas, como se verá adiante, os riscos são muito altos. Pode ocorrer que contratados da indústria cultural recebam altos salários, mas, como no futebol, as grandes estrelas são raras. O mais comum é a precariedade, que leva a maioria dos artistas a ter de buscar outros empregos para complementar sua renda.

Os agentes do campo popular, por sua vez, são voluntários; têm seu ofício regular, mas ocasionalmente dedicam tempo à organização de festas e brincadeiras comunitárias, de cunho devocional ou puramente recreativo. Esses eventos sempre envolvem alguma circulação monetária, presente nas pequenas feiras e quermesses que integram os festejos, bem como nos serviços de transporte, alimentação e hospedagem, incrementados na ocasião. O artesanato é outra ocupação popular geradora de renda, mas quase sempre de forma complementar ao orçamento doméstico. Lucro, mesmo, só os proprietários e acionistas das indústrias culturais logram obter.

4   Jean-Pierre Wannier, *A mundialização da cultura*, Bauru: Editora da Universidade do Sagrado Coração, 2000, pp. 27-8.

5   *Ibid.*, p. 70.

6   César Bolaño, "Economia política da comunicação e da cultura: breve genealogia do campo das taxonomias das indústrias culturais", *op. cit.*, p. 42. O autor refere-se a: Ramón Zallo, *Economía de la comunicación y la cultura*, Madri: Akal, 1988.

Política cultural: fundamentos

Valor simbólico e valor econômico
do bem cultural

Para se compreender a economia da cultura, é necessário distinguir dois tipos de valor que estão embutidos no produto cultural: o econômico e o simbólico. Do ponto de vista econômico, o bem cultural é uma mercadoria de natureza artesanal ou industrial semelhante a qualquer outra que é produzida, distribuída e negociada no mercado. Entretanto, os bens culturais, seja uma obra de arte, seja um componente do patrimônio histórico e cultural, possuem também valor simbólico, pois são portadores de ideias e significados que mobilizam as emoções, a imaginação e a reflexão. Eles acionam as memórias e fortalecem as identidades individuais e coletivas, situando as pessoas na dimensão de seu tempo e lugar. O que lhes confere especificidade é o fato de o valor simbólico ser "determinante no processo de valorização econômica do bem cultural [...] isso não quer dizer que lucros econômicos não existam, mas eles só podem aparecer quando já se formou o capital simbólico. A acumulação simbólica é anterior à acumulação econômica".[7]

Como o valor simbólico é avesso a quantificações, pois depende de apreciações subjetivas, não é tarefa simples colocar preço num bem cultural. Tome-se, por exemplo, um quadro de artes visuais. Para calcular seu preço, conta muito pouco o custo dos seus componentes tangíveis, como a tela, as tintas ou a moldura. O que tem valor é o que as imagens transmitem e que, na interação com o sujeito observador e com o contexto espaçotemporal, fazem emergir disposições intangíveis, como sentimentos e pensamentos. Da mesma forma, uma edificação do patrimônio cultural pode ser avaliada por seus componentes materiais, mas seu "preço real" reside no que ela significa como referência para a memória, a história e a coesão de indivíduos e comunidades.

Multiplicidade e diversidade das artes
e do patrimônio cultural

A existência de múltiplos sistemas de produção é uma característica da economia da cultura, o que torna complexo o seu conhecimento. As artes são muitas, e cada uma delas tem seus próprios meios e modos de produção. Variam as matérias-primas, a infraestrutura necessária, a mão de obra, os instrumentos de trabalho e as formas de distribuição, comercialização e consumo. Além disso, desde a segunda metade do século xix, quando surgiram a fotografia e o cinema, firmou-se como tendência o aparecimento de novas formas de arte. Hoje já se fala em *design*, moda e artes digitais. E há quem defenda conferir *status* artístico às histórias em quadrinhos, jogos eletrônicos e até mesmo à gastronomia, como "arte culinária". O fato é que os sistemas de produção variam conforme os seus produtos, quais sejam: livros, músicas, espetáculos cênicos (teatro, dança, circo e ópera), artes visuais (pintura, gravura, escultura, *performances*), audiovisual (cinema, vídeo) e peças artesanais. Há que se considerar ainda a diversidade interna a cada um desses setores no que se refere a modos de fazer, estéticas e estilos. Para dar uns poucos exemplos: o teatro de palco é diferente do das ruas e do de bonecos; o circo tradicional é distinto do circo-escola e do circo-empresa; nas artes visuais há uma infinidade de suportes; e na música variam os estilos, os instrumentos e os formatos de exibição (duos, quartetos, coros, orquestras, bandas etc.).

A mesma complexidade está presente no patrimônio cultural, particularmente no de natureza imaterial. No contexto da globalização (financeira, comercial e informacional), a tendência à estandardização da cultura gerou uma reação pela qual múltiplos movimentos sociais de identidade – de gênero, localidades, regiões, etnias e religiões, entre outros – passaram a reclamar reconhecimento social, político e econômico. O tema da diversidade cultural ganhou inédita centralidade nas últimas décadas.

A multiplicidade do fazer artístico e a fragmentação dos modos de viver, pensar e criar tornam difícil a tarefa de pesquisar e conhecer em profundidade os sistemas de produção das artes e também os processos de formação das identidades coletivas; fato que coloca um desafio para as políticas culturais, que seriam mais eficazes se considerassem as especificidades desse universo.

7   Alain Herscovici, "Elementos teóricos para uma análise econômica das produções culturais", *Análise & Conjuntura*, Belo Horizonte: Fundação João Pinheiro, set./ dez. 1990, vol. 5, n. 3, pp. 111-3.

Singularidade do bem cultural

A complexidade torna-se ainda maior quando se leva em consideração que a obra de arte, mesmo se reproduzida de forma artesanal ou industrial, tem como característica inerente a sua singularidade ou unicidade. Um livro pode ter várias tiragens e volumes, mas será sempre *um* livro; o mesmo vale para a música, o teatro, a dança, o circo, as artes visuais e o cinema. É possível realizar vários filmes em sequência sobre um mesmo tema, mas cada um exigirá uma produção específica. Inúmeros espetáculos teatrais podem ser montados com base num mesmo texto, mas cada montagem será sempre única e original. É possível remontar um espetáculo ao vivo tal como foi concebido originalmente, e até com os mesmos intérpretes, mas, mesmo assim, cada sessão será única, porque a disposição dos atores e as reações do público variam e influenciam o desempenho no palco.

A unicidade também é parte constitutiva do bem patrimonial. Não existem duas bacias do rio Nilo ou duas cidades de Ouro Preto. É possível construir réplicas, mas estar no Egito diante de uma pirâmide não é o mesmo que vê-la reproduzida num museu histórico norte-americano. Pode fazer pouca diferença para o turista, mas, para os que são parte e produto daquela história, a réplica soa como uma fraude.

A indústria cultural costuma ser criticada por abusar de clichês, particularmente o da dupla herói/vilão (heroína/vilã). No entanto, para sua própria sobrevivência, até mesmo a indústria cultural precisa lançar produtos novos no mercado. Edgar Morin explica por quê:

> Um filme pode ser concebido em função de algumas receitas padrão (intriga amorosa, *happy end*), mas deve ter sua personalidade, sua originalidade, sua unicidade. Do mesmo modo um programa de rádio, uma canção. [...] Praticamente fabricam-se romances sentimentais em cadeia, a partir de certos modelos tornados conscientes e racionalizados. Também o coração pode ser posto em conserva. [...] Em determinado momento, precisa-se de mais, precisa-se da *invenção*. É aqui que a produção não chega a abafar a criação [...], que o padrão *se detém para ser aperfeiçoado pela originalidade* [...]. *O padrão* se beneficia do sucesso anterior e o original pode ser a garantia de um novo sucesso, mas o já conhecido corre o risco de fatigar e o novo corre o risco de desagradar [...]. Se estabelece uma relação entre a lógica

Conceitos fundamentais de economia da cultura

industrial-burocrática-monopolista-centralizadora-padronizadora e a contralógica individualista-inventiva-concorrencial-autonomista-inovadora [...]. A contradição invenção-padronização é a contradição dinâmica da cultura de massa.[8]

A singularidade do bem cultural não elimina a possibilidade de existir o que o economista Alain Herscovici chama de "produtos de substituição". Por exemplo: "o filme cinematográfico na sala [de exibição], na televisão ou em vídeo; um *show* ao vivo ou sua retransmissão audiovisual". Nessas diferentes situações, a mesma obra sofre variação nas formas de emissão e recepção, exigindo técnicas específicas que resultam em diferentes maneiras de consumo. "Por exemplo, a substituição de um *show* de música por um disco corresponde à passagem de um consumo coletivo a um individual".[9] A diferenciação tecnológica, todavia, não implica necessariamente uma nova criação artística. Herscovici cita como exemplo a estratégia adotada pela indústria fonográfica no enfrentamento da crise do disco tradicional, sua substituição pelo disco *laser* e, depois, pelo vídeodisco *laser*:

> Parece que as firmas editoriais concentraram seus esforços sobre os artistas consagrados: as reedições e as compilações constituem o eixo das estratégias das firmas, tanto em relação à música popular quanto à música erudita. Essa diferenciação tecnológica aproveita e administra um estoque artístico existente, sem realimentá-lo.[10]

Por outro lado, as tecnologias digitais diminuíram os custos de gravação:

> A redução do porte e dos custos de montagem de um estúdio de gravação, possibilitados pelo uso de gravadores digitais, levaram a uma ampla pulverização, tanto econômica quanto geográfica, das unidades de produção. Assim, músicos de todos os continentes passaram a ter a possibilidade de acesso aos meios para a gravação de suas produções e impressão de seus CDs

8 Edgar Morin, *Cultura de massas no século XX: neurose*, Rio de Janeiro: Forense Universitária, 1997, pp. 25-8.

9 Alain Herscovici, *Elementos teóricos para uma análise econômica das produções culturais*, op. cit., pp. 111 e 116.
10 *Ibid.*, p. 117.

Política cultural: fundamentos

grandemente aumentada. E isso dentro de um padrão de qualidade sonora só antes obtido a partir de equipamentos dezenas de vezes mais caros.[11]

Partindo do princípio de que quanto mais raro e original um produto, maior tende a ser o seu preço, a singularidade pode ser considerada fator de agregação de valor econômico ao bem cultural. Por outro lado, qualquer produto corre o risco de fracassar comercialmente, um fantasma que ronda todos os investimentos em cultura. Não há como prever se a obra terá aceitação pública, se propiciará retorno financeiro ou se, ao menos, cobrirá os custos de produção. Nesse contexto de incerteza, o mais comum é que só um pequeno número de obras logre obter rentabilidade. Nos campos erudito e popular, a precariedade, com raras exceções, é a marca. Para viabilizar-se, a indústria cultural, por sua vez, tende a concentrar capital e a construir oligopólios, condição que lhe permite cobrir os prejuízos de produções malsucedidas com os lucros de um eventual sucesso. A história da indústria cinematográfica norte-americana demonstra esse fato.

As estratégias da indústria cultural se aperfeiçoaram a partir das décadas de 1980-90, quando começaram a ocorrer fusões de empresas do setor eletrônico com as de comunicação e entretenimento, criando uma conjuntura na qual um mesmo conglomerado atua, simultaneamente, na fabricação da infraestrutura (*hardware*) e na produção e veiculação de conteúdos (*software*), por meio de canais televisivos de alcance global. Rodrigo Duarte observa:

> Com a tecnologia digital os custos de transmissão são muito mais baixos e, além disso, é ampliada a oferta direta, via satélite, de programas [realizados] pelos próprios produtores (normalmente sediados nos EUA), que embolsam diretamente o pagamento dos patrocinadores e têm um controle mais direto sobre a oferta de programação.[12]

Contrasta com a pujança da grande indústria a situação das pequenas e médias empresas culturais, marcadas pela "fragilidade financeira, fraca participação no mercado, altos riscos assumidos por projeto e altos índices de mortalidade".[13] Nessas condições, elas acabam sendo compradas pelas grandes empresas ou sobrevivem como satélites dos conglomerados. Ocorre uma espécie de "divisão de trabalho": as pequenas empresas concentram-se na descoberta e lançamento de novos talentos e produtos e, quando conseguem a adesão do público, vendem ou licenciam seus contratos para que as grandes

158

Conceitos fundamentais de economia da cultura

(*majors*) façam a promoção e a distribuição das obras. Ou seja, as primeiras cuidam da parte mais arriscada do negócio, enquanto as segundas se beneficiam da mais lucrativa: a distribuição.

Os altos riscos enfrentados pela produção cultural "limitam as possibilidades de financiamento por parte do setor privado",[14] particularmente dos bancos, cujas exigências creditícias aumentam conforme a percepção de risco dos empreendimentos. Nessa conjuntura justifica-se a maior participação do Poder Público no fomento à criação, difusão, distribuição e ao consumo de cultura, particularmente a produzida pelos campos erudito e popular e pelas pequenas e médias indústrias culturais.

A produção artística é intensiva em trabalho

Reforça a singularidade do bem cultural o fato de o artista ser parte indispensável da produção da obra, não apenas pela habilidade técnica que adquire por aprendizagem ou experiência, mas principalmente por desenvolver e ser detentor de um estilo (ou linguagem) que lhe é próprio. Toda obra de arte é uma emanação da personalidade do autor. Mesmo que ele se inspire ou receba influência de outros criadores, seu trabalho será sempre autoral, fruto de dedicação e inventividade próprias. Distintas matérias-primas e tecnologias podem ser incorporadas na produção da obra, mas ela não se realiza sem a mobilização do corpo do artista, com suas emoções, seus pensamentos e suas descobertas.[15]

---

11 Eduardo Vicente, "A indústria fonográfica brasileira nos anos 90: elementos para uma reflexão", *Arte e cultura da América Latina*, São Paulo: Sociedade Científica de Estudos da Arte, 1999, vol. VI, n. 2, pp. 85-6.
12 Rodrigo Duarte, "Indústria cultural hoje", em: Fábio A. Durão, Antônio Z. A. F. Vaz, (org.), *A indústria cultural hoje*, São Paulo: Boitempo, 2008, p. 100.
13 Mônica B. de Lima Starling; Marta Procópio Oliveira; Nelson Antônio Quadros Filho, *Economia criativa: um conceito em discussão*, Belo Horizonte: Fundação João Pinheiro, 2012, p. 103.
14 *Ibid.*, p. 91.

15 Sabe-se que já existem músicas e imagens produzidas por meio da Inteligência Artificial (IA), mas até o momento elas se viabilizaram porque seres humanos abasteceram os computadores de uma enorme quantidade de dados que, processados, resultaram em obras ditas originais; algumas já foram até mesmo adquiridas em leilões. Todavia, criação própria ainda não é possível às máquinas, que sabem operar complexas equações matemáticas, mas ainda não têm capacidade de sentir (ou ter sensibilidade), elemento essencial à criação e fruição das artes.

Política cultural: fundamentos

A intensidade do trabalho humano evidencia-se quando se sabe que a inspiração (ou *insight*), que é parte do processo criativo, surge em decorrência da dedicação do indivíduo criador (artista ou cientista) ao seu ofício, embora muitas vezes ocorra no intervalo entre trabalho e repouso, ou até mesmo em sonho (ver capítulo 3). Contudo, o trabalho não se encerra quando o objeto da inspiração toma a forma de uma primeira versão. É necessário burilar e depois submeter o resultado às críticas do público, dos pares e do próprio autor. Faz parte da estratégia do criador manter-se crítico perante seu trabalho, porque só assim é possível aperfeiçoar-se e renovar-se continuamente.

Em uma conhecida passagem, Graciliano Ramos compara a escrita literária ao trabalho das lavadeiras de Alagoas, sua terra natal:

> Deve-se escrever da mesma maneira como as lavadeiras lá de Alagoas fazem seu ofício. Elas começam com uma primeira lavada, molham a roupa suja na beira da lagoa ou do riacho, torcem o pano, molham-no novamente, voltam a torcer. Colocam o anil, ensaboam e torcem uma, duas vezes. Depois enxáguam, dão mais uma molhada, agora jogando água com a mão. Batem o pano na laje ou na pedra limpa, e dão mais uma torcida e mais outra, torcem até não pingar do pano uma só gota. Somente depois de feito tudo isso é que elas dependuram a roupa lavada na corda ou no varal, para secar. Pois quem se mete a escrever devia fazer a mesma coisa. A palavra não foi feita para enfeitar, brilhar como ouro falso; a palavra foi feita para dizer.[16]

Essa passagem remete ao trabalho artesanal, componente básico da técnica de produção artística, como preconiza Mário de Andrade (ver capítulo 6). Artesanato entendido em sentido amplo, ou seja, como conhecimento técnico e habilidade no manejo de materiais e instrumentos diversos, incluindo palavras e sons, tintas e cores, minerais (como as pedras) e vegetais (como a madeira), utensílios e máquinas (como as câmeras), imagens, movimentos e modulações do corpo e da voz, entre outros.

As artes visuais são pródigas no uso incessante de novos materiais. A marcação dos movimentos no palco do teatro, a coreografia dos espetáculos de dança, a edição de imagens de um filme ou o cortar e refazer trechos literários são atividades concomitantemente artesanais e artísticas, que exigem muito trabalho, trabalho humano, basicamente.

Há no senso comum a ideia de que o artista é um *bon vivant*, um *flâneur*, um vagabundo. Em português há um dito popular que traduz essa falsa ideia:

160

"viver na flauta", que denota vida fácil, sem esforço. Quem pensa dessa forma não sabe quão trabalhoso é tornar-se um profissional da música (ou de qualquer das artes) e viver dela com dignidade.

Mercado cultural: produtos, empresas e artistas

Alain Herscovici propõe três tipologias que ajudam a compreender o funcionamento do mercado cultural e que podem ser úteis também para orientar os investimentos públicos.[17] O autor divide os produtos culturais em dois tipos, conforme sua relação com os custos de produção e as possibilidades de reprodução:

Tipo 1: aqueles em que o trabalho artístico representa cerca de 60% do custo de produção e têm reprodutibilidade limitada.

Tipo 2: os que necessitam do trabalho artístico apenas para a fabricação da matriz original (cerca de 20% do custo total) e têm possibilidade de reprodução praticamente ilimitada.

Exemplos do primeiro tipo são as pinturas originais, que têm um único exemplar, e as obras numeradas e de artes cênicas, que têm baixa reprodutibilidade. No segundo tipo encontram-se os segmentos industriais, como editoração (livros, jornais e revistas), audiovisual (vídeo e cinema) e música gravada.
A segunda tipologia distingue dois tipos de empresas culturais:

Tipo 1: inovadoras – que utilizam capital simbólico significativo e geram capital econômico somente no longo prazo (quando seus produtos conquistam demanda).

Tipo 2: comerciais – utilizam pouco capital simbólico e tentam, no curto prazo, gerar capital econômico (adaptam-se a uma demanda já existente).

---

16 Graciliano Ramos, *Memórias do cárcere*, 50ª ed., Rio de Janeiro: Record, 2018 (contracapa).

17 Alain Herscovici, *Elementos teóricos para uma análise econômica das produções culturais*, op. cit., pp. 112-3 e 115.

Os artistas, por sua vez, são classificados em três tipos, conforme sua posição no mercado:

Tipo 1: clássicos (ou consagrados) – são os mais aceitos pelos consumidores, os mais divulgados e que geram capital econômico expressivo.

Tipo 2: vanguarda consagrada – utilizam muito capital simbólico e geram algum capital econômico.

Tipo 3: vanguarda – utilizam capital simbólico ainda sem valor econômico no mercado.

No que toca aos artistas e a suas empresas, a posição no mercado pode variar com o tempo. Dessa forma, artistas que no início da carreira são identificados como de vanguarda podem atingir a consagração, passando, ou não, pela posição de vanguarda consagrada. Alguns podem mesmo optar por manter-se no seu lugar de origem e sobreviver em um nicho de mercado. É raro que um artista obtenha consagração imediata, embora isso venha ocorrendo com cada vez mais frequência no mundo da internet. Com o fim da centralidade do disco na indústria fonográfica, têm ocorrido casos de grupos ou indivíduos conseguirem construir, por meio de sítios de relacionamento na internet, circuitos econômicos autossustentáveis. O difícil é manter-se nesse patamar; a maioria passa com a mesma velocidade dos cometas, porque raramente obtém "acesso à grande mídia, sobretudo, o rádio e a televisão aberta, que têm largo alcance".[18] Na economia digital, como observa Herscovici, o conceito de longo prazo parece pouco adequado, "pelo fato de a obsolescência dos produtos e serviços ser particularmente acelerada e de as dinâmicas econômicas terem pouca permanência temporal".[19] Se para os produtores independentes é difícil conquistar autonomia, o mesmo não se pode dizer dos consumidores, que a cada dia têm mais opções. O produtor musical Pena Schmidt, em entrevista a Márcia Tosta Dias, antecipou o surgimento do Spotify: "O que muda é o fato de que antes comprávamos um ramalhete de flores com as flores que alguém escolheu para nós e que agora podemos nós mesmos montar nosso ramalhete, com flores de formas, cores e perfumes que mais nos convenham".[20]

No caso das empresas, o índice de mortalidade afeta mais as inovadoras, que esgotam seu potencial quando o público se cansa do seu produto. As empresas comerciais sobrevivem mais tempo, porque desde o nascedouro

Conceitos fundamentais de economia da cultura

adaptam-se às preferências do consumidor (a proliferação de duplas sertanejas é um exemplo) e, quando o gosto porventura se altera, conseguem diversificar mais facilmente seus produtos do que as inovadoras, que se fixam menos na economicidade e mais na criatividade. Em qualquer dos casos a função básica do produto cultural é a mesma: "produzir sentido, significação".[21]

As tipologias propostas por Herscovici são úteis para a formulação e o planejamento das políticas culturais, notadamente as de fomento. Dependendo das opções ideológicas e dos seus respectivos modelos de política cultural (ver capítulo 10), pode-se atuar de diferentes maneiras. A princípio é recomendável desfazer-se de ideias preconcebidas, como as de que o mercado dá conta de tudo ou, ao contrário, que, sem o Estado, é inviável o desenvolvimento cultural de uma sociedade. Cabe lembrar que historicamente a conquista de uma relativa autonomia econômica, política, social e criativa dos artistas e intelectuais foi resultado de uma luta iniciada no final do século XVIII, que foi vitoriosa somente na segunda metade do século XIX, quando se consolidou um mercado cultural que libertou os indivíduos criativos da tutela das cortes e das igrejas. Por outro lado, a mesma história mostra que o mercado, como lugar de expressão de interesses particulares, é também um espaço de produção de desigualdades socioeconômicas.

Com a devida equidistância desses dois extremos, é possível optar, por exemplo, pelo incentivo à criatividade e, nesse sentido, priorizar o fomento aos produtos de tipo 1, que envolvem mais trabalho artístico e são de reprodutibilidade limitada. Assim como pode-se optar pela ampliação do acesso da população aos bens culturais; e, nesse caso, é melhor priorizar os produtos mais facilmente reprodutíveis (tipo 2). As duas opções não são excludentes, pelo contrário, são complementares.

No caso das empresas, as de tipo comercial têm mais chance de sobreviver sem o apoio do Estado; e isso justifica uma eventual prioridade às de tipo inovador. No entanto, quando se trata de política externa, possuir, por exemplo, uma indústria cinematográfica e editorial robusta é fator de afirmação

---

18 Márcia Tosta Dias, "Indústria fonográfica: a reinvenção de um negócio", em: César Bolaño; Cida Folin; Valério Brittos, *Economia da arte e da cultura*, op. cit., p. 177.

19 Alain Herscovici, "Economia, cultura e capital intangível: propostas para uma agenda de pesquisa", em: Lia Calabre, *Políticas culturais: diálogos e tendências*, op. cit., p. 31.

20 Márcia Tosta Dias, *Indústria fonográfica: a reinvenção de um negócio*, op. cit., p. 181.

21 Alain Herscovici, *Elementos teóricos para uma análise econômica das produções culturais*, op. cit., p. 111.

Política cultural: fundamentos

de uma nação frente a outras. É o que se convencionou chamar de *soft power*. Acrescente-se ainda o papel dessas indústrias no fortalecimento da identidade cultural dos povos e no suporte que podem dar à educação pública. Em princípio, seria mais justificável dar apoio aos artistas iniciantes e que investigam novas linguagens, mas isso não significa excluir os consagrados, cujas mensagens alcançam um público maior. Em suma, as alternativas são múltiplas e não se excluem.

História da mercantilização da cultura

O economista Alain Herscovici também propõe uma história do processo de mercantilização da cultura, dividindo-a em cinco períodos. No primeiro, *pré-capitalista* (Idade Média e Renascimento), a produção cultural está vinculada ao poder religioso e político; e nesse caso o valor de uso suplanta o valor de troca. Durante o capitalismo, quando as obras passam a ser submetidas à lógica do mercado, o autor identifica, até os dias atuais, mais quatro períodos:

do século XVIII até 1950 (*economia da representação*): os direitos autorais instituem a propriedade intelectual sobre as obras. As artes do espetáculo (cênicas e musicais) são predominantes, mas a reprodutibilidade dos produtos ainda é limitada;

de 1950 a 1980 (*economia da repetição*): predominam as obras de arte reproduzidas industrialmente a partir de uma matriz original. Nas rádios e televisões abertas, a valorização econômica vincula-se à venda de audiência.

de 1980 a 1990 (*economia da diferenciação*): para valorizar-se num ambiente de globalização e concorrência oligopolista, tanto os produtos quanto os espaços geográficos buscam diferenciar-se para se integrarem à economia global.

de 1990 até hoje (*economia das redes*): no ambiente da economia digital, consumidores/usuários são "capturados" por meio da oferta de serviços gratuitos ou semigratuitos, cujo objetivo é ampliar o número de participantes e "criar utilidade social", a fim de implantar as "condições de

Conceitos fundamentais de economia da cultura

rentabilização futura" das redes, associada à "venda de audiência, por meio dos mercados intermediários, ou à oferta de serviços mais sofisticados com alto valor agregado".[22]

As cadeias produtivas da cultura e seus elos

No que concerne à análise econômica dos bens culturais, em especial dos produtos artísticos, um conceito básico é o de cadeia produtiva, com seus respectivos elos: infraestrutura, criação, produção, distribuição (inclui promoção e circulação), comercialização e consumo. Compõem a *infraestrutura* todos os suportes necessários ao trabalho, como: matérias-primas (papel, tintas, minerais, películas etc.), instrumentos (lápis, pincéis, câmeras, refletores, computadores etc.), local de execução (residência, estúdio, sala de ensaios etc.) e local de exibição ou venda (teatros, cinemas, galerias, museus, livrarias etc.). *Criação* é a fase na qual o projeto a ser executado é esboçado. Abstraindo-se dos aspectos artísticos, como a capacidade criativa do autor, ou autores, e enfatizando-se os econômicos, tem-se que é essencial nessa fase analisar a viabilidade do projeto, que envolve levantamento de custos, previsão de público consumidor, possibilidades de captação de recursos públicos e privados e cálculo de eventuais lucros. A responsabilidade dessa análise cabe a uma pessoa ou a um grupo de gestão administrativa e financeira, que atuará nessa e em todas as fases seguintes. A *produção* envolve uma série de definições e iniciativas: local de execução e exibição do projeto, seleção e contratação de pessoal (nos segmentos que envolvem mais de um executor), aquisição de matérias-primas e instrumentos necessários e contratação de serviços complementares, como os de criação e confecção de cenários e figurinos, por exemplo. A *distribuição* pressupõe planejar a estratégia de promoção e divulgação, que inclui criar, confeccionar e lançar os materiais de propaganda; estabelecer os roteiros de circulação e organizar a logística de transporte de pessoal, cargas e produtos. Na fase de *comercialização*, o produto é colocado no mercado, permanecendo disponível para apreciação e aquisição dos consumidores, que poderão fruí-lo na própria residência ou

22 Alain Herscovici, "Artes cênicas: análise econômica, modalidades de financiamento e novas perspectivas na era da economia digital", em: César Bolaño; Cida Folin; Valério Brittos, *Economia da arte e da cultura*, op. cit., pp. 127-9.

165

nos locais de exibição pública. Na etapa do *consumo* interfere um fator subjetivo: a recepção do consumidor, que pode interpretar as obras de diversas maneiras, variando conforme seu local de moradia, situação econômico-social (renda, idade, escolaridade) e a influência de amigos e críticos profissionais, que funcionam como mediadores entre o produto e o público.

Atualmente, todos os elos da cadeia produtiva têm sido influenciados pelas mídias eletrônicas, em particular a distribuição e a comercialização dos produtos da indústria cultural, como livros, filmes e músicas gravadas. Sem precisar sair de casa, o consumidor, por meio da rede mundial de computadores, tem acesso gratuito ou pago (comércio eletrônico) a esses bens, eliminando a necessidade de dirigir-se a uma loja física ou sala de exibição.

Economia criativa e indústria criativa: impasses conceituais

O uso dos termos "economia criativa" e "indústria criativa" é recente (meados da década de 1990), ao contrário dos correlatos "economia da cultura" e "indústria cultural", que são mais antigos. Por isso, antes de explorar os significados dos novos termos, é necessário entender o que os distingue dos anteriores.

De acordo com a economista Ana Flávia Machado, a "economia da cultura" é um dos campos de pesquisa das ciências econômicas aplicadas, assim como a economia do trabalho, da educação, da saúde e do meio ambiente, entre outras. A obra considerada seminal da economia da cultura foi publicada em 1966, pelos norte-americanos William Baumol e William Bowen,[23] e mostra que as artes do espetáculo, para sobreviver, requerem financiamento público e privado, porque "são intensivas em trabalho, pouco afeitas à incorporação de tecnologias e sujeitas a um mercado cativo, porém reduzido, pouco sensível a variações no preço do ingresso (inelasticidade preço/demanda)".[24]

O termo "economia criativa", por sua vez, surge na Austrália e no Reino Unido para designar "um instrumento de política econômica para países desenvolvidos que buscavam, no âmbito do processo de globalização, vantagens comparativas na produção de bens e serviços ancorados na produção artística e no recurso às novas Tecnologias de Informação e Comunicação (TIC)".[25]

Diante desse fato, Machado considera inadequado, para fins de pesquisa acadêmica, renomear a economia da cultura como economia criativa, "expressão que, sem dúvida, aporta aos estudos da área um caráter bastante

Conceitos fundamentais de economia da cultura

mercadológico"[26] e reducionista, porque limitada à análise dos impactos teóricos e práticos de políticas públicas, podendo até mesmo criar obstáculos ao desenvolvimento das pesquisas em economia da cultura, campo científico recente e ainda em construção.[27]

De fato, os termos "economia criativa" e "indústria criativa" surgem no âmbito de um discurso teórico-político, originário dos governos dos primeiros-ministros da Austrália (Paul Keating – 1991-96) e da Inglaterra (Tony Blair – 1997-2007), relacionado a três fenômenos: o declínio da indústria manufatureira tradicional (fordista); o processo de globalização; e a "difusão da crença na importância da inovação como motor essencial do desenvolvimento social e econômico",[28] no mundo "pós-fordista". Associada a esse discurso também está a proposta de "flexibilizar" as relações trabalhistas, a fim de reduzir os custos de produção e conter as pressões sindicais. Nesse contexto, o apelo ao exemplo da produção artística é tático, como sugere a socióloga Isaura Botelho:

> O caráter "extraordinário" da produção artística e cultural nada mais é do que o paradigma das novas formas de trabalho pós-fordista. Como suas características são a flexibilidade, descontinuidade, mobilidade e precariedade, elas

23 William J. Baumol; William G. Bowen, *Performing Arts: the Economic Dilemna*, Cambridge: MIT Press, 1966.

24 Ana Flávia Machado, "Economia da cultura e economia criativa: consensos e dissensos", em: Cláudia Leitão; Ana Flávia Machado (org.), *Por um Brasil criativo: significados, desafios e perspectivas da economia criativa brasileira*, Belo Horizonte: Código Editora, 2016, p. 54.

25 *Ibid.*, pp. 56-7.

26 *Ibid.*, p. 60.

27 Pesquisas econômicas sobre a área da cultura também surgiram na década de 1960, nas origens do campo de pesquisa da Economia Política da Comunicação, da Informação e da Cultura (EPC). César Bolaño, pesquisador da EPC, considera que, enquanto a economia da cultura é um campo científico convencional, positivista e

ortodoxo, a EPC tem orientação heterodoxa e *pode ser muito mais adequada para a crítica cultural e a compreensão dos usos da cultura de acordo com as estruturas de poder e dominação da sociedade.* No entanto, William Baumol, expoente da economia da cultura, é classificado por Bolaño como *mais heterodoxo* do que puramente ortodoxo. Cf. César Ricardo Siqueira Bolaño, "Economia política, comunicação e cultura: alguns comentários sobre a regulação das comunicações no Brasil", em: Lia Calabre (org.), *Políticas culturais: diálogos e tendências, op. cit.*, p. 77.

28 Isaura Botelho, "Retomando algumas questões para pensar a Economia Criativa", em: Mônica B. de Lima Starling; Marta Procópio Oliveira; Nelson Antônio Quadros Filho, *Economia criativa: um conceito em discussão, op. cit.*, p. 39.

terminam por servir de modelo para formas de reorganização do trabalho e da produção em outros âmbitos da produção social. Paradoxalmente, aquilo que sempre foi visto como uma grande dificuldade da vida artística muda de estatuto e passa a ser qualificado de forma positiva, na medida em que a precarização chegou a outros setores da produção social.[29]

Flexibilidade, descontinuidade, mobilidade e precariedade são as características do modelo de trabalho da nova economia. Néstor Canclini conduziu uma pesquisa, entre 2010 e 2013, junto a jovens artistas de Madri e da Cidade do México, que constatou esta realidade:

> Descobrimos que o aumento do empreendedorismo de indivíduos e grupos de artistas visuais, *designers*, músicos e editores independentes se explicava, em parte, pelo aumento do desemprego de jovens espanhóis [...]. Muitos jovens se deparam com dificuldades para integrar os mercados criativos e atuam em múltiplas cenas (oficinas, escolas, festivais, feiras, *shows*), promovendo novos tipos de modelos de trabalho e negócio; [...] acomodam-se a empregos instáveis, [...] têm elevado nível educacional e capacitação tecnológica [...] são cosmopolitas, muito versáteis para desempenhar trabalhos diversos [e] usam intensamente as redes sociais [...] nas quais conseguem empregos e expandem seus produtos [...]. A versatilidade – entre vários trabalhos, formas de colaboração e até de línguas e países – é facilitada pelas redes digitais, mas é também uma exigência "normalizada" pela flexibilidade do mercado de trabalho e pela incerteza sobre o futuro [...]. Descobrimos que somente 19% mencionaram que a produção de arte era sua única renda [...]. Versatilidade e intermitência são as características impostas pela precariedade.[30]

Pesquisa realizada no Chile em 2014 chegou a conclusões semelhantes:

> Ao mesmo tempo em que há uma produção cultural crescente no Chile, destaca-se a precariedade das condições laborais neste tipo de atividade. Verifica-se que 65,7% dos trabalhadores da cultura não contam com qualquer espécie de contrato de trabalho para a realização das suas atividades. Embora 61,7% dos trabalhadores da cultura tenham título universitário, esta qualificação não se traduz em suas remunerações, as quais são incertas e fragmentadas, em um contexto em que 56,6% dos artistas são tidos como independentes.[31]

Outro componente do discurso sobre a economia criativa é a ideia de que o seu principal insumo se ancora nos ganhos oriundos da propriedade intelectual, mas esse argumento parece referir-se mais à propriedade industrial (marcas empresariais e patentes tecnológicas) do que ao direito autoral, que no mesmo período começa a sofrer ataques das indústrias culturais tradicionais e até mesmo de agentes do campo da cultura (ver capítulo 3).

Nascida nesse contexto político-econômico-ideológico, a economia criativa, vista como uma panaceia, rapidamente ganhou o âmbito das instituições econômicas internacionais. Enrique Saravia[32] arrola documentos emitidos por diversos órgãos multilaterais, tais como a Organização Mundial da Propriedade Intelectual (Ompi), Conferência das Nações Unidas para o Comércio e o Desenvolvimento (Unctad), Comissão Econômica para a América Latina e o Caribe (Cepal) e Banco Interamericano de Desenvolvimento (BID), que buscaram aprofundar o conceito de economia criativa, mas que apenas repetiram argumentos vagos e tautológicos, tal como o que define que as indústrias criativas, situadas "no cerne da economia criativa", compõem "ciclos de produção de bens e serviços que usam a criatividade e o capital intelectual como seu principal insumo" (Unctad).[33] A vagueza aumenta quando se tenta estabelecer quais setores industriais fazem parte desse ramo, porque, em princípio, toda indústria é criativa; e as que utilizam capital intelectual são inúmeras, incluindo, entre outras, as químicas, farmacêuticas e eletrônicas, afora a profusão de outras que se apoiam no *design* para criar produtos diferenciados. O resultado é que as listas não coincidem e não há consenso.

Demonstra prudência a Organização das Nações Unidas para a Educação, a Ciência e a Cultura (Unesco), uma instituição não econômica, que, no

---

29 *Ibid.*, p. 45.

30 Néstor García Canclini, *Criativos, precários e interculturais*, Conferência de abertura do evento Ato Criador, realizado entre abril e novembro de 2015, Rio de Janeiro: Azougue Editorial, 2016, pp. 81-2.

31 Amanda F. Coutinho Cerqueira, "Retratos do mercado de trabalho artístico: música, atividade e precarização", em: Anita Simis; Gisele Nussbaumer; Kennedy Piau Ferreira (org.), *Políticas culturais para as artes*, Salvador: Edufba, 2018, pp. 71-2. A autora refere-se à pesquisa realizada pelo Projeto Trama, intitulada "O cenário do trabalhador cultural no Chile".

32 Enrique Saravia, "Disquisições em torno da ideia e da institucionalidade da economia criativa no Brasil", em: Cláudia Leitão; Ana Flávia Machado (org.), *Por um Brasil criativo: significados, desafios e perspectivas da economia criativa brasileira*, *op. cit.*, pp. 298-300.

33 Unctad, Creative Industries report 2008. Disponível em: <https://unctad.org/system/files/official-document/ditc2008 2cer_en.pdf>. Acesso em: jul. 2020.

Informe sobre a economia criativa de 2014, não distingue os dois tipos de indústria:

> Indústrias *culturais e criativas* são aquelas que combinam a criação, produção e comercialização de bens e serviços criativos e artísticos tangíveis ou intangíveis com potencial para criar riqueza e gerar renda através da exploração dos ativos culturais e da produção de bens e serviços baseados no conhecimento (tanto tradicional como contemporâneo).[34]

Na tentativa de dar organicidade aos conceitos de indústria criativa e economia criativa, bem como adaptá-los aos países periféricos, como o Brasil, a doutora em sociologia jurídica Cláudia Leitão, inspirada nas obras de Celso Furtado, principalmente *Criatividade e dependência na civilização industrial*,[35] sugere que há entre esses dois conceitos um "campo de disputa que não pode ser ignorado",[36] conforme sintetizado no seguinte quadro:

Distinção entre indústria criativa e economia criativa

	INDÚSTRIA CRIATIVA	ECONOMIA CRIATIVA
DIMENSÃO	Mercadológica	Socioeconômica e política (economia política da cultura)
MODELO DE NEGÓCIO	Concentrador Insustentável	Micro e pequenos negócios Sustentável
PRODUTO	Padronizado Diversidade homogênea	Criativo Diversidade cultural
GERA	Atrofia da criatividade Alienação	Transformação social Inclusão social
PAÍSES	Ricos hegemônicos	Economias dependentes Induz desenvolvimento endógeno

Conceitos fundamentais de economia da cultura

Há um nítido sinal positivo na coluna da economia criativa, ao passo que a indústria criativa é vista sob uma ótica negativa, o que faz lembrar o conceito de indústria cultural formulado em 1947 por Horkheimer e Adorno, particularmente quando Cláudia Leitão inclui entre as características das indústrias criativas a padronização, a alienação, a atrofia da criatividade e a diversidade homogênea. O significado desse último termo, que se opõe à diversidade cultural, é explicado pela autora: "Se, por um lado, a oferta de produtos culturais é imensa, tem-se cada vez mais a impressão de que o acesso se dá a um produto padronizado, esvaziado de significação, anêmico de narrativas e de imaginação, enfim a um mundo da diversidade homogênea".[37]

Se há tantas afinidades, pergunta-se: por que inventar o conceito "indústria criativa"? Para livrar-se da "má fama" que o termo "indústria cultural" adquiriu com a difusão do pensamento da Escola de Frankfurt? Ou para invocar o prestígio social das artes e da cultura como forma de maquiar as precárias condições de trabalho da economia neoliberal?

E pergunta-se mais: por que usar "economia criativa" quando se tem "economia da cultura" e "economia política da cultura"? Esse último termo, que tem afinidade com o de "política pública de cultura", traduz com mais simplicidade e objetividade aquilo a que se propôs o Plano da Secretaria da Economia Criativa,[38] formulado em 2011 no Ministério da Cultura do Brasil, sob a competente coordenação de Cláudia Leitão.

---

34 Unesco, *Informe sobre la economia criativa: ampliar los cauces de desarrollo local*, Edición especial, Naciones Unidas/PNUD/Unesco, 2014. Disponível em: <http://www.unesco.org/culture/pdf/creative-economy-report-2013-es.pdf>. Acesso em: jul. 2020. (Grifo nosso.)

35 Celso Furtado, *Criatividade e dependência na civilização industrial*, São Paulo: Companhia das Letras, 2008.

36 Cláudia Leitão, "Qual desenvolvimento? Desafios e impasses da economia criativa no Brasil", em: A. Drummond; M. H. Cunha; R. Santana (org.), *Competências criativas*, Belo Horizonte: Instituto UMA de Responsabilidade Social e Cultural, 2016, p. 54.

37 *Ibid.*, p. 50.

38 Brasil, Plano da Secretaria da Economia Criativa: políticas, diretrizes e ações (2011-2014), Brasília: Ministério da Cultura, 2011.

10.
Instrumentos de fomento à cultura

As fontes de recursos

A gestão da política cultural pública tem três fontes principais de recursos para apoio a projetos da sociedade e dos próprios governos: o orçamento público, composto basicamente pelos impostos arrecadados dos cidadãos, os fundos públicos e os incentivos fiscais. Há uma quarta fonte, atualmente pouco utilizada: as loterias públicas, que destinam uma porcentagem de sua arrecadação a projetos de natureza cultural e assistencial. Historicamente, no contexto da emergência dos Estados nacionais, as loterias foram uma das primeiras fontes para o fomento à cultura e amparo à pobreza, sendo as ações estatais justificadas pelo fato de a arrecadação dar-se não pela imposição, mas de forma voluntária, ou seja, por livre decisão dos cidadãos apostadores. Note-se que, nesse caso, pobres e artistas equivalem-se, ambos embutidos na categoria dos desvalidos.

Os orçamentos dos órgãos de cultura, aprovados a cada ano no poder Legislativo, são destinados prioritária e diretamente à edificação e conservação de espaços culturais públicos, como museus e teatros, à preservação e restauração do patrimônio histórico e artístico protegido pelo Estado e à manutenção de corpos estáveis (orquestras, companhias de dança e teatro). Os incentivos de natureza fiscal, por sua vez, fluem de forma indireta, podendo implicar a renúncia voluntária do Poder Público (prevista em lei) de receber parte dos impostos devidos por produtores e patrocinadores privados, bem como por meio de políticas cambiais e tarifárias de exportação e importação de matérias-primas, bens e serviços culturais. Os fundos públicos são

Política cultural: fundamentos

providos por fontes diversas, incluindo doações, multas, taxas, contribuições e o próprio orçamento. As particularidades que os distinguem do orçamento são: a vinculação obrigatória dos recursos a uma finalidade específica e de interesse coletivo; e a regra que permite que os saldos apurados ao final do ano possam ser transferidos para o exercício seguinte. Ou seja, as sobras não são capturadas pelo Tesouro central, como ocorre com os recursos orçamentários não despendidos por um órgão público em determinado ano. Os fundos públicos podem prover recursos por meio de financiamentos ou na modalidade a "fundo perdido", quando o beneficiário tem de comprovar a realização do projeto, mas sem a obrigação de reembolsar o Estado, como ocorre no financiamento. Há também fundos de investimento que participam acionariamente de projetos e empresas privadas, sendo ressarcidos pela eventual rentabilidade dos negócios. Os incentivos fiscais tendem a reforçar o protagonismo do mercado, ao passo que os orçamentos e fundos públicos privilegiam a decisão política. Há também mecanismos de apoio não monetários, isto é, que não implicam transferência de dinheiro, como se verá adiante.

Os recursos, independentemente da fonte, podem chegar a destinos diversos: fomentar um ou outro campo de produção da cultura – erudito, popular ou industrial; beneficiar todos ou alguns dos vários segmentos artísticos e do patrimônio cultural; dirigir-se a todos ou somente a uma parte dos elos da cadeia produtiva de determinado bem cultural. Em princípio, não cabe ao Poder Público privilegiar segmentos ou campos de produção, tudo depende da orientação política dos governos e da realidade econômica e sociocultural dos territórios administrados.

Entre a fonte e o destino dos recursos, há a etapa da seleção dos projetos que serão apoiados pelo Estado. Nesse quesito, a forma que mais se aproxima do que se pode chamar de justo e democrático é o lançamento de editais de chamamento público de projetos, aos quais os interessados concorrem de igual para igual pela obtenção dos recursos. No linguajar da administração pública, a esse modelo dá-se o nome de licitação. A alternativa à licitação é o convênio entre o Poder Público e entidades da sociedade civil. Para firmar um convênio, é necessário demonstrar a existência de objetivos comuns que justifiquem a conjunção dos recursos públicos com os privados.

Instrumentos de financiamento da produção, distribuição e consumo de bens culturais

Estabelecidos os parâmetros básicos, há "n" mecanismos de incentivo à cultura. Nesta seção a maioria dos exemplos é tirada da experiência brasileira, mas muitos deles são praticados também em outros países. Um dos mais tradicionais é o *prêmio*, que mira a qualidade das obras, cuja seleção passa pelo escrutínio de especialistas reunidos em comissões julgadoras. Essa modalidade de apoio, além de conferir prestígio ao autor contemplado, que dessa forma vê acrescido seu capital simbólico, beneficia também o consumidor das obras vencedoras, que chegam ao mercado já com um selo de qualidade. Uma desvantagem do prêmio é o fato de ele só contemplar trabalhos concluídos, ou seja, os autores precisaram encontrar outros meios de produção da sua obra. No entanto, essa desvantagem é compensada quando o prêmio é em dinheiro, podendo assim ser investido em um novo trabalho. Os recursos para o prêmio geralmente saem do orçamento público, no qual deve constar uma rubrica específica para essa finalidade, conforme a lei que instituiu o certame. A posição da comissão julgadora costuma ser complicada, pois é alvo recorrente da desconfiança, em geral injusta, dos concorrentes.

Outro mecanismo de apoio que mira as obras já concluídas é o *festival*, cuja programação também passa por um processo de seleção, via curadoria especializada. Os festivais quase sempre são segmentados, contemplando uma ou no máximo duas artes, como o teatro e a dança, por exemplo. Pode haver premiação das melhores obras ou apenas pagamento de cachês aos autores e grupos selecionados. O festival é uma rara oportunidade de intercâmbio entre produtores e artistas, mas o maior beneficiário é o público. Durante o evento, ele se sente livre das amarras do cotidiano, envolvendo-se no clima de êxtase que a arte proporciona, ainda mais quando disponível em doses concentradas e de boa qualidade.

Semelhantes aos festivais, mas com viés comercial explícito, são as *feiras de produtos culturais*, formato preferido pelos segmentos do livro, do artesanato e das artes visuais,[1] sendo que essas últimas realizam também

---

1 No plano internacional, as feiras de artes visuais cresceram em número a partir do ano 2000, quando existiam 60 delas, passando a mais de 300 em 2019. Cf. Márcia Fortes, "O normal na arte era insustentável", *Folha de S.Paulo*, *Caderno Ilustríssima*, 12 maio 2020, p. B-17.

Política cultural: fundamentos

exposições, que podem ter caráter comercial, quando realizadas em galerias, ou não, quando compõem acervos de museus públicos. Festivais, feiras e exposições podem ser realizados por iniciativa estatal e particular ou via parcerias público-privadas. Em geral, o objetivo comercial é complementado por atividades paralelas. Nas feiras de livros há lançamentos de novas obras, debates com autores e outras atrações que contribuem para ampliar o interesse e o conhecimento do público consumidor. Nas exposições é cada vez mais comum a presença de monitores encarregados de dar informações aos visitantes, o que facilita a compreensão das obras.

Os projetos de *fomento ao acesso, ampliação e formação de público consumidor* beneficiam igualmente os realizadores, não só por terem oportunidade de expor suas obras, mas também pelo eventual ganho que obtêm na venda de ingressos e produtos. Exemplos de mecanismos de fomento ao acesso e à formação de público para as artes são os projetos sob a coordenação do Governo Federal brasileiro, a partir da segunda metade da década de 1970, como a Campanha de Popularização do Teatro (ou Campanha das Kombis), o Mambembão e o Pixinguinha. Os dois últimos projetos são exemplos também de fomento à *circulação de bens culturais* no território.

A Campanha de Popularização do Teatro foi criada pelo Serviço Nacional de Teatro (SNT), fundado em 1937 e mais tarde incorporado à Fundação Nacional de Artes (Funarte), instituída em 1975. Mesmo depois de extinta no plano federal, a campanha continuou a ser praticada em algumas cidades e estados por iniciativa dos próprios produtores de teatro:

> A cada ano, em dezembro, janeiro e fevereiro – meses tradicionalmente fracos para o teatro –, a campanha propicia um expressivo aumento de público a partir de uma estratégia simples: redução dos preços e venda de ingressos em locais de grande circulação popular [no começo a venda era feita em Kombis que funcionavam como bilheterias volantes]. Além disso, enquanto foi patrocinada pelo governo federal, a campanha possibilitou o fortalecimento do caixa das companhias, pois, para cada ingresso vendido, o MEC garantia uma complementação, proporcional ao preço, na forma de subsídio para os grupos. Em caso de sucesso, esse dinheiro permitia que os produtores planejassem a montagem do ano seguinte.[2]

O Mambembão, iniciado em 1979, além de atrair público por meio de ingressos com preços acessíveis, fomentou a circulação de grupos teatrais pelo país:

176

Instrumentos de fomento à cultura

Um ou dois espetáculos de cada Estado, que expressavam particularidades das culturas locais, eram selecionados para uma temporada nos teatros do Rio de Janeiro, São Paulo, Brasília e Belo Horizonte. Os grupos tinham transporte, hospedagem e alimentação gratuitos e ainda ficavam com a renda da bilheteria. Além da divulgação do que ocorria fora do eixo Rio-São Paulo, o Mambembão, enquanto existiu, promoveu um intercâmbio cultural bastante proveitoso.[3]

Na execução do projeto, a União firmou com estados e municípios acordos de cooperação pelos quais esses entes federados cediam seus teatros públicos e contribuíam com os custos de hospedagem e alimentação dos grupos. O público consumidor, mais uma vez, foi premiado, não só pela qualidade dos espetáculos, mas principalmente pelo inusitado contato com a diversidade cultural brasileira. Para dramaturgos, diretores, atores e atrizes, o Mambembão propiciou a oportunidade de se apresentarem no Rio de Janeiro e em São Paulo, praças que até hoje funcionam como caixas de ressonância da cultura brasileira.

Outra experiência de iniciativa federal foi o projeto Pixinguinha, na área da música popular brasileira, coordenado pela Funarte nas décadas de 1970-80 e retomado entre 2004 e 2007. Nessas duas ocasiões, circularam pelo país *shows* de nomes consagrados da Música Popular Brasileira (MPB), já então relativamente esquecidos pela indústria fonográfica, juntamente com seus parceiros de palco (seus convidados), artistas com trabalho já desenvolvido, mas ainda pouco conhecido pelo público. Ocasionalmente apresentavam-se músicos das cidades selecionadas para as apresentações do projeto. Além de incentivar a formação de plateias – o preço do ingresso equivalia a um maço de cigarros – e promover a circulação dos artistas pelo Brasil, o projeto teve duas dimensões em geral não consideradas pelo mercado cultural: a *promoção de artistas novos e inovadores* e o *incentivo ao diálogo intergeracional*, que se dava no palco e na plateia. Fãs idosos e jovens lotavam os teatros:

O Pixinguinha, entre 1977 e 1987, realizou aproximadamente 3.510 *shows*, com 512 artistas (fora os músicos acompanhantes) e percorreu 46 cidades de 22 Estados. A Funarte dividia a responsabilidade da produção com os

---

2 Bernardo Mata-Machado, *Do Transitório ao Permanente: Teatro Francisco Nunes (1950-2000)*, Belo Horizonte: Prefeitura de Belo Horizonte (PBH), 2002, p. 111.

3 *Ibid.*, p. 111

Política cultural: fundamentos

órgãos de cultura estaduais e municipais. Bancava os cachês, o transporte e a divulgação, e delegava aos Estados e cidades selecionadas providenciar hospedagem, alimentação, local de apresentação e equipamentos de som e luz. [...] Ainda em 1977 a cidade [Belo Horizonte] pôde ver e ouvir Beth Carvalho, Nelson Cavaquinho, Zé Ketti e Wanderléa. Nos anos seguintes passaram pelo teatro [Francisco Nunes]: Paulinho da Viola, Nara Leão, Dominguinhos, Leni Andrade, Emílio Santiago, Ivone Lara, Rosinha de Valença, Jackson do Pandeiro, Alceu Valença, Joyce, Leci Brandão, Danilo Caymmi, Fafá de Belém, Moraes Moreira, Belchior, Quinteto Violado, Sérgio Ricardo, Zé Ramalho, João do Vale, Paulo Moura, Moreira da Silva, Jards Macalé, Cartola, João Bosco, Zezé Mota, Luiz Melodia e Marina Lima. Entre os músicos de Belo Horizonte apresentaram-se Toninho Horta, Marku Ribas e Beto Guedes.[4]

Essa primeira fase do projeto foi avaliada assim por Alexandre Pavan: "No auge do fenômeno das discotecas e com rádio e indústrias do disco apostando cada vez mais em esquemas comerciais, o Projeto Pixinguinha revelou um público que os diretores de gravadoras e emissoras ignoravam".[5]

Na retomada do Pixinguinha em 2004, uma inovação introduzida pela Funarte, testada na fase anterior, tornou-se regra: a indicação de artistas pelas Secretarias de Cultura de cidades e estados da federação, reunidos no Fórum Nacional dos Secretários Estaduais de Cultura:

A Funarte se mostrou favorável a que fossem realizadas seleções locais, além da seleção nacional. [...] Ficou, então, decidido que cada Estado mandaria para a Funarte uma lista com dez artistas e a escolha seria feita da seguinte forma:

Um artista/atração de cada estado da federação, incluindo o Distrito Federal
= 27 contemplados;

Dois artistas/atrações por região geográfica (N, NE, S, SE, CO)
= dez contemplados;

Sete melhores artistas/atrações, escolhidos aleatoriamente
= sete contemplados;

Total de escolhas locais/regionais:
44 (quarenta e quatro) músicos ou grupos musicais.[6]

178

Instrumentos de fomento à cultura

A Funarte era responsável por todo o processo, em particular pela seleção das 87 atrações nacionais, através de edital público. O órgão federal também acionou as Secretarias Municipais de Cultura, principalmente das capitais, que puderam indicar dez candidatos cada. Na ocasião, a *cooperação federativa* inspirou-se na proposta de criação do Sistema Nacional de Cultura (snc), coordenado pela Secretaria de Articulação Institucional do Ministério da Cultura. Assim como ocorre em outros sistemas de políticas públicas, como o Sistema Único de Saúde (sus), o snc visa universalizar direitos de cidadania (no caso, os direitos culturais) por meio da gestão compartilhada de programas e projetos entre os entes da federação (União, estados, municípios e Distrito Federal). Em países de grandes dimensões, como o Brasil, a cooperação federativa possibilita que diretrizes e ações do Governo Federal alcancem todo o território nacional e assim obtenham melhores resultados, como ocorreu com o Mambembão e o Pixinguinha.[7]

Exemplos recentes de fomento à cultura que fizeram uso da cooperação federativa são o Programa Cultura Viva, destinado a múltiplos segmentos culturais, e o conjunto de normas e projetos que regulamentaram e financiaram o setor audiovisual brasileiro. As duas iniciativas partiram do Ministério da Cultura.

---

4 *Ibid.*, p. 81.

5 Alexandre Pavan, *Timoneiro: perfil biográfico de Hermínio Bello de Carvalho*, Rio de Janeiro: Casa da Palavra, 2005, p. 156.

6 Gabriela Sandes Borges Almeida, *Projeto Pixinguinha; 30 anos de música e estrada* (Dissertação de mestrado), Rio de Janeiro: Centro de Documentação de História Contemporânea – cpdoc –, 2009, p. 100.

7 Realizados em plena ditadura civil-militar, o Mambembão e o Pixinguinha, à parte sua indiscutível relevância cultural, cumpriram uma função política ao se constituírem como fontes de legitimação do regime. A partir da segunda metade da década de 1970, os investimentos em cultura, e também nos esportes, cumpriram a missão de arrefecer o desgaste público que a ditadura passou a enfrentar quando o discurso do "milagre econômico" perdeu substância e capacidade de convencimento, tendo em vista a crise internacional de abastecimento de petróleo (1973-74), quando a economia brasileira entrou numa espiral inflacionária. Também o discurso da luta contra o comunismo e a subversão, que sustentou o regime a partir de 1964, perdera sentido com a liquidação quase completa da oposição radical ao governo, por meio da violência do Estado. Deve-se levar em consideração ainda o processo de abertura política, "lenta, gradual e segura", iniciado em 1974, no governo do general Geisel, que previa a paulatina retirada dos militares da cena política. Nessa ocasião, as forças armadas já enfrentavam e temiam o aprofundamento de suas cisões internas, que ameaçavam ruir os pilares da instituição militar: disciplina e ordem unida.

Política cultural: fundamentos

A ideia-chave que impulsionou o Programa Cultura Viva foi a de que era mais barato e mais relevante, do ponto de vista cultural, fomentar atividades já em curso no país do que construir espaços culturais padronizados e administrados pelo governo, como pretendido inicialmente. Com base num conceito amplo de cultura, o programa abriu editais que contemplaram projetos de diversas entidades, com múltiplas finalidades artísticas e culturais, de todas as regiões do Brasil. As entidades selecionadas, que passariam a se chamar "Pontos de Cultura", firmaram convênios com o Ministério, visando ao desenvolvimento de ações de médio e longo prazo. Sabe-se que o convênio é um mecanismo de gestão complexa, que exige acompanhamento permanente da execução dos projetos, com detalhadas prestações de contas. Em determinado momento, a quantidade de convênios firmados ultrapassou a capacidade técnica e de pessoal disponível no Ministério da Cultura para administrá-los. Foi então que surgiu a ideia de dividir a tarefa com os estados e municípios (principalmente capitais), que passaram a conveniar com os Pontos de Cultura de seus respectivos territórios. O programa foi exitoso, apesar dos problemas enfrentados, particularmente o da "inexperiência da sociedade civil quanto aos procedimentos burocráticos".[8]

Uma experiência exemplar de parceria entre programas públicos deu-se por meio da articulação do Programa Cultura Viva com o Programa Nacional de Patrimônio Imaterial, do Iphan, que, após inventariar e registrar os bens imateriais do Brasil, elaborou o Plano de Salvaguarda, que implica identificar "um conjunto de ações integradas, de curto e longo prazo, voltadas para a valorização e melhorias nas condições sociais de produção e reprodução dos bens patrimonializados".[9] A partir de 2007,

> os planos de salvaguarda começaram a contar com o aporte significativo de recursos para execução de suas atividades, criando os Pontos de Cultura de Bens Registrados. Assim os grupos de detentores dos bens culturais patrimonializados, quando organizados em associações legalmente constituídas, passaram a receber recursos para execução das atividades previstas no plano de salvaguarda. E nos casos em que os detentores ainda não tinham as condições necessárias para tal – ou não estavam interessados em instituir associações representativas, o Iphan, então, repassou o recurso a instituições autorizadas por esses mesmos grupos de detentores para implementação da política.[10]

Por seus objetivos, conteúdos e extensão social e territorial, o Programa Cultura Viva foi comparado ao Programa Bolsa Família, que, por meio de transferência de renda, atende à população em situação de pobreza e extrema pobreza no Brasil:

> O Bolsa Família indica o caminho da construção de um comum (a distribuição de renda) [...]. Não se trata apenas da necessária e urgente redução da desigualdade, mas de pensar a mobilização produtiva como algo que depende da cidadania [...]. Embora com base em uma escala de investimento ainda apenas simbólica, os Pontos de Cultura aprofundam essa tendência, democratizando radicalmente a política cultural e pondo a cultura como cerne potencial – mais uma vez – da mobilização produtiva. O MinC, com os Pontos de Cultura, não apenas deu sentido público às políticas culturais, mas as democratizou radicalmente, visando a reforçar (e não a determinar!) as dinâmicas próprias dos movimentos culturais.[11]

O trabalho da Agência Nacional de Cinema (Ancine), além de valer-se da cooperação federativa, é um exemplo de fomento simultâneo a toda a cadeia produtiva de um único setor, com base em um conjunto estruturado de normas (leis e decretos), programas e projetos, que impulsionaram a produção, distribuição e exibição de obras cinematográficas e videofonográficas para cinema e televisão, realizadas por empresas nacionais ou via parcerias com produtoras

8 Frederico Barbosa; Roberto Freitas Filho, *Financiamento cultural: uma visão de princípios*, Brasília; Rio de Janeiro: Instituto de Pesquisa Econômica Aplicada (Texto para discussão), abril, 2015, p. 37.

9 Letícia Costa Rodrigues Vianna; Morena Roberto Levy Salama, "Avaliação dos planos e ações de salvaguarda de bens culturais registrados como patrimônio imaterial brasileiro", em: Lia Calabre, *Políticas culturais: pesquisa e formação, op. cit.*, p. 66.

10 *Ibid.*, pp. 67-8. Entre os Pontos de Cultura patrimonializados destacam-se: Casa do Samba – Centro de Referência do Samba de Roda do Recôncavo Baiano; Centro de Referência Arte e Vida dos Povos Indígenas do Amapá e Norte do Pará; Museu do Círio; Centro de Referências Culturais do Rio Negro; Memorial das Baianas do Acarajé; Pontão de Cultura Jongo/Caxambu; Casa Cuiabana – Centro Cultural da Viola de Cocho; Centro Cultural Cartola – Pontão de Memória do Samba Carioca.

11 Giuseppe Cocco, "Criação, trabalho e democracia no capitalismo contemporâneo", em: Lia Calabre, *Políticas culturais: diálogos e tendências, op. cit.*, p. 137.

12 No momento em que este capítulo está sendo redigido, a Ancine, no governo do presidente Jair Messias Bolsonaro, está ameaçada de extinção.

Política cultural: fundamentos

estrangeiras. O objetivo principal foi o de desenvolver e consolidar a indústria brasileira do audiovisual, de forma competitiva e autossustentável.[12]

Dois fatores concorreram para o êxito da iniciativa: a existência de recursos próprios, depositados num fundo reservado ao segmento – o Fundo Setorial do Audiovisual (FSA) –, e a gestão eficiente desses recursos, propiciada pela flexibilidade da estrutura administrativa e pelas parcerias incorporadas na execução dos programas. Os recursos chegaram ao setor de forma indireta, via incentivos fiscais (Leis Rouanet e do Audiovisual), e diretamente, por meio de dotações orçamentárias e da arrecadação de um "imposto", a Contribuição para o Desenvolvimento da Indústria Cinematográfica Nacional (Condecine), que incide sobre a produção, licenciamento, distribuição e veiculação de obras cinematográficas e videofonográficas, com finalidades comerciais. O orçamento público e a Condecine são as principais fontes de recursos do FSA, que se vale ainda de receitas provenientes de concessões e permissões na área da telecomunicação, depositadas no Fundo de Fiscalização das Telecomunicações (Fistel). O bacharel em jornalismo Mateus A. de Vasconcelos, com base nas características dessas fontes, observa que "os recursos para a movimentação do Fundo se originam dos próprios agentes de mercado, em um ciclo de abastecimento sustentável".[13] O FSA opera por meio de investimentos (participação em projetos) e financiamentos (empréstimos reembolsáveis para projetos). Em casos excepcionais, o FSA pode realizar repasses a "fundo perdido". Os projetos concorrem a editais (chamadas públicas) e são selecionados por equipes de analistas especializados.

A flexibilidade da gestão foi possibilitada pela forma jurídica denominada "agência". O caso da Agência Nacional do Cinema (criada em 2001) é peculiar, porque, além da atribuição de regular e fiscalizar o mercado, própria de todas as outras agências públicas criadas no Brasil, a Ancine exerce também a atividade de fomento. Vale-se assim de um grau de autonomia decisória e agilidade operacional que outros órgãos da administração não possuem, sejam eles da administração direta ou mesmo da indireta (fundações e autarquias), amarrados que estão aos rígidos procedimentos e controles burocráticos. De posse dos recursos, a Ancine criou programas específicos para os diversos elos da cadeia produtiva: Programa de Apoio ao Desenvolvimento do Cinema Brasileiro (Prodecine), destinado a projetos de produção, distribuição, comercialização e exibição cinematográfica, apresentados por produtoras independentes; Programa de Apoio ao Desenvolvimento do Audiovisual Brasileiro (Prodav), para a produção audiovisual dirigida à televisão aberta ou

182

paga, pública e privada; Programa de Apoio ao Desenvolvimento da Infraestrutura do Cinema e do Audiovisual (Proinfra), para fomentar projetos de estruturação técnica, modernização de serviços e equipamentos e formação de profissionais autônomos de cinema e TV; e o Programa Cinema Perto de Você, que prevê linhas de crédito e desoneração tributária para a instalação de novas salas de exibição e a modernização das já existentes (digitalização da exibição e do controle de bilheteria), visando prioritariamente cidades do interior do Brasil.

Embora goze de autonomia administrativa e financeira, a Ancine, para operacionalizar todos esses programas, optou pela parceria com um agente financeiro, o Banco Nacional de Desenvolvimento Econômico e Social (BNDES), cabeça de uma rede pública de bancos estaduais e regionais de fomento, tais como o Banco Regional de Desenvolvimento do Extremo Sul (BRDE) e o Banco do Nordeste, que operam o FSA, garantindo sua aplicação e rentabilidade.

No conjunto, os programas da Ancine objetivaram enfrentar duas distorções históricas do mercado brasileiro do audiovisual: o controle dos elos da cadeia produtiva (produção, distribuição/comercialização e exibição), concentrado nas mãos de poucos e grandes grupos empresariais, e a centralização da produção de conteúdo no eixo Rio de Janeiro-São Paulo. A primeira distorção foi enfrentada por meio da priorização da produção independente, isto é, aquela na qual atuam empresas que dominam um ou no máximo dois elos da cadeia produtiva. Valeu-se também de um mecanismo utilizado em diversos países: a cota de tela, por meio da qual tempo e espaço são, por lei, reservados para a exibição de produtos nacionais. Nascidas na França para proteger o cinema local, as cotas de tela aplicaram-se inicialmente às exibições de filmes nos cinemas, mas depois se estenderam às TVs a cabo. No Brasil, desde a aprovação da lei 12.485/11 (Lei da TV Paga), os canais da TV por assinatura, cuja programação é composta majoritariamente por documentários, animações, séries e filmes, são obrigados a exibir três horas e trinta minutos semanais de conteúdo brasileiro, em horário nobre, sendo 50% desse conteúdo de produção independente. A lei não pode ser tachada de protecionista, porque, além de permitir a participação do capital estrangeiro em até 100% da composição acionária das empresas produtoras instaladas no Brasil (participação

13 Mateus Almeida Vasconcelos, *Produção seriada para TV paga: o complexo jogo do mercado audiovisual brasileiro*, monografia (Graduação em comunicação social) – Faculdades Integradas Hélio Alonso, Rio de Janeiro: 2016, p. 18.

Política cultural: fundamentos

antes limitada a 49%), também estimula coproduções entre produtoras locais e internacionais, estabelecendo que até 70% da arrecadação da Codecine, paga pelas estrangeiras, pode ser revertida nessas parcerias.

Tomando por base os resultados obtidos pela Ancine, Mateus Vasconcelos conclui: "Ao combater a centralização da produção, antes na mão de grandes programadoras, o FSA, a Lei da TV Paga e outros mecanismos de incentivo abriram espaço para a entrada das produtoras independentes, causando uma explosão de novas ideias e formatos que renovaram o setor".[14]

A segunda distorção – concentração no eixo RJ-SP – foi enfrentada por meio da cooperação entre a União, representada pela Ancine/BNDES, e os estados e capitais do Brasil, representados por seus órgãos públicos de cultura. O mecanismo é simples: a Ancine, por meio do FSA, suplementa os recursos disponibilizados por estados e capitais para o desenvolvimento do setor audiovisual. A suplementação em geral duplica o valor aportado pelos entes federados, mas pode ser ainda maior. A entrada em cena da produção audiovisual do Nordeste brasileiro, especialmente dos estados de Pernambuco e do Ceará, em parte pode ser creditada a esse mecanismo.

Também se beneficiaram do incentivo ao audiovisual as televisões públicas existentes no plano nacional e em diversos estados. Nos termos da Constituição brasileira, essas TVs são obrigatoriamente não comerciais e de caráter educativo e cultural. A existência dessas TVs, e também das rádios públicas, por si só representa um importante mecanismo de incentivo à cultura, não só porque nelas são abertos espaços de produção e veiculação de programas dedicados aos variados segmentos artísticos, como também porque elas cumprem a missão de manter o público informado sobre a programação cultural local, via cobertura jornalística.

Uma experiência que beneficia diretamente os consumidores foi instituída pelo Ministério da Cultura em 2012. Trata-se do Programa de Cultura do Trabalhador, cujo instrumento é o Vale Cultura, um *voucher* que, à semelhança dos vales alimentação e transporte, possibilita aos usuários o abatimento de preços na compra de bens e serviços culturais previamente definidos pelo governo. Um estudo do Instituto de Pesquisa Econômica Aplicada resume o funcionamento do programa:

> O vale tem caráter pessoal e intransferível, é válido em todo o território nacional, confeccionado e comercializado por empresas operadoras (pessoas jurídicas inscritas no programa e autorizadas a operá-lo), disponibilizado aos

Instrumentos de fomento à cultura

usuários (trabalhadores com vínculo empregatício) pelas empresas beneficiárias (pessoa jurídica optante pelo programa) e é utilizado pelas empresas recebedoras (pessoa jurídica habilitada pela empresa operadora para receber o vale como forma de pagamento de serviço ou produto cultural). Destina-se a todas as empresas tributadas com base no lucro real que se inscrevem no programa e é fornecido ao trabalhador que recebe até cinco salários mínimos mensais (SMs); aqueles com renda superior a esse mínimo poderão ser também atendidos, desde que os primeiros já tenham o atendimento garantido. O valor mensal por usuário é de R$ 50,00, e o trabalhador poderá sofrer um desconto máximo de 10% do vale cultura. Os trabalhadores com remuneração superior a cinco SMs poderão ter desconto entre 20% e 90%.[15]

Com base nas experiências nacionais e internacionais, pode-se dizer que são infindáveis os mecanismos públicos de incentivo à cultura. Além dos já descritos, pode-se citar: *antecipação de receitas presumidas*, expediente utilizado em alguns países para o fomento ao cinema e que equivale a um empréstimo a ser quitado pelos beneficiários com a renda posteriormente obtida na bilheteria; *manutenção da cobrança de direitos autorais*, mesmo após a obra ter caído em domínio público, sendo a arrecadação depositada em fundo público de apoio à cultura; *facilitação da compra no exterior de matérias-primas e equipamentos especiais* necessários à produção artística e não fabricados no país, por meio da isenção ou redução de tarifas de importação; concessão de *bolsas de estudos* para artistas iniciantes, no país e no exterior; concessão de *bolsas de pesquisa* a artistas profissionais para que desenvolvam suas linguagens por meio de processos experimentais que não necessariamente resultem em obras ou produtos; cobertura de despesas de criadores experientes convidados para períodos de *residência artística* e intercâmbio com artistas locais; e *compras governamentais*: livros para distribuição no sistema público de ensino, obras de artes visuais para decoração de prédios públicos, placas e troféus para ganhadores de prêmios e homenageados diversos e contratação de escultores para a confecção de monumentos públicos que celebram a memória de fatos e personagens históricos relevantes.

---

14 Mateus Almeida Vasconcelos, *Produção seriada para tv paga: o complexo jogo do mercado audiovisual brasileiro, op. cit.*, p. 51 (internet).

15 Frederico Barbosa; Roberto Freitas Filho, *Financiamento cultural, op. cit.*, pp. 20-1.

Política cultural: fundamentos

Há também mecanismos de incentivo que não implicam a transferência direta de recursos, por exemplo: *doação de equipamentos* (como instrumentos musicais para bandas de música tradicionais); *cessão gratuita de espaços culturais públicos* (teatros, salas de ensaio, salas de exposição e outros); *promoção de bens culturais locais em outras praças* e *apoio na divulgação de eventos* (confecção de cartazes, *folders*, agendas de eventos, guias turístico-culturais e expedição de convites), entre outros.

Reflexões sobre o incentivo fiscal à cultura no Brasil

Refletindo sobre a dependência da produção cultural brasileira em relação às leis de incentivo fiscal, a socióloga Isaura Botelho escreveu:

> Essa dependência tem gerado um predomínio da discussão sobre o financiamento a projetos, desviando-nos do debate sobre as políticas culturais. Rendermo-nos a isso significa aceitarmos uma inversão no mínimo empobrecedora: o financiamento da cultura não pode ser analisado independentemente das políticas culturais. São elas que devem determinar as formas mais adequadas para se atingir os objetivos almejados. Ou seja, *o financiamento é determinado pela política e não seu determinante*.[16]

Pergunta-se: por que uma frase tão óbvia teve de ser escrita? Afinal, qualquer política pública, além das fontes de recursos e dos mecanismos de fomento, precisa ter clareza de princípios, diretrizes, objetivos e metas. Os mecanismos de fomento podem variar segundo os objetivos e, no caso da cultura, também conforme as especificidades da cadeia produtiva de cada segmento artístico e do patrimônio cultural (material e imaterial).

Para entender o porquê de ter havido uma "inversão" na política cultural, é preciso contextualizar a conjuntura histórica brasileira na qual surgiram as leis de incentivo fiscal à cultura. O Brasil acabara de sair da ditadura civil-militar (1964-85), após um longo processo de transição para a democracia. Durante o regime autoritário, os partidos políticos foram reduzidos a dois (Arena, governista, e MDB, oposição consentida), o Congresso Nacional foi fechado diversas vezes, a voz dos sindicatos foi calada, a imprensa sofreu censura, e a oposição de esquerda teve seus militantes exilados, presos, torturados e mais de uma centena deles assassinados. Nesse contexto de quase completa obstrução da liberdade de expressão, os movimentos culturais, embora também perseguidos pela censura, tiveram um protagonismo especial na resistência ao regime. Quando todas as formas de oposição pareciam esgotadas, a arte e os artistas assumiram o protagonismo e praticamente se transformaram no único canal de denúncia e expressão do descontentamento popular, valendo-se da criatividade para despistar, confundir, ironizar e assim deslegitimar o regime opressor. Superada a ditadura, formou-se no movimento cultural um relativo consenso em torno da ideia de que a intervenção estatal na vida cultural devia ser evitada. Esse consenso, que, na ausência de melhor termo, pode ser chamado de "liberal", resultou da convergência entre duas posições aparentemente antagônicas compartilhadas pelo movimento cultural: uma, que abominava a censura, associada ao dirigismo cultural por parte do Estado; e outra, que demandava mais recursos públicos para a área cultural, argumentando que, diante da inviabilidade de sobreviver por si própria, a cultura devia ser amparada pelo Estado. Essa segunda posição gerou reivindicações pela instituição de órgãos públicos específicos para o trato das questões culturais, com orçamentos próprios. Nesse contexto é que foi criado o Ministério da Cultura (1985). As secretarias estaduais vinham sendo instaladas desde 1982, quando os partidos de oposição tolerados pelo regime militar elegeram governadores em dez estados da federação, incluindo São Paulo, Rio de Janeiro e Minas Gerais. Os municípios estruturaram-se a partir de 1988, estimulados pelo *status* de entes federados autônomos conferido pela nova Constituição.

O consenso liberal em torno da relação entre Estado e cultura propugnava que no âmbito da cultura cabia ao Poder Público apenas fomentar, sem se imiscuir na liberdade de criação. Na ocasião, uma frase era sempre dita e repetida: "O Estado não deve produzir cultura, apenas fomentar". Foi nesse ambiente que se decidiu pela instituição de um mecanismo de fomento indireto: a renúncia fiscal, por meio da qual o Estado abre mão de receber impostos de contribuintes dispostos a patrocinar atividades artísticas e culturais.

16 Isaura Botelho, "Para uma discussão
sobre política e gestão cultural", em: Brasil,
Oficinas do Sistema Nacional de Cultura,
Brasília: Ministério da Cultura, 2006, p. 54
(grifo nosso).

Data de 1986 a primeira lei de incentivo fiscal à cultura (lei n. 7.505, modificada pela de n. 8.313, de 1991), instrumento que depois foi adotado por diversos estados e municípios brasileiros. Essa solução dava uma resposta satisfatória às duas posições: reduzia a possibilidade de dirigismo cultural e ampliava os recursos para a cultura, via patrocínio empresarial incentivado pelo Estado.

É nessa conjuntura que a questão do financiamento passa a predominar sobre o debate a respeito de diretrizes e metas de política cultural, hegemonia que perdurou por muito tempo, até que se começou a perceber o esgotamento do modelo adotado, principalmente pelas desigualdades que origina: *entre as regiões do país*, beneficiando a mais desenvolvida (Sudeste), porque nela se concentra o maior número de contribuintes; *entre os patrocinadores*, beneficiando os maiores pagadores de impostos, ou seja, as grandes empresas; *entre os produtores culturais*, beneficiando os mais profissionalizados, porque mais bem equipados para captar os recursos das empresas; *entre os criadores*, beneficiando os de maior prestígio, porque neles os patrocinadores veem maior potencial de promoção de suas marcas; *entre atividades culturais*, beneficiando as de maior apelo mercadológico (como grandes eventos) em detrimento de ações menos "atraentes", como pesquisa e formação artística; e *entre os campos da cultura*, beneficiando os campos erudito e industrial (ou de massas) em detrimento do campo das culturas populares.[17]

Os argumentos esgrimidos no debate então iniciado sobre o modelo de financiamento baseado nos incentivos fiscais estão resumidos no quadro seguinte.

Argumentos pró e contra o incentivo fiscal
como instrumento de política cultural

ARGUMENTOS CONTRÁRIOS	ARGUMENTOS FAVORÁVEIS
Transfere do Estado para o mercado a responsabilidade pelo incentivo à cultura.	O Estado não deve ser produtor de cultura, apenas provedor dos recursos que indivíduos e sociedade alocarão conforme melhor lhes convier.
Mercantiliza a cultura, submetendo a criatividade e a liberdade artística a parâmetros mercadológicos.	Liberta a atividade cultural do paternalismo estatal e das restrições ideológicas de grupos políticos que eventualmente ocupam o poder.

Beneficia principalmente os artistas profissionais e consagrados, com os quais os patrocinadores preferem identificar suas marcas, em detrimento de propostas inovadoras ou de cultura local e popular.	Estimula a profissionalização da atividade cultural, desde as fases de elaboração de projetos e busca de patrocínio até a etapa de execução e pós-produção.
Privilegia as regiões economicamente mais fortes, pois é nelas que se concentra a maior parte dos contribuintes de impostos e, portanto, de potenciais patrocinadores.	Faz crescer o montante de recursos disponíveis em todas as regiões, principalmente naquelas que concentram mais população (e público consumidor de cultura) e onde a produção cultural é quantitativamente mais representativa.
Estimula a realização de eventos que possibilitam retorno mais imediato de *marketing* em detrimento de atividades de maior durabilidade, como pesquisa, formação artística e criação da infraestrutura necessária para a área cultural.	Existem nichos de mercado para todos os tipos de projetos, bastando saber adaptá-los às estratégias de comunicação das empresas patrocinadoras.
É burocrático, exigindo a apresentação de uma série de formulários e documentos, desde a inscrição do projeto até a prestação de contas.	É ágil, pois os recursos não passam pelo Tesouro do Estado, indo diretamente do patrocinador para a conta bancária do empreendedor.

17   César Bolaño descreve as mudanças operadas na lei n. 7.505/86 (Lei Sarney) pela sua sucessora, a lei 8.313/91 (Lei Rouanet). Essa última, ao contrário da anterior, vedou ao Ministério da Cultura a apreciação de projetos quanto ao seu valor artístico ou cultural, considerada subjetiva, e restringiu os incentivos fiscais às empresas que operam em regime de lucro real, excluindo as que utilizam a regra do lucro presumido, o que afastou as pequenas e médias empresas. Com base nessas mudanças, o autor argumenta que o modelo de financiamento que resultou na Lei Rouanet *só aparentemente guarda semelhança com aquele implantado por Celso Furtado*, responsável pela formulação da Lei Sarney. Essa não é a posição do autor destes capítulos, pela simples razão de que a essência da Lei Sarney, a renúncia fiscal, foi mantida. Esse mecanismo produz desigualdades em qualquer circunstância, porque se fundamenta no mercado, onde sempre vencem os mais aquinhoados. Cf. César Bolaño; Joanne Motta; Fábio Moura, *Leis de Incentivo à cultura via renúncia fiscal no Brasil*, em: Lia Calabre (org.), *Políticas culturais: pesquisa e formação*, op. cit., pp. 13-48.

Política cultural: fundamentos

É de fiscalização complexa, notadamente das relações produtor/patrocinador, fator que abre brechas para a má utilização ou o desvio de recursos públicos.	Amplia a capacidade de fiscalização da sociedade sobre o Estado, já que as decisões sobre recursos e prestação de contas são tomadas por comissões de incentivo paritárias, compostas por membros do setor público e de entidades representativas da produção cultural.
Os projetos incentivados não traduzem uma política pública coerente e clara quanto às suas diretrizes e prioridades, resultando num amontoado de realizações desconexas.	Por meio de editais anuais, é possível direcionar os investimentos, estabelecendo-se critérios e prioridades para seleção e execução dos projetos.
Provoca a redução, e às vezes até mesmo a extinção, dos orçamentos das instituições públicas de cultura e, quando permite que projetos desses órgãos sejam incentivados, estabelece uma disputa desigual entre o Estado e os produtores culturais na captação dos recursos.	Promove parcerias entre patrocinadores e governos com a finalidade de executar projetos de interesse geral, porque decididos por comissões paritárias com participação do Estado e da sociedade.

As críticas ao modelo de financiamento pela via dos incentivos fiscais ainda não foram capazes de alterá-lo. Formou-se uma rede poderosa de resistência às mudanças, constituída por grandes patrocinadores, intermediários (escritórios e agentes especializados na elaboração de projetos, captação de recursos e prestação de contas), artistas consagrados e até mesmo por órgãos de governo, que, por meio da intermediação de organizações sociais de interesse público (como as associações de amigos de instituições culturais), captam no mercado os recursos que lhes permitem sobreviver em contextos recorrentes de escassez orçamentária.

A sobrevivência do modelo está relacionada também ao fato de ele ter sido legitimado pelo funcionamento, que tem pelo menos duas vantagens: (1) é mais ágil, pois o dinheiro não passa pelo Tesouro do Estado, indo direto do patrocinador para a conta bancária do produtor do projeto, que assim fica parcialmente livre dos rígidos controles internos e externos que limitam o Poder Executivo; e (2) apesar de os governos terem alguma margem de manobra para reduzir o montante anual dos incentivos, as leis garantem que eles não serão extintos (a não ser por outra lei) e muito menos sofrerão contingenciamentos, como ocorre reiteradamente com os fundos públicos.

Conscientes dessas vantagens, os movimentos culturais têm reivindicado que pelo menos haja paridade entre os recursos incentivados e os alocados nos fundos públicos.[18] Os fundos, como o Fundo Nacional de Cultura (FNC), que proveem recursos diretamente aos agentes culturais, são mais adequados ao financiamento de projetos que têm dificuldade de captar recursos no mercado de patrocínio, por serem experimentais ou de vanguarda, induzindo incerteza e insegurança nos patrocinadores, ou por terem baixo potencial de promoção das marcas das empresas e de seus produtos, como os projetos de pesquisa, de educação artística e das culturas populares, que reúnem públicos menores ou de baixo poder aquisitivo.

Por meio do orçamento e dos fundos, é possível dar densidade e coerência às políticas públicas de cultura, porque esses instrumentos ampliam o poder de decisão estatal, possibilitando aos governos atuar no sentido de reduzir as desigualdades no acesso à produção, distribuição e consumo de cultura. A maior capacidade decisória permite estabelecer prioridades e alocar recursos em regiões e segmentos culturais mais necessitados, ou direcioná-los a elos específicos das cadeias produtivas, a fim de suprir eventuais carências ou fomentar potencialidades localizadas. Mas há também riscos, principalmente o da "ideologização" do fomento à cultura, que ocorre quando os recursos do fundo são carreados para atender a interesses econômicos e simbólicos do grupo político que ocupa o poder, incluindo sua autopromoção. Todavia, no quesito propaganda, o incentivo fiscal é campeão, visto que a marca do patrocinador ocupa parte relevante do material de divulgação dos projetos; e há casos em que o nome da empresa aparece no título de grandes eventos e até na denominação de espaços e instituições culturais privadas.

O fato é que nem mercado nem Estado são capazes de criar mecanismos "perfeitos" de incentivo à cultura. Há vantagens e desvantagens em qualquer das opções. O mais adequado talvez seja combinar Estado e mercado, somando incentivos fiscais e fundos públicos. Mesmo assim, pode não vir o almejado desenvolvimento cultural, que depende menos da atuação dos órgãos públicos de cultura do que de fatores externos, como o crescimento da economia,

18 Deliberação nesse sentido foi aprovada em 2013 na III Conferência Nacional de Cultura.

Política cultural: fundamentos

a distribuição da renda e o consequente aumento da capacidade de consumo da população. Estudos mostram que o acesso aos bens culturais, particularmente os produzidos pelos campos erudito e industrial, depende de variáveis sociodemográficas, entre elas o nível de escolaridade, renda e a localização domiciliar, como constatou pesquisa realizada em 2002 na região metropolitana de São Paulo.[19] No plano nacional, estudo publicado pelo Ministério da Cultura em 2009, com base em fontes diversas (IBGE, Ibope, Ipea, Inep e Sistema MinC), concluiu que só 14% da população brasileira frequenta regularmente os cinemas; 92%, 93% e 78%, respectivamente, nunca foram a museus, exposições de arte ou espetáculos de dança; e 90% dos municípios não possuem cinemas, teatros, museus ou centros culturais.[20] Essa realidade não muda de um dia para o outro, porque depende de esforços contínuos e conjugados da sociedade, dos governos e das comunidades.

---

19 Isaura Botelho; Mário Fiore, "Uso do tempo livre e as práticas culturais na região metropolitana de São Paulo", em: Lia Calabre, *Políticas culturais: diálogo indispensável*, *op. cit.*, v. 2.

20 Brasil, Ministério da Cultura, *Cultura em números: anuário de estatísticas culturais 2009*, Brasília: Ministério da Cultura, 2009.

* * *

11.
O cotidiano da gestão das políticas públicas de cultura

Introdução: Estado e políticas culturais

As políticas culturais podem ser divididas em públicas e privadas, admitindo-se também as desenvolvidas por instituições do chamado "terceiro setor", como as organizações não governamentais (ONGs). Este capítulo aborda exclusivamente as políticas públicas de cultura, assim entendidas aquelas emanadas do Estado. De forma mais específica, concentra-se nas políticas culturais democráticas. Mas, antes de discutir o tema principal do capítulo, é necessário distinguir os tipos de políticas culturais públicas historicamente existentes, a saber: as de matriz liberal, social-democrática, neoliberal, autoritária (ou totalitária) e liberal-socialista. Esses cinco tipos correspondem a diferentes conformações históricas do Estado, suas diretrizes de política cultural, instituições criadas e profissionais atuantes, conforme o quadro seguinte.

Política cultural: fundamentos

Tipologia histórica das formas de estado e suas respectivas políticas culturais[1]

FORMAS DE ESTADO	DIRETRIZES DE POLÍTICA CULTURAL	INSTITUIÇÕES	PROFISSIONAIS
Estado liberal	Cultura patrimonial	Museu Nacional Biblioteca Nacional Teatro Nacional Conservatório de Artes e Ofícios	Conservador Bibliotecário Corpos artísticos estáveis
Estado social-democrático	Democratização da cultura	Casas de cultura (descentralizadas e polivalentes)	Animador cultural
Estado autoritário e/ou totalitário	Dirigismo cultural	Órgão de propaganda e censura	Censor
Estado neoliberal	Privatização da cultura	Fundação	Produtor cultural
Estado liberal-socialista	Democracia cultural	Centro cultural comunitário	Agente cultural comunitário

Cultura patrimonial: política cultural instituída por ocasião da formação dos Estados Nacionais. Consiste em selecionar e conservar bens materiais (objetos, documentos, livros) e imateriais (as artes e seus repertórios) que fazem referência aos valores de *Nação, Povo* e *Estado*. Sua finalidade é legitimar a nova ordem por meio da constituição de um patrimônio dito "comum";

Democratização da cultura: objetiva fazer com que o patrimônio acumulado no período anterior fique mais próximo dos cidadãos;

Dirigismo cultural: objetiva o controle estatal das expressões culturais, limitadas à legitimação de valores e práticas totalitários;

O cotidiano da gestão das políticas públicas de cultura

Privatização da cultura: objetiva reduzir a participação do Estado (via cortes orçamentários e estímulos à autossustentação dos espaços culturais públicos) e fortalecer a presença do mercado no setor cultural;

Democracia cultural: promove o reconhecimento da diversidade cultural e a cooperação entre Estado e comunidades.

O quadro apresentado tem a pretensão de sintetizar mais de três séculos de políticas públicas de cultura no mundo ocidental, mas o que há de essencial nele são as diretrizes norteadoras das políticas culturais que, por sua vez, induzem o surgimento de instituições e profissionais executores. À exceção da política de tipo totalitário, todas as outras estão inscritas nos marcos da democracia, embora seja tensa a relação do neoliberalismo com esse regime. Apesar de manter os direitos políticos (sufrágio universal), o Estado neoliberal ataca os direitos econômicos (leia-se trabalhistas), sociais (educação, saúde e previdência) e culturais, o que acaba por debilitar a capacidade dos cidadãos de exercer em plenitude o direito de voto.

Do ponto de vista histórico, as instituições culturais e seus respectivos profissionais são cumulativos, isto é, o surgimento de um novo tipo de política cultural não extingue as instituições anteriores, embora possa mudar seu sentido ou direção. Por exemplo: os corpos artísticos estáveis (orquestras, corais líricos e companhias públicas de dança e teatro), formados nos Conservatórios de Artes e Ofícios, cultivavam na sua origem um repertório referenciado nas identidades nacionais. Na atualidade, eles buscam refletir a diversidade cultural existente em todas as sociedades. Originalmente, as principais bibliotecas e museus eram sediados nas capitais dos países e acumulavam acervos bibliográficos, históricos e científicos de cunho nacional, disponíveis a um público seleto.[2] Os museus funcionavam como guardiães de

1   Esse quadro foi parcialmente inspirado na aula denominada "Marcos Institucionais e Política Cultural na Europa", de Eduard Miralles, professor do curso de mestrado em Gestão Cultural (especialização em Cooperação Cultural Ibero-americana) da Universidade de Barcelona (jan./fev. de 1998).

2   No Brasil essas instituições foram criadas a partir de 1808, no Rio de Janeiro,

quando D. João VI, vindo de Portugal para se fixar no Brasil, transformou a colônia em sede do Reino. Destacam-se: a Capela Real (1808), onde cantores e instrumentistas participavam das celebrações religiosas assistidas pela família real; a Real Biblioteca (1810), hoje Biblioteca Nacional; o Real Teatro de São João (1813), hoje Teatro São Caetano; a Escola Real de Ciências, Artes e ▶

Política cultural: fundamentos

objetos e amostras que exaltavam a natureza e o passado glorioso da nação, e a biblioteca era a depositária das obras que realçavam a cultura literária e científica do país. Já o modelo social-democrático prioriza a ampliação do acesso dos cidadãos aos acervos acumulados na fase patrimonial e, por isso, adota estratégias de descentralização dessas instituições no território. Esse é o caso das Maisons des Arts et de la Culture (MACS), na França, e dos Arts Centre, na Inglaterra, modelos de equipamento cultural que foram copiados por vários países. O objetivo das Casas de Cultura, implantadas pelo Ministério dos Assuntos Culturais da França (criado em 1959), fica evidente no decreto n. 59.889, de 24 de julho de 1959, que fixou a política cultural do novo Ministério, sua missão e organização: "Tornar acessíveis as obras capitais da humanidade, em primeiro lugar da França, ao maior número possível de franceses; assegurar a mais vasta audiência ao nosso patrimônio cultural; e favorecer a criação de obras de arte e do espírito que o enriqueçam".[3] Uma opção é logo estabelecida: o Ministério iria atender aos artistas profissionais, atribuindo-se ao Alto-Comissariado para a Juventude e os Esportes a atenção aos grupos amadores e associações de educação popular. Sobre a política cultural estabelecida pelo decreto de julho de 1959, o sociólogo francês Philippe Urfalino escreve:

> O anseio igualitário é claramente afirmado. Tomará duas formas através das Casas de Cultura. Uma luta contra a desigualdade geográfica e uma luta contra as desigualdades sociais. Descentralização e democratização caminham juntas. A tecedura do território por uma rede de Casas de Cultura permitirá que nada do que se passa de essencial em Paris possa escapar à província. A proximidade geográfica, associada ao baixo preço dos ingressos, deve igualar um acesso até então filtrado pelas barreiras sociais. É dessa maneira que se define, em oposição a uma cultura totalitária e a uma cultura burguesa, uma cultura democrática.[4]

A Casa de Cultura, além de descentralizada para os municípios do interior, é *polivalente*, porque reúne em uma mesma edificação uma ou duas salas de espetáculos (grande e pequena), salas de ensaio e para conferências e reuniões, biblioteca, discoteca, sala de exposições e, às vezes, um espaço de memória, além de *foyer* para o público e espaços destinados à administração. Seu caráter polivalente exige um profissional gestor de tipo generalista, ao contrário dos museus e bibliotecas, que demandam administradores

O cotidiano da gestão das políticas públicas de cultura

especializados: conservador e bibliotecário. A função básica do aqui chamado "animador cultural" é planejar e executar uma programação multifacetada e de alto nível, capaz de acolher na Casa de Cultura "o maior músico do país e o camponês, visita hesitante e desconfiada".[5]

O modelo das Casas de Cultura antecedeu ao que hoje, em todo o mundo, se dá o nome de "Centro Cultural", que sob essa nova nomenclatura ampliou suas funções. Além de promover o acesso aos produtos culturais (democratização da cultura), busca disponibilizar os meios de produção da arte, e por isso é um lugar que estimula a pesquisa, criação e formação artística. Os modelos de centros culturais variam. O aqui denominado centro cultural comunitário tem como características a localização em territórios habitados por populações menos favorecidas do ponto de vista socioeconômico e o fato de inspirar sua programação nos princípios da democracia cultural. O centro cultural comunitário pode ser um espaço construído pelo Poder Público ou ser um movimento sociocultural conveniado com o Estado, no modelo do Programa Cultura Viva (ver capítulo 9). Os agentes culturais comunitários são os líderes dos movimentos socioculturais responsáveis pela relação da comunidade com o Poder Público. Quando o espaço é estatal, as lideranças populares locais são chamadas a fazer parte do Conselho Gestor do Centro Cultural (modelo participativo).

O que distingue a "democratização da cultura", diretriz da social-democracia, da "democracia cultural", do tipo liberal-socialista, está representado no seguinte quadro:

▶ Ofícios (1816), atual Escola de Belas-Artes da Universidade Federal do Rio de Janeiro (UFRJ) e o Museu Real (1818), hoje Museu Nacional, vinculado à UFRJ.

3 Christiano Poletto Netto, *Construção do "Estado Cultural" francês e comparação com a legislação de incentivo e proteção da cultura brasileira*, Trabalho de Conclusão de Curso (Graduação) – Universidade Federal de Santa Catarina, Centro de Ciências Jurídicas, Florianópolis: 2018, p. 30.

4 Philippe Urfalino, *A invenção da política cultural*, São Paulo: Edições Sesc São Paulo, 2015, p. 44.

5 *Ibid.*, p. 139.

Distinção entre democratização da cultura e democracia cultural

	DEMOCRATIZAÇÃO DA CULTURA	DEMOCRACIA CULTURAL
PRESSUPOSTO	Há uma cultura única (erudita, clássica ou legitimada) que é levada ao povo (inculto)	Existem *culturas* (no plural)
PÚBLICO	O público é único e homogêneo: o "povo"	O público é heterogêneo: são diferentes produtores e receptores de culturas diversas
ESTRATÉGIA	Criar espaços construídos ou abertos para exibir a cultura erudita, de forma gratuita ou a preços populares	Prover os meios necessários ao desenvolvimento das diversas expressões culturais da população
RESULTADO	Mantém a hegemonia do campo erudito	Favorece a expressão da diversidade cultural

A democracia cultural está associada ao Estado liberal-socialista. O liberal-socialismo ou socialismo liberal, como registra o *Dicionário de política* coordenado por Norberto Bobbio, traduz a aspiração de um regime "síntese entre socialismo e liberalismo", que inclui uma "repartição justa da produção entre todos os membros da sociedade, a eliminação dos privilégios de nascimento e a substituição gradual do egoísmo do indivíduo que trabalha e acumula unicamente em benefício próprio por um novo espírito comunitário". Essa doutrina aceita a "permanência da economia de mercado, do método parlamentar" e da "livre manifestação da personalidade individual", mas defende "intervenções estatais na economia" para evitar "excessos de especulação e o predomínio de pequenos grupos particulares na vida nacional".[6] Os governos de Felipe González na Espanha (1982-96) e os da esquerda democrática na América Latina, como os de Lula da Silva e Dilma Roussef no Brasil (2003-16), podem ser considerados

O cotidiano da gestão das políticas públicas de cultura

experiências concretas de implantação do modelo liberal-socialista. Os fatos históricos que viabilizaram sua gênese estão relacionados à contestação parcial do modelo neoliberal, originalmente implantado pelos governos de Margaret Thatcher (1979-90), na Inglaterra, e Ronald Reagan (1981-89), nos Estados Unidos, e à derrocada do regime comunista soviético (1992), cujos excessos autoritários converteram boa parte da esquerda socialista à agenda da democracia e dos direitos humanos. O Estado liberal-socialista retoma a ênfase na igualdade social e nos investimentos públicos, preserva a democracia, mas não anula as privatizações promovidas pelas políticas econômicas neoliberais. Na política cultural do Brasil, por exemplo, esse modelo fomentou movimentos socioculturais e instalou centros culturais comunitários, mas, por outro lado, manteve práticas neoliberais preexistentes, como o financiamento da cultura via incentivos fiscais e a gestão de equipamentos públicos tradicionais por entidades privadas de "interesse social", denominadas aqui, de forma genérica, "fundações".[7] Entre esses equipamentos, ressaltam os "museus-espetáculo", principalmente os de arte, como registra o antropólogo Roberto de Magalhães Veiga:

> De Bilbao a Niterói, pede-se a Frank Gehry e a Oscar Niemeyer que o museu de arte seja um polo de regeneração urbana e de atração turística, um marco arquitetônico, uma metonímia da urbe, que faça pela cidade, que o exibe como espetáculo ímpar, o que o prédio da ópera fez por Sydney. [...] O museu passa a ser uma instituição cuja sobrevivência depende de [...] ser capaz de captar recursos privados e gerar receitas significativas com exposições, eventos, promoções, parcerias [e] atividades para custear-se e gerar lucro, uma vez que o Estado puxa cada vez com mais afinco os cordões da bolsa.[8]

O profissional requerido pelo modelo neoliberal é o produtor cultural, que atua como mediador entre o Estado e o mercado, particularmente na elaboração de projetos, captação de recursos públicos e privados, prestação de contas e gerenciamento de espaços e eventos culturais.

6   Norberto Bobbio & Gianfranco Pasquino, *Dicionário de política*, pp. 705-8. [verbete: liberal-socialismo].
7   No Brasil destacam-se as Organizações da Sociedade Civil de Interesse Público (oscips), as Organizações Sociais (os) e as Associações de Amigos de equipamentos culturais (museus, teatros e arquivos, entre outros).
8   Roberto de Magalhães Veiga, "Mercado de arte: novas e velhas questões", em: César Bolaño; Cida Folin; Valério Brittos, *Economia da arte e da cultura*, op. cit., p. 113.

Política cultural: fundamentos

Fora dos marcos da democracia estão os regimes autoritários e totalitários. A sociologia política faz pequenas distinções entre esses regimes. No regime autoritário, o pluralismo político-partidário, embora limitado, sobrevive; a ideologia é pouco definida; o recurso à mobilização da sociedade é ocasional; e "o chefe, ou até um pequeno grupo, exerce o poder dentro de limites que são formalmente mal definidos, mas de fato habilidosamente previsíveis".[9] O totalitarismo é monopartidário, propagador de uma ideologia bem definida e imposta por meio do terror, da propaganda e da mobilização permanente das "massas". O chefe do regime é o depositário principal da ideologia e encarna em si a unidade entre Estado, Nação, Partido e Povo.

No que tange às políticas culturais, ambos os regimes têm aversão ao pensamento crítico. Tudo que é novo e criativo representa um risco à integridade da ideologia e deve ser combatido, por meio da censura ou do estabelecimento de parâmetros estéticos e ideológicos que devem ser obrigatoriamente seguidos pelos autores para que suas obras sejam aceitas e financiadas pelos órgãos de propaganda (dirigismo cultural). Os autores que rejeitam esses limites correm o risco de cair no ostracismo e, no caso do totalitarismo, de serem julgados e condenados a viver (e, em alguns casos, a morrer) em campos de trabalhos forçados. Nas obras, o tom nacionalista é estimulado, tendo sua manifestação mais explícita nas que despertam o culto à personalidade do chefe da nação.

* * *

Toda essa discussão introdutória objetiva superar uma visão dicotômica, predominante no senso comum, que divide as políticas culturais em apenas dois tipos: liberal e totalitário. O primeiro ressalta o protagonismo dos indivíduos e da sociedade na produção da cultura, e o segundo enfatiza o intervencionismo estatal. Como visto, a tipologia é bem mais ampla, sendo possível afirmar que esses dois tipos extremos não estão entre os melhores modelos. O liberal, porque desconhece a existência de direitos culturais e a decorrente responsabilidade do Estado democrático em garanti-los; o totalitário, porque transforma a cultura em instrumento de propaganda ideológica do regime e confronta uma condição essencial ao desenvolvimento da cultura: a liberdade de expressão e criação.

Estabelecidos esses pressupostos teóricos, cabe então detalhar como funciona no cotidiano a política pública de cultura de viés democrático. Adianto

O cotidiano da gestão das políticas públicas de cultura

ao leitor que, diante da amplitude das atividades, o que será lido são observações sintéticas sobre cada uma delas; e, algumas vezes, o texto transbordará do analítico para o prescritivo.

Grosso modo, é possível dividir o dia a dia da política cultural em duas práticas: *promoção de eventos* e *prestação de serviços culturais permanentes* (ou de longa duração). Essa divisão é apenas analítica, porque, como será visto adiante, assim como há elementos de permanência nos eventos, os resultados dos programas de longa duração costumam chegar ao público no formato de eventos.

Os eventos

Define-se evento cultural como as exposições públicas de obra artística e intelectual finalizada, que saem de cartaz após curta temporada ou apresentação única. Muitas atividades enquadram-se nessa definição: temporadas teatrais, espetáculos de dança, apresentações circenses, concertos e *shows* musicais, exposições de artes visuais, exibições de filmes e vídeos, lançamentos de livros, palestras e conferências, entre outras. Entretanto, deve-se observar que até mesmo nos eventos há componentes permanentes e intrínsecos ao processo de criação da obra, podendo ser reaproveitados e recriados depois da temporada, como, por exemplo: textos literários e teatrais, libretos de óperas, roteiros cinematográficos, partituras, arranjos musicais e trilhas sonoras, coreografias, cenários, figurinos e projetos museográficos e luminotécnicos. Permanece também tudo que faz parte da divulgação da obra, como catálogos, programas, fotos e vídeos, notícias e críticas publicadas que, após o evento, irão compor acervos documentais de longa duração. Há permanência também nas obras apresentadas de forma reiterada e que compõem o repertório de companhias de teatro, dança e circo e de orquestras e bandas. Tampouco se esgotam no tempo as atividades que, apesar de serem compostas de eventos, têm periodicidade definida, o que em parte lhes retira o cunho eventual, por exemplo: carnavais, festivais e mostras de arte anuais e plurianuais, feiras

9 Norberto Bobbio & Gianfranco Pasquino, *Dicionário de política, op. cit.*, pp. 94-104; 1247-59 [verbete: Autoritarismo]; [verbete: Totalitarismo].

Política cultural: fundamentos

de livros e temporadas fixas da moda, festas cívicas (aniversário de cidades, comemoração de fatos históricos e de temas relevantes, como o dia da cultura, da mulher, dos povos indígenas, da consciência negra etc.); festas religiosas (Natal, Semana Santa e dias de santos e santas padroeiras); e festas agropecuárias ou vinculadas ao mundo rural (ciclo junino, rodeios, festas do boi e comemorações de colheitas anuais de produtos diversos). Todas elas têm em comum o fato de fazer parte de um calendário cultural fixo.

Às vezes um evento isolado tem aceitação pública tão favorável que induz os realizadores a reeditá-lo nos anos seguintes. Se quem promove é o Poder Público, alguns fatores precisam ser considerados. A programação deve ser pautada pela qualidade, a fim de contribuir com o desenvolvimento cultural local, e ser referência para o público, artistas, intelectuais e produtores do lugar. É fato que o termo "qualidade" carrega subjetividades, mas isso não quer dizer que seja impossível alcançá-la. Havendo critérios de seleção que obtenham um relativo consenso público, e contando com a presença de uma curadoria especializada, é sempre possível selecionar o que há de melhor, mesmo considerando as restrições orçamentárias. O convite a artistas e intelectuais de fora é sempre revigorante, mais ainda se eles, além de se apresentarem, forem convidados a demonstrar, em oficinas de curta duração, seus processos e técnicas de criação. Um segundo fator a ser considerado é a adequação do evento à realidade cultural local. Organizar um evento que "cai" numa cidade, como se fosse uma nave espacial, é improdutivo, a não ser que o local tenha potencial turístico advindo de outros atrativos, como, por exemplo, belezas naturais e patrimônio cultural relevante. Nesse caso, o evento "estrangeiro" agrega-se aos outros atrativos e contribui para divulgar e promover a imagem do lugar, incrementando atividades paralelas, como hospedagem e alimentação, e, por conseguinte, a arrecadação de impostos. Contudo, um evento promovido pelo Poder Público deve se preocupar menos com a economicidade e mais com a ampliação do acesso dos cidadãos à cultura. Nesse sentido, oferecer atividades gratuitas ou a preços populares (abaixo dos praticados no mercado) é parte relevante do planejamento e execução do evento. Assim como utilizar espaços abertos, como ruas e praças, é uma boa medida.

Serviços permanentes

Criação e manutenção de espaços culturais (infraestrutura)

A utilização de espaços abertos, como ruas e praças, é bem-vinda, mas não substitui a necessidade de se ter edificações destinadas à produção e fruição da cultura (teatros, cinemas, circos, salas de exposição, estúdios), bem como à guarda de acervos para consulta pública (museus, bibliotecas, cinematecas, pinacotecas, videotecas, hemerotecas) e à formação de pessoal especializado (escolas de arte, oficinas de curta duração e ensino técnico).

Por meio da história dos teatros públicos, é possível estabelecer a correlação entre o desenvolvimento econômico e social de um lugar e a edificação desses espaços, construídos como marcos de distinção, refinamento e autoestima de elites locais. Com tais objetivos, essas obras em geral pecam pela grandiosidade e ostentação, gerando dispêndios de manutenção acima da capacidade orçamentária dos governos. Não é raro ouvir de administradores desses espaços queixas justificadas a respeito da existência de problemas recorrentes de manutenção. Mais grave ainda: os "palácios" da cultura intimidam e afastam as populações mais pobres, que os identificam como algo que não lhes pertence. Nem mesmo tentativas de popularização, como a oferta de eventos gratuitos, rompem o *apartheid*, porque os mais humildes pensam que é necessário vestir-se bem, ser culto, viajado e falar línguas estrangeiras para estar ali. Assim, para evitar constrangimentos, não os frequentam. Porém, se porventura o fazem, é visível o desconforto das elites quando têm de compartilhar o espaço na plateia com esse público.

Essa constatação é incompatível com a aqui chamada democracia cultural; e não é simples adequar os espaços ou equipamentos culturais a esse novo modelo. Todavia, tentativas têm sido feitas em vários lugares do mundo. A estratégia da descentralização territorial vem sendo a mais utilizada, mas muitas iniciativas nesse sentido carregam ainda uma concepção elitista e paternalista, que pressupõe a existência de uma cultura superior a ser compartilhada com o povo da "periferia". O grande desafio continua sendo criar espaços em que o campo erudito e as culturas populares possam dialogar de igual para igual. A sociedade como um todo tende a beneficiar-se desse encontro de fazeres e saberes.

Política cultural: fundamentos

O equipamento cultural adequado ao novo modelo é o Centro Cultural, denominação que abriga diversos tipos de perfis, com suas diferentes personalidades jurídicas, portes físicos, objetivos, serviços ofertados e públicos atendidos. Em sua dissertação de mestrado,[10] a cientista da informação Luciene Borges Ramos, com base em vários autores,[11] descreve uma série de centros culturais existentes na França, Inglaterra, México, Cuba e Brasil (Rio de Janeiro, São Paulo e Belo Horizonte). Nem todos se denominam centros culturais; há os de iniciativa do Poder Público e os do setor privado, localizados em áreas centrais e periféricas das cidades; de grande, médio ou pequeno porte, atendem a públicos de elite, classe média ou popular; em alguns se cobram ingressos, e noutros o acesso é gratuito, sendo que os serviços prestados variam. Há, no entanto, uma coincidência: todos são polivalentes, possuindo espaços e serviços diversos: teatro para apresentação de espetáculos (teatrais, musicais e de dança), bibliotecas, pinacotecas, discotecas e videotecas, salas de oficinas de arte, cinemas, salas de exposição de artes visuais, computadores para acesso à internet e auditórios para conferências, seminários e debates, entre outros. Alguns possuem cafeteria, bar, lanchonete ou restaurante. Pode-se dizer que a grande maioria objetiva democratizar o acesso aos bens culturais e à informação, mas há os que se preocupam igualmente com a formação artística e o estímulo ao fazer criativo.

Paralelamente à implantação de centros culturais, os equipamentos antes especializados, como os museus e as bibliotecas, passaram a ofertar outros serviços além de exposições históricas, artísticas e científicas (museus), leitura e empréstimo de livros (bibliotecas). Muitas dessas instituições hoje possuem auditório para eventos diversos, serviços educativos, lojas com produtos alusivos aos acervos, entre outros serviços. No entanto:

> Persistem características de diferenciação que permitem aos seus dirigentes adotar nomenclaturas diferentes, não só no Brasil, mas em todo o mundo. Um centro cultural não tem obrigatoriedade de manter e disponibilizar um acervo próprio nas mesmas dimensões que uma biblioteca ou um museu; uma biblioteca ainda carrega como característica principal o seu acervo e, embora se proponha a realizar diversas outras atividades que lhe conferem o caráter de centro cultural, não tem a obrigatoriedade de contar, por exemplo, com espaço para espetáculos e cursos de artes.[12]

O cotidiano da gestão das políticas públicas de cultura

Um dos espaços descritos na dissertação de Luciene Ramos é o Centro Cultural Zilda Spósito, vinculado à Fundação Municipal de Cultura (FMC) da Prefeitura de Belo Horizonte, que na opinião da autora "é o que mais se enquadra no perfil idealizado por Teixeira Coelho e Milanesi, por sua inserção dinâmica e ativa na história e no cotidiano da comunidade local".[13] Na verdade, essa é a característica de todos os centros culturais implantados pela FMC na periferia da cidade, quase todos demandados pelas populações locais por meio do orçamento participativo, instrumento de gestão que planeja, seleciona e executa obras públicas com base num processo de escuta dos moradores. Nos arquivos da FMC, encontra-se o documento intitulado "Caderno de Projetos dos Centros Culturais Locais", de fevereiro de 2008, que estabelece diretrizes para o funcionamento desses equipamentos. Além de inspirar-se na Constituição de 1988 e nas cartas internacionais de direitos culturais:

> Parte-se do pressuposto de que o conceito de cultura possui duas dimensões: a antropológica (ou ampla) e a sociológica (ou restrita). Na dimensão antropológica, cultura é tudo que o ser humano elabora e produz, simbólica e materialmente falando; na perspectiva sociológica, o termo refere-se a um circuito socialmente organizado que estimula, por diversos meios, a produção, a circulação e o consumo de bens simbólicos, particularmente as expressões artísticas.[14] Quando se discute o planejamento da política cultural, a dimensão sociológica parece ser a mais "palpável" e "fácil" de ser manejada, entretanto, quando se coloca a questão do patrimônio cultural – também objeto das políticas culturais –, o problema se complica, pois na definição contemporânea, que foi acolhida pela Constituição Brasileira,

---

10 Luciene Borges Ramos, *Centros de cultura, espaços de informação: um estudo sobre a ação do Galpão Cine Horto*, Belo Horizonte: Argvmentvm, 2008.

11 São citados: Teixeira Coelho, *Usos da cultura: políticas de ação cultural*, Rio de Janeiro: Paz e Terra, 1986; Roberto Cenni, *Três centros culturais da cidade de São Paulo*, Dissertação (Mestrado) – Escola de Comunicações e Artes, USP, São Paulo: 1991; Flávio Martins Nascimento, *Ação e informação em centros culturais: um*

estudo sobre o instituto Tomie Ohtake, Dissertação (Mestrado) – PUC Campinas, Campinas: 2004.

12 Luciene Borges Ramos, *Centros de cultura, espaços de informação*, op. cit., p. 65.

13 Refere-se a: Luís Milanesi, *A casa da invenção*, Cotia: Ateliê Editorial, 1997.

14 Cf. Isaura Botelho, "As dimensões da cultura e o lugar das políticas culturais", em: *São Paulo em Perspectiva*, São Paulo: 2001, vol. 15, n. 2.

patrimônio envolve todos os "modos de viver, fazer e criar" e, nesse caso, é preciso retomar a dimensão ampla. Nesse documento, considera-se que as políticas culturais devem trabalhar com ambas as dimensões do conceito, evitando-se, de um lado, uma ampliação demasiada – o que obrigaria a FMC a tratar de tudo que é humano – e, de outro, uma visão estritamente artística, que limitaria sobremaneira o campo de ação da política cultural.[15]

Os centros culturais locais de Belo Horizonte enquadram-se na definição de "centro cultural comunitário" exposta na primeira seção deste capítulo. A experiência da capital de Minas Gerais mostra que, depois de conquistar obras básicas, como saneamento, postos de saúde e escolas, a população reivindica a construção de espaços culturais, alegando que, entre outras razões, quanto mais próximo do local de moradia é o acesso à cultura, melhor para a comunidade.

Registro, proteção e promoção da memória e do patrimônio cultural

Destacou-se, no capítulo 7, a importância de Mário de Andrade e Aloísio Magalhães para a formulação e gestão de políticas de patrimônio cultural no Brasil. Faltou, entretanto, citar uma contribuição mais recente: a da filósofa Marilena Chaui em sua obra *Cidadania cultural; o direito à cultura*. Nela a autora narra sua passagem pela Secretaria de Cultura do Município de São Paulo (governo Luíza Erundina – 1989-93). Para o Departamento de Patrimônio Histórico, vinculado à Secretaria, M. Chaui propôs uma orientação que serve de referência para políticas contemporâneas de preservação da memória e do patrimônio cultural:

> A memória como direito do cidadão, portanto como ação de todos os sujeitos culturais e não como produção oficial da história; em lugar de uma memória social ilusoriamente única, afirmação de memórias, no plural, ou seja, ter presentes as determinações de classe, etnia e gênero e as lutas sociais e políticas como constitutivas da produção da memória e da história.[16]

Sob essa orientação, condizente com o artigo 226 da Constituição de 1988, o trabalho de proteger e promover o patrimônio cultural (material e imaterial) multiplica-se, tornando-se mais complexo do que a prática usual das políticas de

O cotidiano da gestão das políticas públicas de cultura

patrimônio, que costumam eleger alguns objetos e símbolos que conferem uma suposta unidade à história de determinado território. Essa complexidade exige que o Poder Público busque, antes, a cooperação de indivíduos, grupos, classes sociais e comunidades para a realização conjunta de pesquisas históricas, antropológicas, arqueológicas, etnológicas e outras, sobre os diversos bens culturais. Depois, são ouvidos os especialistas reunidos no Conselho do Patrimônio para decidir o grau de proteção que lhes será atribuído. Provavelmente ocorrerão disputas sobre o que deve ser priorizado, e caberá ao agente público obter os consensos possíveis. É ilusório pensar que o chamado às ciências sociais por si só irá pacificar eventuais conflitos, solucionar problemas e legitimar as decisões. Por isso, é imprescindível definir de forma criteriosa quem compõe e quais são as atribuições dos Conselhos de Patrimônio Cultural. A estratégia mais adequada seria, na análise de cada caso, incorporar na pesquisa, discussão e decisão os interessados e potencialmente afetados pelas deliberações do Conselho.

No caso do patrimônio material, o proprietário de imóvel passível de proteção é um ator que tem presença garantida por lei nos processos de tombamento. São recorrentes os conflitos que dividem preservacionistas e donos desses imóveis. Desde o decreto-lei n. 25, de 1937, a legislação vigente no Brasil dá aos proprietários o direito de impugnar as decisões favoráveis à proteção de seus imóveis, tomadas em caráter provisório pelo Conselho do Patrimônio. Na impugnação constam as alegações contrárias do proprietário que, analisadas pelos conselheiros, em caráter finalístico, são acatadas ou indeferidas. Qualquer que seja a decisão, o impugnante continua sendo o legítimo dono do imóvel, mas, se o tombamento for mantido, o componente simbólico do bem, alçado a referência da história e da memória coletivas, passa a ser propriedade da sociedade, e só poderá sofrer alteração se aprovada pelo Conselho. Pode-se dizer que há algo de comum entre as leis de patrimônio cultural e as que regem o direito autoral: em determinadas circunstâncias, tanto a propriedade intelectual como a imobiliária são obrigadas, por lei, a cumprir o princípio da função social da propriedade.

Para amenizar os conflitos entre interesses públicos e privados, uma saída legal, que tem sido utilizada em algumas cidades do mundo, é a permissão

15 *Caderno de Projetos dos Centros Culturais Locais*, Fundação Municipal de Cultura: Prefeitura de Belo Horizonte, 2008, p. 4 (mimeo.).

16 Marilena Chaui, *Cidadania cultural: o direito à cultura*, São Paulo: Editora Fundação Perseu Abramo, 2006, p. 215.

Política cultural: fundamentos

dada ao proprietário de transferir a terceiros um percentual do direito de construir que ele detinha antes de seu imóvel ser tombado. O órgão público, por meio de lei, define a porcentagem e as áreas da cidade para as quais a transferência do direito de construir pode ser exercida. Cria-se então um mercado "virtual" onde negociam o proprietário do imóvel tombado e empreendedores interessados em acrescentar metros quadrados nas edificações a serem construídas nas áreas predefinidas.

No caso do patrimônio imaterial, é praticamente um imperativo buscar a participação das comunidades nos processos decisórios, visto que, à exceção das medidas de reconhecimento do saber dos mestres da cultura popular, todos os outros bens de natureza imaterial são de natureza coletiva. Para a identificação e proteção desses bens, a Convenção para a Salvaguarda do Patrimônio Cultural Imaterial (Unesco, 2003) recomenda expressamente aos Estados contar com "a participação das comunidades, grupos e organizações não governamentais pertinentes" (artigo 11).

No caso brasileiro, para proteger o patrimônio material, recomenda-se tombar e preservar/restaurar, enquanto, para o patrimônio imaterial, os termos equivalentes são registrar e salvaguardar. O verbo "inventariar" é comum às duas categorias e se efetiva por meio de um processo de investigação que envolve identificar os bens relevantes e juntar uma ampla documentação sobre cada um deles, incluindo estudos técnicos de natureza histórica, artística, arquitetônica e etnográfica, entre outros. No caso do patrimônio imaterial, cujos bens fazem referência aos saberes próprios das comunidades; às celebrações que marcam a vivência coletiva do trabalho, da religiosidade e do entretenimento; às formas de expressão literárias, musicais, plásticas, cênicas e lúdicas e aos lugares onde se concentram e se reproduzem práticas culturais coletivas, como os mercados e as feiras (ver capítulo 7), as ações de salvaguarda adotadas pelo Instituto do Patrimônio Histórico e Artístico Nacional (Iphan) consideram cada caso, mas em geral envolvem: "apoio à transmissão de conhecimento às gerações mais novas; promoção e divulgação do bem cultural; valorização de mestres e executantes; melhoria das condições de acesso a matérias-primas e mercados consumidores; organização de atividades comunitárias".[17]

O Iphan também estabeleceu suas prioridades:

Tem sido dada prioridade aos seguintes tipos de ação de Registro: as que remetem a aspectos da cultura brasileira anteriormente não contemplados

O cotidiano da gestão das políticas públicas de cultura

pela ação institucional; que façam referência à memória e à identidade dos grupos formadores da sociedade brasileira, especialmente àqueles postos à margem das políticas públicas, como negros e indígenas; que digam respeito a bens culturais em situação de fragilidade ou risco de desaparecimento; e as que tratem de demandas de reconhecimento encaminhadas por grupos organizados da sociedade.[18]

Políticas socioculturais ou de cidadania cultural

As políticas culturais de viés liberal costumam atender a uma clientela restrita, formada por artistas e intelectuais reconhecidos; isto é, aqueles que lograram obter capital cultural (ou simbólico) via acumulação de títulos acadêmicos, críticas favoráveis, prêmios, livros e artigos publicados, obras artísticas exibidas, frequência em congressos, festivais e feiras, e participação em instituições que congregam seus pares, como sociedades científicas e associações artísticas. A esse conjunto de indivíduos e instituições se dá o nome de campo erudito (ver capítulo 5).

As culturas populares, na política cultural de tipo liberal, quando consideradas, o são apenas pela intermediação dos pesquisadores do folclore, que é um ramo das ciências sociais, sendo, portanto, parte do campo erudito. Pode ocorrer, mas é raro, que uma expressão da cultura popular seja reconhecida pelo campo erudito, que a incorpora ao cânone vigente, conferindo-lhe legitimidade cultural. Algo equivalente ao "notório saber", título concedido ocasionalmente pelas universidades àqueles que não possuem curso superior, mas cujo domínio de determinada matéria é indubitável. As políticas culturais de viés social-democrático, por sua vez, buscam a ampliação do acesso do público às obras do campo erudito. Continuam privilegiando os mesmos intelectuais e artistas, tidos como produtores da legítima cultura, todavia consideram também o povo, embora na posição de mero receptor das obras.

Assim, levar a cultura ao povo é o lema dessa política, que, no entanto, se esquece de que o povo também produz cultura, e o pressupõe inculto, embora capaz de aprender.

17 Brasil, *Os sambas, as rodas, os meus e os bois; a trajetória da salvaguarda do patrimônio imaterial no Brasil*, Brasília:

Ministério da Cultura; Instituto do Patrimônio Histórico e Artístico Nacional, 2006, p. 25.
18 *Ibid.*, p. 30.

Por outro lado, reconhecer que *todos* os cidadãos são agentes da cultura – entendida, em sentido amplo, como modo de viver; mas também, no restrito, como atividade artística e intelectual – é o ponto de partida da política cultural aqui denominada liberal-socialista, para a qual o conjunto de cidadãos não constitui um bloco homogêneo; pelo contrário, sua marca é a diversidade sociocultural. A decorrência lógica dessa política é, então, considerar diversos segmentos de produtores e receptores da cultura.

Dados esses pressupostos, o campo de ação do órgão público da cultura torna-se vastíssimo, forçando o gestor a estabelecer prioridades. Para tanto, são necessários critérios socialmente justificáveis. O objetivo, a longo prazo, é que toda a população usufrua plenamente dos direitos culturais, considerando que antes é preciso reduzir as desigualdades no acesso aos meios de produção, fruição e difusão da cultura, melhor dizendo, das culturas. Busca-se realizar o que se poderia chamar de "justiça cultural", que implica estar atento às lutas culturais e suas demandas, principalmente as que envolvem segmentos marginalizados.

Estabelecer prioridades na política liberal-socialista não significa abandonar a clientela tradicional, isto é, os intelectuais e artistas socialmente reconhecidos. O que é inovador são os projetos voltados para segmentos da população que vivem em situação de marginalidade, vulnerabilidade e, muitas vezes, são vítimas de violência e discriminação. Seja pela idade: crianças, adolescentes e idosos; pelas condições de saúde: portadores de deficiências físicas e mentais; pelo confinamento: populações prisionais, asilares e hospitalizadas; pelo local de moradia: populações sem teto, sem terra, acampadas, assentadas e faveladas; pela etnia: populações indígenas, ciganas, afro-brasileiras e outras; pelo gênero e orientação sexual (várias); pelo local de nascimento ou nacionalidade (migrantes e imigrantes); e pela crença religiosa, como ocorre no Brasil com os que professam as religiões de matriz africana.

O desafio é enorme, pois, mesmo sendo a vulnerabilidade comum a todos, a forma de abordar cada segmento é diferente, implicando a adoção de ações culturais condizentes com as características que são peculiares a cada um. Não obstante, inúmeros projetos de governos, organizações comunitárias e não governamentais têm sido desenvolvidos em várias partes do mundo, contribuindo para a criação de orquestras populares, bandas de música, grupos de teatro, dança e circo e para a produção de cinema e vídeo, entre outras atividades. Ressalte-se que os projetos encontraram um terreno já fértil para o desenvolvimento cultural. Cite-se, como exemplo, a expansão

O cotidiano da gestão das políticas públicas de cultura

do *hip-hop*, movimento cultural mundial que desnudou, por meio da música, dança, poesia e pintura, a precária realidade socioeconômica da população afrodescendente das periferias urbanas. Antes denunciada por artistas e intelectuais das classes médias, essa realidade passou a ser representada na voz e nos corpos dos próprios atingidos por ela, ganhando, assim, autenticidade e legitimidade.

As políticas socioculturais são muitas vezes justificadas por sua pressuposta capacidade de promover a coesão social e a diminuição da violência em locais dominados pela criminalidade organizada, como as favelas. A socióloga Clarice de Assis Libânio destaca que a bibliografia sobre a relação entre arte e transformação social ainda é escassa, mas sua pesquisa nas vilas e favelas de Belo Horizonte lhe permitiu verificar que

> a produção artística, instrumentalizada, pode atender a três facetas principais. Em primeiro lugar, há os aspectos relacionados à elevação da autoestima, autorreconhecimento e construção de uma nova representação do indivíduo perante o outro e o Grupo. Em segundo, realçam-se os aspectos relacionados às formas de sociabilidade e convivência intergrupal. E, por fim, são fundamentais nesse processo os aspectos ligados à participação e mobilização comunitária, mediante novas formas de ação coletiva e ampliação dos direitos da cidadania.[18]

Essas justificativas, em geral apresentadas por gestores e ONGs, podem não coincidir com as reais expectativas dos artistas que habitam as regiões periféricas das grandes cidades. A socióloga Maria Carolina Vasconcelos Oliveira analisou o processo participativo que resultou na criação, na cidade de São Paulo, do Programa de Fomento à Cultura da Periferia, instituído pela lei n. 16.496, de 2016, concluindo que:

> O que os movimentos culturais da periferia estavam reivindicando, ao fim e ao cabo, é que não bastava ter sua produção e seus modos de vida reconhecidos como práticas culturais, numa agenda de cidadania cultural, mas

18 Clarice de Assis Libânio, "Grupo do Beco: um olhar sobre as conexões entre arte, cultura e transformação nas favelas de Belo Horizonte", em: José Márcio Barros (org.), *As mediações da cultura: arte, processo e cidadania*, Belo Horizonte: Ed. PUC Minas, 2009, p. 123.

Política cultural: fundamentos

era preciso também reconhecer uma parte de sua produção simbólica como manifestação artística, conferindo-lhe esse *status*.[19]

É provável que uma pesquisa nos orçamentos da maioria dos órgãos públicos de cultura venha a constatar que, embora tenham aumentado os investimentos em projetos de cidadania cultural, ainda predominam os incentivos ao campo erudito. Não só pela força da tradição, mas principalmente pela maior capacidade de organização e articulação política desse campo, contraposta à excessiva fragmentação e desarticulação do campo popular. Decerto ainda não ocorreu uma real inversão de prioridades, mas parece ter se ampliado o espaço de diálogo e intercâmbio entre os campos erudito e popular. Espera-se que esse diálogo influa no processo de legitimação cultural, dominado pelo campo erudito e por suas instâncias de consagração (ver capítulo 5), e resulte também em mudanças na postura, ao se reconsiderar a atitude paternalista com a qual o campo popular costuma ser tratado e, dessa forma, sutilmente inferiorizado.

Intercâmbio cultural

No mundo contemporâneo, onde as diversas culturas, com seus modos próprios de viver, pensar, fazer e criar, estão ficando física e virtualmente cada vez mais próximas, estabelecer diálogos interculturais se tornou uma tarefa imperiosa quando se pretende construir a paz e a tolerância entre os povos. No entanto, a cada dia esse objetivo parece mais distante.

Bobbio escreve que a tolerância, em seu sentido "positivo", refere-se historicamente à convivência pacífica que se estabeleceu entre as diversas crenças após as guerras religiosas do século XVI na Europa. Na atualidade, o termo aplica-se às tentativas de superar problemas de relacionamento entre pessoas por razões étnicas, linguísticas e raciais, entre outras. Mas o autor lembra que tolerância tem também um sentido "negativo", como sinônimo de "indulgência excessiva, de condescendência em relação ao mal e ao erro, que se pratica por falta de princípios, por amor à vida tranquila ou por cegueira diante dos valores".[20]

O fato é que a situação atual do mundo, que viu surgir (ou ressurgir) os fundamentalismos religiosos (judaico, cristão e islâmico), não comporta otimismos ingênuos. Em vez de tolerância e solidariedade, a proximidade entre

O cotidiano da gestão das políticas públicas de cultura

povos e países, resultado do rápido desenvolvimento dos meios de comunicação e transporte, parece estar produzindo mais e maiores conflitos. Se isso é fato, talvez Sigmund Freud tenha razão em sua teoria sobre o "narcisismo das pequenas diferenças", que se baseia na evidência de que quanto maior a proximidade, maior o atrito. Isso se dá porque, entre os próximos, as diferenças, mesmo pequenas, tornam-se mais nítidas e mutuamente intoleráveis, podendo gerar atos violentos. Essa intolerância alimenta-se do amor-próprio (narcisismo) dos contendores e, quando se manifesta entre coletivos, serve de estímulo à coesão interna dos grupos rivais. Freud ilustra sua teoria com os atritos que ocorrem, por exemplo, entre vizinhos, sócios, casais e até mesmo entre irmãos, salvando-se apenas a relação mãe/filho(a). Além das rusgas interpessoais, ocorrem atritos também entre coletividades vizinhas: cidades, regiões, países, etnias... A "vizinhança" não é necessariamente espacial, podendo ocorrer divergências por razões históricas, como as que separam povos colonizadores e colonizados e mesmo regiões no interior de um mesmo país. Sobre sua teoria, Freud escreve:

> Toda vez que duas famílias se unem por casamento, cada uma delas se acha melhor ou mais nobre que a outra. Havendo duas cidades vizinhas, cada uma se torna a maldosa concorrente da outra; cada pequenino cantão olha com desdém para o outro. Etnias bastante aparentadas se repelem, o alemão do sul não tolera o alemão do norte, o inglês diz cobras e lagartos do escocês, o espanhol despreza o português. Já não nos surpreende que diferenças maiores resultem numa aversão difícil de superar, como a do gaulês pelo germano, do ariano pelo semita, do branco pelo homem de cor.[21]

Inspirada em uma parábola de Schopenhauer, uma solução instável e transitória é aventada:

---

19 Maria Carolina Vasconcelos Oliveira, "Políticas para as artes: reflexões gerais e alguns tópicos do debate paulistano", em: Anita Simis; Gisele Nussbaumer; Kennedy Piau Ferreira (org.), *Políticas culturais para as artes*, Salvador: Edufba, 2018, p. 59.

20 Cf. Norberto Bobbio, "As razões da tolerância", em: Norberto Bobbio, *O filósofo e a política: antologia*, Rio de Janeiro: Contraponto, 2003, p. 227.
21 Sigmund Freud, "Psicologia das massas e análise do eu", em: *Obras completas*, São Paulo: Companhia das Letras, 2011, pp. 56-7.

Política cultural: fundamentos

Em um gelado dia de inverno, os membros da sociedade de porcos-espinhos se juntaram para obter calor e não morrer de frio. Mas logo sentiram os espinhos dos outros e tiveram de tomar distância. Quando a necessidade de aquecerem-se os fez voltarem a juntar-se, se repetiu aquele segundo mal, e assim se viram levados e trazidos entre ambas as desgraças, até que encontraram um distanciamento moderado que lhes permitia passar o melhor possível.[22]

Entre uma postura otimista, fundada no mandamento cristão do "amor ao próximo", e uma pessimista, que vê como única possibilidade de convivência manter-se um "distanciamento moderado", Bobbio propõe uma solução política prática, baseada na experiência histórica das guerras religiosas que assolaram a Europa no século XVI:

Começaremos pelo motivo [...] da prudência política, que foi o que acabou por propiciar a admissão, no âmbito da prática política, do respeito a todas as crenças religiosas, inclusive por parte daqueles que em princípio seriam intolerantes (os convencidos de possuir a verdade e que consideram equivocados todos os que pensam de outra maneira): trata-se da tolerância como um mal menor ou um mal necessário. Esta maneira de ver a tolerância não implica a renúncia às próprias e firmes convicções, mas sim a opinião de que a verdade tem muito a ganhar se suportar o erro dos demais, e que a perseguição, como a experiência histórica frequentemente mostrou, fortalece o erro, em vez de enfraquecê-lo.[23]

A intolerância, do ponto de vista político, é o mal maior, porque só faz acender e reforçar o ódio e a violência entre os adversários, com consequências destrutivas para ambos os lados. Daí ser a prudência um remédio adequado. E a intolerância tem outra desvantagem: gera uma espécie de cegueira que obstrui o avanço do conhecimento, como exemplificado pelo ódio ao judeu, que chega ao cúmulo de negar a ocorrência histórica do holocausto nazista; e o fanatismo religioso, que descrê até mesmo da teoria darwiniana da evolução das espécies. Diante da possibilidade real da mútua destruição, resta aos contendores optar pela tolerância, que se revela o caminho mais prático para a construção da paz, entendida não como ausência de conflitos, mas como a possibilidade de solucioná-los por meios não violentos.

Na busca dessa tolerância "prática", o intercâmbio cultural é uma arma não letal que pode ser acionada; e para tanto as políticas de cultura e de

O cotidiano da gestão das políticas públicas de cultura

relações exteriores têm grande potencial. Embora possa causar polêmicas e ser frequentemente manipulada com objetivos políticos, a arte possui o condão de aliviar as tensões. Freud lembra os festivais:

> Em todas as renúncias e limitações impostas ao ego, uma infração periódica da proibição é a regra. Isso, na realidade, é demonstrado pela instituição dos festivais, que, na origem, nada mais eram do que excessos previstos em lei e que *devem seu caráter alegre ao alívio que proporcionam.* As saturnais dos romanos e o nosso moderno carnaval concordam nessa característica essencial com os festivais dos povos primitivos, que habitualmente terminam com deboches de toda a espécie e com a transgressão daquilo que, noutras ocasiões, constitui os mandamentos mais sagrados.[24]

Na diplomacia internacional, os acordos culturais em geral sinalizam a intenção dos países de tornar mais leves suas relações, além de propiciar cooperações em matérias de interesse científico. Contudo, essas vantagens não são exclusivas das relações externas, porque o intercâmbio pode dar-se em diversos níveis territoriais: entre bairros de uma cidade, entre o mundo rural e o urbano ou entre regiões de um mesmo país. E há diversas formas de efetivá-lo: promoção e circulação de eventos (festivais, seminários, mostras), concessão de bolsas de estudos e residências artísticas, entre outras.

No cotidiano da gestão cultural é comum que pessoas e grupos solicitem ao governo auxílio para viagens, a fim de participar de eventos como festivais, congressos e outros. Para dar organicidade ao atendimento dessas demandas, é recomendável que os órgãos públicos de cultura instituam programas permanentes de apoio à circulação de artistas e bens culturais. Não apenas para enviá-los a outros lugares, mas também para acolher os que vêm de fora. Promover a circulação de bens culturais num país de extensão continental e grande diversidade como o Brasil, além de dar oportunidade a todos de conhecer o patrimônio cultural dos outros, pode contribuir para reduzir as desigualdades regionais que ainda hoje mantêm a hegemonia cultural de uma região (Sudeste) sobre as outras. E talvez seja possível reduzir também

---

22 Arthur Schopenhauer, *Parerga y paralipómena II*, Madrid: Trotta, 2009, p. 665.
23 Norberto Bobbio, *O filósofo e a política: antologia, op. cit.*, p. 223.

24 Sigmund Freud, "Psicologia de grupo e análise do ego", em: *Obras psicológicas completas de Sigmund Freud*, Rio de Janeiro: Imago, 1976, p. 165 (grifo nosso).

os preconceitos de que são vítimas frequentes os nordestinos, os povos indígenas, os ciganos e as culturas afro-brasileiras.

Formação de recursos humanos para a área cultural

Na formação de profissionais para atuar na cultura, destacam-se três áreas: gestão cultural, educação artística e formação de público para a fruição da cultura. Esta seção tratará das três separadamente.

Formação em gestão cultural

Na maioria dos municípios brasileiros, a gestão pública da cultura não é prioridade, o que se reflete nas precárias estruturas administrativas, geridas por servidores não especializados e com míseros orçamentos. O setor cultural comumente faz parte de uma secretaria que reúne outras atribuições, como educação, turismo, esportes e lazer. Em situações de crise fiscal, quando o enxugamento da máquina pública torna-se política de governo, uma das candidatas à extinção é sempre a pasta da cultura.

Parece natural que, num país marcado por enormes desigualdades e carências sociais, as prioridades dos governos recaiam sobre as políticas de distribuição de renda, segurança alimentar, educação e saúde. No entanto, se a cultura é compreendida em seu sentido lato, como todos os modos de viver, fazer e criar, e vista como um direito dos cidadãos, não há por que relegá-la ao segundo plano. Prevalecendo esse entendimento, uma decorrência natural é que a gestão pública seja dotada de uma estrutura administrativa robusta, de pessoal qualificado para operá-la e de orçamentos condizentes.

É nesse contexto que a formação e a profissionalização de gestores públicos para a área cultural são necessárias. Os conhecimentos que ela requer são múltiplos. Por força da amplitude do conceito de cultura, uma formação generalista, de nível superior, envolve várias disciplinas teóricas e gerenciais. Entre as primeiras citam-se: filosofia (noções de estética), antropologia e sociologia da cultura (com ênfase na questão das identidades e da diversidade), economia da cultura (relações entre cultura e desenvolvimento; produção, distribuição, comercialização e consumo de bens culturais; financiamento da cultura), direito (direitos culturais), história da arte, ciência política (políticas culturais e suas instituições, participação política, federalismo e cooperação cultural internacional), psicologia (teorias sobre a criatividade), arquitetura (patrimônio material edificado e noções de arquitetura cênica) e comunicação (com ênfase em comunicação pública). Entre as disciplinas gerenciais destacam-se: administração pública (planejamento, gestão financeira, recursos humanos, produção de dados e indicadores culturais, avaliação de políticas e programas) e produção cultural (elaboração de projetos, programação cultural, captação de recursos e gestão de eventos).

Para introduzir o ensino de matéria tão ampla, uma referência importante é o conceito de "tridimensionalidade da cultura", formulado pelo ex-ministro Gilberto Gil. Trata-se de compreender o mundo da cultura em três dimensões que se complementam: a simbólica, a econômica e a cidadã. A dimensão simbólica:

> fundamenta-se na ideia de que a capacidade de simbolizar é própria dos seres humanos e se expressa por meio das línguas, crenças, rituais, relações de parentesco, arte, trabalho e poder. Toda ação humana é socialmente construída por meio de símbolos que, entrelaçados, formam redes de significados que variam conforme os contextos sociais e históricos. Nessa dimensão, também chamada antropológica, a cultura humana é o conjunto de modos de viver, que variam de tal forma que só é possível falar em culturas, no plural.[25]

Compõe a dimensão econômica da cultura o sistema de produção, distribuição e consumo de bens culturais, materializado em cadeias produtivas que variam de característica conforme a natureza do produto: audiovisual, artes cênicas (dança, teatro, circo e ópera), livro e literatura, artes visuais, *design*, arquitetura, moda e música (ver capítulo 9). A dimensão cidadã, por sua vez, compreende a cultura como um direito de cidadania, conforme expresso na Constituição brasileira de 1988 e nos documentos internacionais de direitos humanos que abordam especificamente os direitos culturais (ver capítulos 2 e 4).

Sabe-se que a dimensão simbólica da cultura existe desde que o ser humano se entende como tal, ou seja, muito antes do aparecimento do Estado (disso dão testemunho, por exemplo, as pinturas rupestres). Apesar da necessária presença do fomento estatal, a dimensão econômica realiza-se em grande parte no mercado. No entanto, o engenho humano ainda não foi capaz de

---

25 Brasil, Ministério da Cultura, *Estruturação, institucionalização e implementação do Sistema Nacional de Cultura*, Brasília: Secretaria de Articulação Institucional; Conselho Nacional de Política Cultural, 2011, p. 33.

Política cultural: fundamentos

criar outro instrumento de garantia de direitos que não seja o Estado democrático de direito, em todas as suas instâncias: Executivo (por meio de políticas públicas de cultura), Legislativo (através da criação de leis) e Judiciário (que vela pelo cumprimento das leis). É fato que a *conquista* de direitos se dá nas lutas políticas, sociais, econômicas e culturais, mas a *garantia* do pleno exercício desses direitos é papel inalienável do Estado democrático. Assim, na prática cotidiana da gestão cultural, a dimensão cidadã deve ser entendida como prioritária, sendo o conhecimento dos direitos culturais essencial na formação de gestores públicos.

Formação artística

Para refletir sobre o tema da educação artística, faz-se necessário retomar de forma breve algumas questões levantadas no capítulo 6, entre elas as que se referem às características essenciais da arte. Vale relembrar as ideias de Hegel, Clifford Geertz, Mário de Andrade e Norbert Elias.

Para Hegel,[26] a arte, assim como a religião, a filosofia e a ciência, é um meio de expressão de ideias. Mas a arte difere da ciência e da filosofia, porque ela une o inteligível ao sensível, fazendo das ideias "algo vital e cotidiano, que diz respeito a todos nós".[27] O antropólogo Clifford Geertz volta sua análise às relações entre arte e sociedade. A obra de arte sempre revela "determinada sociedade e momento histórico"[28] e, por isso, cada comunidade tem sua própria expressão artística, mas Geertz reconhece que há algo de comum nas artes de todos os tempos e lugares: elas criam formas "que permitem aos sentidos, e por intermédio destes, às emoções, comunicar-se com as ideias de maneira reflexiva".[29]

A primeira conclusão que se extrai dessas análises é de que a arte é uma forma de conhecimento do mundo e, nesse sentido, tem tanto valor quanto a filosofia e a ciência. Esse é o ponto de partida para se pensar um programa de educação artística. A partir daí, pergunta-se: o que é preciso para formar um artista? Hegel lembra que a arte, embora não se prenda a regras predeterminadas,[30] exige conhecimento técnico, "que só pelo exercício se chega a dominar".[31] Esse componente técnico aproxima a arte do artesanato, que, na visão de Mário de Andrade, tem *importância capital*. É necessário conhecer as "matérias-primas" (pedra, papel, lápis, tinta, pincel, palavras, sons, gestos, voz etc.) e saber manejá-las. Embora essencial, o artesanato é apenas um dos componentes da técnica artística que, de acordo com Mário de Andrade, envolve também a *virtuosidade* (conhecimento de técnicas tradicionais consagradas)

O cotidiano da gestão das políticas públicas de cultura

e a *solução pessoal*. Esta o artista confere à obra por meio de sua habilidade no uso dos materiais, acrescida de sua imersão no "espírito do tempo", que o influencia "como indivíduo e como ser social".[32] Norbert Elias acrescenta outro componente da criação artística: para aperfeiçoar-se, o artista deve ser capaz de criticar a própria obra e, assim, é necessário que ele conheça o que foi produzido no passado (a tradição) e o que está sendo feito no presente.

Mário de Andrade salienta que, das três partes que compõem a técnica artística – artesanato, virtuosidade e solução pessoal –, as duas primeiras são ensináveis. Se isso é fato, é possível e recomendável que desde a pré-escola a criança ouça música, dance, cante e toque instrumentos; crie formas a partir da areia e da argila; brinque com sementes, seixos e gravetos; recorte pano e papel; maneje lápis, pincel e tinta; se encante com o teatro de sombras e de bonecos; divirta-se com a pantomima, o cinema de animação, as estórias contadas; além de participar de festas e bailes de máscaras e fantasias. Enfim, que seja posta diante de tudo o que lhe permita desenvolver habilidades artesanais e sensibilidade artística.

Como metodologia, assim como sucede com as ciências, o ensino de arte deveria ser ministrado não em sala de aula, mas em laboratórios equipados com os diversos materiais utilizados na prática artística. Ali também os estudantes poderiam conviver com artistas, artesãos e mestres da cultura popular, convidados a expor seus métodos e processos de criação.

Ao que tudo indica, o ensino musical é básico. Pode-se achar exagerado dizer, como Schopenhauer, que a música é a linguagem universal que traduz a essência do ser; porém, poucos discordarão de Rousseau, que a define como "a emanação mais espontânea da subjetividade e da sensibilidade humanas".[33] Contudo, se o ensino musical é básico, com certeza não é suficiente. Pode

---

26 Georg Wilhelm F. Hegel, *Estética: a ideia e o ideal*, São Paulo: Nova Cultural, 1999.

27 Boris Schnaiderman, "Dostoievski: a ficção como pensamento", em: Adauto Novaes (org.), *Artepensamento*, São Paulo: Companhia das Letras, 1994, p. 247.

28 Gilberto Velho (org.), *Arte e sociedade: ensaios de sociologia da arte*, Rio de Janeiro: Zahar Editores, 1977, p. 7.

29 Clifford Geertez, "Arte como sistema local", em: *Conocimiento local: ensayos sobre la interpretación de las culturas*, Barcelona; Buenos Aires; México: Paidós, 1994, p. 149.

30 Georg Wilhelm F. Hegel, *Estética*, op. cit., p. 59.

31 *Ibid.*, p. 61.

32 Mário de Andrade, *O artista e o artesão*, op. cit., p. 5.

33 Marie-Anne Lescourret, "De Schiller a Schönberg: da ideia moral ao ideal poético", em: Adauto Novaes, *Artepensamento*, São Paulo: Companhia das Letras, 1994, p. 270.

Política cultural: fundamentos

ser uma porta de entrada para o mundo das artes, mas esse, por sua vastidão, merece ser percorrido por inteiro. E não só por aqueles que pretendem ser artistas profissionais, mas por todos os cidadãos, desde a pré-escola até o ensino superior. Já a formação do artista profissional exige mais tempo e escolas especializadas. Pode-se dizer que o aprendizado só termina quando o artista adquire uma linguagem própria e original. É verdade que toda escola de arte está sujeita a cristalizar-se naquilo que Mário de Andrade considera um grande risco: o academicismo ou o passadismo; resultantes do apego excessivo às técnicas tradicionais, elas são ensináveis e úteis, mas insuficientes. A educação artística só se completa ao estimular no artista a "solução pessoal", que pressupõe conhecer o passado, viver o presente e buscar o que é novo. A busca do novo pressupõe a experimentação. E, para isso, ter o apoio de bolsas de pesquisa e criação com foco nos processos criativos, independentes de contrapartidas em produtos, é básico para a formação continuada dos artistas.

Formação de público

O ideal seria que a educação artística fizesse parte do currículo de todos os níveis de ensino, da pré-escola à pós-graduação, independentemente da carreira. O pressuposto é de que todo profissional, qualquer que seja ele, exercerá melhor o seu ofício se desde a infância tiver contato com as artes. Isso porque a arte desenvolve tanto o lado cognitivo quanto o emocional das pessoas, ou seja, forma o ser humano integral. É claro que nem todos se tornarão artistas (certamente será uma minoria), mas pelo menos terão tido a oportunidade – melhor dizendo, o direito – de se tornarem artistas. E com certeza, no decorrer da vida, todos continuarão a apreciar as artes, constituindo, assim, o público frequentador das apresentações de música, teatro, dança, circo e cinema, e que vai às exposições de artes visuais, a museus, bibliotecas e livrarias.

São conhecidas as deficiências da arte-educação nas escolas brasileiras de primeiro grau. Não pela falta de qualidade do pessoal empregado, mas pela situação de marginalidade a que essa disciplina costuma ser submetida no ambiente escolar. No entanto, além de propiciar a formação integral da personalidade, a educação artística contribui para a formação de público ou, de forma mais precisa, faz a mediação entre a arte e o público, como ensina Ana Mae Barbosa. Essa mediação é exercida também pelos museus e centros culturais, que, na visão dessa autora, "deveriam ser os líderes na preparação do público para o entendimento do trabalho artístico".[34] Comparado com a escola, o museu tem a vantagem de acessar públicos diversificados (no aspecto

O cotidiano da gestão das políticas públicas de cultura

social e etário) e de não estar limitado pelas normas e exigências do ensino formal. Além disso, os curadores de exposições museológicas sempre procuram montá-las de forma a facilitar a comunicação com o público, incluindo a presença de monitores encarregados de auxiliar os visitantes na leitura e compreensão das obras expostas.

Nascida na Europa e nos Estados Unidos, ainda no século xix, como atividade acessória, a educação artística em museus é hoje uma ação vital dessas instituições, desdobrando-se em vários projetos, com destaque para a programação de visitas escolares. A preparação dessas visitas envolve um antes e um depois. Primeiro o pessoal do museu vai até a escola, ocasião na qual os professores e alunos têm um contato prévio com reproduções do acervo e catálogos das exposições. Depois da visita, os professores desenvolvem em sala de aula as temáticas que foram estimuladas na ida ao museu. Destaca-se, também, a atual preocupação dessas instituições com a acessibilidade do público portador de deficiências físicas (visual, auditiva e outras), que, por intermédio de recursos especiais, como maquetes, por exemplo, consegue "ler" os objetos expostos.

Complementam a educação artística dada nas escolas os cursos livres e as oficinas de sensibilização e iniciação artística, abertos a todos os públicos e promovidos pelos centros culturais. Diferentemente dos museus, quase sempre situados nas áreas nobres das cidades, os centros culturais espalham-se pelo tecido urbano e alcançam áreas periféricas. Dessa forma, um público carente de espaços culturais pode ter acesso às artes.

Promoção da leitura

Assim como a educação artística, o hábito da leitura deveria ser estimulado em todos os níveis de ensino. Essa é a opinião de Aires da Mata Machado Filho:

> Cada vez mais me convenço de que a escola de todos os graus, do ensino elementar à Universidade, está na obrigação de criar o hábito, a necessidade, o gosto da leitura. [...] Desde cedo, implante-se o fascínio da leitura como segunda natureza. [...] quem realmente aprendeu a ler, na cabal acepção do

34 Ana Mae Barbosa, Arte, Educação e Cultura. Disponível em: <http://www.dominiopublico.gov.br/pesquisa/ DetalheObraForm.do?select_action=&co_obra=84578>. Acesso em: 19 abr. 2022.

Política cultural: fundamentos

termo, possui a chave para qualquer tipo de conhecimento [...]. Como prazer supera aquela que se faz por obrigação. Em verdade, o amor ao livro, em plenitude, leva a um dos grandes prazeres da vida, isento de sobressalto, imune a desilusões. E a leitura como remédio aos dissabores? Nem é preciso que o texto se revele consolador, quer-se apenas que prenda a quem o procura.[35]

Somem-se ao que diz Machado Filho as conclusões do pesquisador Jean-Michel Guy, vinculado ao Ministério da Cultura da França, que há anos estuda os públicos da cultura e as práticas culturais dos franceses. Em evento realizado em Belo Horizonte, ele comunicou ao público sua conclusão, após inúmeras pesquisas: *o gosto pela arte e pela cultura é formado na infância.*[36] Assim, aqueles que nascem em lares em que habitualmente se consomem bens culturais (como os livros) se tornarão também eles assíduos leitores e frequentadores de espaços e eventos de cultura, podendo vir a ser até mesmo praticantes de alguma atividade relacionada. Essa descoberta gerou uma discussão pública na França a respeito da importância da educação artística, considerada essencial para preencher eventuais lacunas na formação de crianças cujos pais não são habituados ao consumo cultural; e, nesse caso, a escola contribuiria para reduzir as desigualdades no acesso ao conhecimento e à fruição da cultura.

É verdade que a escola já cumpre uma função essencial para que a criança acesse o mundo da cultura: ela ensina a ler. Mas o encontro com a literatura, que nos primeiros anos de escola costuma ser prazeroso – é sempre motivo de alegria quando o(a) professor(a) anuncia a hora do conto –, torna-se uma obrigação em geral maçante no ensino médio. O aluno deve ler o livro, responder a questionários que visam avaliar se ele concluiu a leitura da obra e, ao final, ainda é submetido a uma prova para aferir seu conhecimento. O antigo prazer de ouvir estórias na sala de aula dá lugar à angústia do exame. É nessa hora que futuros leitores habituais começam a se extraviar. O antídoto é propiciar de forma continuada o prazer de ler; e esse é um dos principais objetivos das políticas culturais de promoção da leitura, alcançável, entre outros meios, pela implantação de bibliotecas infantis e juvenis.

No Brasil a primeira biblioteca infantil de que se tem notícia foi instalada em 1936, quando Mário de Andrade ocupava o Departamento de Cultura da cidade de São Paulo. No decreto de criação do departamento já estava prevista a implantação da Biblioteca Infantil Municipal. Sobre o seu acervo, o parágrafo 2º do decreto dispõe: "A Biblioteca infantil será constituída de obras

O cotidiano da gestão das políticas públicas de cultura

nacionais de literatura infantil e de traduções autorizadas de obras estrangeiras, de histórias, figuras e revistas infantis recreativas e educativas, de mapas, gravuras, selos e moedas".

É possível antever nesse texto o que são hoje as bibliotecas infantis e juvenis. Ao contrário da biblioteca tradicional, e até mesmo da biblioteca escolar, cujos ambientes costumam ser sisudos, a biblioteca infantil e juvenil é um lugar onde se aprende a gostar de ler brincando. Hoje, uma biblioteca infantil que se preze tem sua Gibiteca, uma coleção de revistas em quadrinhos, que é a mais procurada pelos pequenos e jovens leitores. E também uma brinquedoteca. Além de possuir um espaço atraente e acolhedor, com arquitetura e mobiliário adequados ao público, a biblioteca infantil e juvenil promove diariamente atividades de incentivo à leitura: hora do conto; apresentações teatrais (de marionetes ou com atores); rodas de leitura; saraus de poesias; jogos e brincadeiras (jogo da memória, jogos eletrônicos e outros); oficinas de arte (pintura, escultura, música, cinema, fotografia e vídeo); exposições de livros; e bate-papo com autores de obras infantojuvenis, entre outras.

O trabalho executado pelas bibliotecas infantis e juvenis é inspirador. Se fosse possível selecionar um segmento prioritário, entre os públicos para os quais as políticas de cultura são dirigidas, esse seria o das crianças e jovens. Essa opção, entre as inúmeras necessidades e demandas culturais da sociedade, seria certamente limitadora, mas condizente com uma política cultural cujo objetivo principal seja contribuir para a formação de sujeitos autônomos e criativos.

Sistema Nacional de Cultura

Pelo visto, não são poucas as obrigações de um órgão público de cultura. Há um mito, muito difundido no senso comum, de que, para produzir e gerir a cultura, não é necessário ter muito dinheiro. Esse equívoco talvez se explique pelo fato de as pessoas, em sua maioria, raciocinarem como consumidoras, associando a cultura ao tempo livre, esquecendo-se de que, por detrás das

35 Aires da Mata Machado Filho, *Inquietação e rebeldia*, Belo Horizonte; Itatiaia, 1983, pp. 237-9.
36 Palestra no *Fórum Políticas Culturais*, realizado em Belo Horizonte de 24 a 27 de maio de 2017. Promoção do Governo do Estado de Minas Gerais, por meio da Secretaria de Estado da Cultura; Serviço Social do Comércio (Sesc-MG) e Embaixada da França no Brasil.

Política cultural: fundamentos

manifestações culturais e dos programas e projetos públicos, há muito trabalho – e custos. O fato é que não há como garantir a todos os cidadãos o pleno exercício dos direitos culturais se não houver órgãos de cultura com orçamentos condizentes. No entanto, dinheiro não basta. Além de servidores especializados, capazes de planejar, executar e avaliar as políticas culturais – o que demanda carreiras públicas de nível superior –, é necessário possuir estrutura administrativa adequada às responsabilidades crescentes que recaem sobre os órgãos de cultura.

Outro mito bastante difundido é o de que não cabe ao Estado produzir cultura, mas apenas fomentar:

> Na verdade, o Estado produz cultura toda vez que cria corpos artísticos estáveis, como orquestras e companhias de teatro e dança; constrói e administra centros culturais, teatros, bibliotecas, arquivos e museus; instala escolas públicas de artes; cria TVs e rádios públicas; e quando institui políticas de proteção do patrimônio cultural, como o tombamento, que é uma intervenção incisiva, pois impõe limites à propriedade privada [...]. O Estado também produz cultura quando instala universidades públicas para o ensino, a pesquisa e a difusão de conhecimentos. Na visão ampliada de cultura, que hoje é praticamente consensual e sustentada pela Constituição Federal e também por pactos e convenções internacionais, o papel do Estado tende a crescer.[37]

Para superar a precariedade estrutural dominante na gestão da política cultural brasileira, foi proposta pelo Governo Federal, em 2002, a criação do Sistema Nacional de Cultura (SNC). À semelhança de outros sistemas de políticas públicas que têm por finalidade garantir direitos de cidadania, como o Sistema Único de Saúde (SUS) e o Sistema Único de Assistência Social (Suas), o SNC propõe que o Estado e a sociedade se articulem, a fim de organizar e dar estabilidade às políticas públicas de cultura. O modelo de gestão proposto reúne sociedade civil e entes federativos – União, estados, municípios e Distrito Federal –, com seus respectivos sistemas de cultura, organizados de forma autônoma e em regime de colaboração.

O SNC, constitucionalizado em 2012 (artigo 216-A), rege-se pelos seguintes princípios: diversidade das expressões culturais; universalização do acesso aos bens e serviços culturais; fomento à produção, difusão e circulação de bens culturais; cooperação entre os entes federados e entre os agentes públicos e privados atuantes na área cultural; integração e interação na execução

O cotidiano da gestão das políticas públicas de cultura

das políticas, programas, projetos e ações; transversalidade das políticas culturais; transparência e compartilhamento das informações; democratização dos processos decisórios, com participação e controle sociais; descentralização articulada e pactuada da gestão, dos recursos e das ações, entre outros.

Para colocar em prática esses princípios, o Sistema Nacional de Cultura, nas respectivas esferas da federação, possui a seguinte estrutura: *coordenação:* órgão gestor da cultura; *instâncias de articulação e deliberação:* conselho de política cultural, conferência de cultura e comissões intergestores; *instrumentos de gestão:* plano de cultura, sistema de financiamento à cultura (com ênfase em fundos públicos), sistema de informação e indicadores culturais, e programas de formação na área da cultura. São ainda previstos os subsistemas setoriais, como os de bibliotecas, museus, patrimônio cultural, artes e outros que porventura sejam criados para gerir programas específicos.

Até hoje (2020), o SNC carece de plena institucionalização, mas houve avanços. No plano federal, destacam-se: a elaboração do Plano Nacional de Cultura, também constitucionalizado,[38] a realização de três conferências nacionais de cultura (antecedidas pelas fases municipais e estaduais), a institucionalização e o pleno funcionamento do Conselho Nacional de Política Cultural e a criação e execução do Programa Nacional de Formação na Área da Cultura. Houve iniciativas de implantar o Sistema Nacional de Informações e Indicadores Culturais, que não lograram o sucesso esperado. O Sistema Nacional de Bibliotecas já existia, e o Sistema Brasileiro de Museus foi criado, mas ambos atuaram de forma pouco articulada com o SNC. Os repasses de recursos fundo a fundo e a Comissão Intergestores Tripartite, instância de deliberação e planejamento composta por representantes dos entes federados, não chegaram a ser instituídos. Todos os Estados aderiram ao SNC e, na expectativa de receber recursos federais, vários municípios também o fizeram.

Num país das dimensões do Brasil, a cooperação federativa é quase um imperativo para que as políticas públicas da União alcancem todo o território e tenham êxito. A institucionalização dos sistemas – via legislação e estrutura administrativa compatível –, aliada à sua legitimação pela sociedade, faz com que se torne difícil destruí-los. E, como o federalismo garante

---

37 Bernardo Mata-Machado, *Estado e Sociedade no Sistema Nacional de Cultura, in:* Seminário Internacional Sistemas de Cultura: Política e Gestão Cultural

Descentralizada e Participativa, Brasília: Ministério da Cultura; Rio de Janeiro: Fundação Casa de Rui Barbosa, 2016, p. 36.
38 Artigo 215: parágrafo 3º, incisos de I a V.

Política cultural: fundamentos

autonomia aos entes que o compõem, estados e municípios poderão dar continuidade à implantação de seus sistemas, mesmo na hipótese de o Governo Federal optar pela omissão.

Embora ainda inacabada em sua implantação, a proposta do SNC logrou obter amplo consenso entre os entes federados, agentes e instituições do campo da cultura brasileira, como demonstra o pesquisador Alexandre Barbalho após analisar um amplo conjunto de dados, entre documentos, entrevistas, artigos jornalísticos e de opinião:

> Assim, a análise do *corpus* empírico permite afirmar que o SNC permaneceu como valor hegemônico no campo cultural até o último ano do governo Dilma [Roussef], como revela a adesão aos valores que o Sistema reúne em torno de si: democracia, institucionalização e financiamento da cultura. Ou seja, o SNC conseguiu articular diversas demandas históricas do campo que tinham como seu contraponto o autoritarismo, a fragilidade institucional e a falta de recurso das políticas culturais.[39]

Somado à hegemonia desses valores, o fato de o SNC estar constitucionalizado permite arriscar a hipótese de que ele venha a ser retomado no futuro, após o período de fragilização que, no plano federal, teve início em 2016.

39 Alexandre Barbalho, *Sistema Nacional de Cultura: campo, saber e poder*, Fortaleza: Eduece, 2019, p. 164.

* * *

12.
Transversalidade da política cultural

Em decorrência do conceito amplo de cultura adotado nesta obra, que resulta da fusão de dois significados expostos no primeiro capítulo – os modos de criar, fazer e viver dos diferentes grupos humanos e o conjunto de atividades intelectuais e artísticas –, inter-relacionar a gestão cultural com outras políticas públicas é um imperativo lógico. A isso se dá o nome de transversalidade. Até setores como os de esportes, saúde e segurança pública, que em tese podem parecer distantes, não o são. Basta lembrar que grandes eventos esportivos, como as Olimpíadas, a Copa do Mundo de Futebol e o jogo final do campeonato de futebol norte-americano (*Super Bowl*), têm suas aberturas ou intervalos ocupados por grandes manifestações artístico-culturais. Elas, em geral, fazem referência ao patrimônio cultural dos países sede e servem como palco para a apresentação de artistas de diversos segmentos, com destaque para a música, a dança, o teatro e o circo. No caso do *Super Bowl*, há também um *show* de cenotécnica no intervalo do jogo, quando palcos, cenários e equipamentos de luz e som são montados e desmontados com impressionante rapidez. Considerem-se ainda os esportes que utilizam elementos artísticos, como o solo feminino da ginástica olímpica, a ginástica rítmica, a patinação artística no gelo e o nado sincronizado, nos quais a música, o figurino e a coreografia são componentes essenciais.

Na esfera da saúde, há especialidades terapêuticas, como a musicoterapia e o psicodrama, que lançam mão de técnicas e conteúdos artísticos com a finalidade de obter a cura de transtornos mentais. Com esse mesmo objetivo, vale lembrar, no Brasil, a experiência da psiquiatra Nise da Silveira, que utilizou as artes visuais como forma de expressão do inconsciente e tratamento dos enfermos. Há ainda o exemplo dos "doutores da alegria", grupos circenses

Política cultural: fundamentos

que frequentam as alas infantis de hospitais para distrair as crianças doentes com palhaçadas que lhes atenuam o tédio e o sofrimento.

No campo da segurança pública, embora faltem evidências comprobatórias, há o pressuposto de que as artes têm potencial para criar espaços de convivência pacífica, autoestima e perspectivas de trabalho para crianças e jovens moradores de áreas dominadas pelo crime organizado. Nesses locais o convívio com as artes seria fator de redução da violência. É sempre lembrada a experiência das cidades de Bogotá e Medellín (Colômbia), que, a partir de meados da década de 1990, viram de forma expressiva a redução dos índices de criminalidade. Parecem ter contribuído para isso políticas repressivas combinadas com programas preventivos, como a construção de espaços socioculturais nas regiões mais afetadas pela violência, com arquitetura e programação de qualidade. Baseadas nos conceitos de "segurança cidadã" e "urbanismo social", ações planejadas em conjunto por órgãos responsáveis pelas políticas urbanas, de assistência social, educação, cultura e segurança pública, e com a participação das comunidades, foram consideradas fator decisivo para a redução da violência.

A cooperação entre diferentes órgãos públicos não é fácil de ser obtida. Mais comum é a fragmentação das ações, ficando cada um no seu "quadrado", cuidando de suas próprias atribuições. Por isso é recomendável, no caso de parcerias, optar por programas nos quais as confluências são mais nítidas, considerando as atribuições de cada órgão e os interesses públicos envolvidos. Neste capítulo serão destacadas as inter-relações da política cultural com as seguintes áreas: educação, comunicação, turismo, meio ambiente e política externa.

Política cultural e educação

Verifica-se, no Brasil, a complexidade das relações político-administrativas entre as áreas da educação e da cultura, tendo em vista a diferença de porte das agendas – a educação é quase sempre priorizada pelos governos, mais bem aquinhoada em orçamentos e possui uma estrutura administrativa bem mais robusta do que a dos órgãos de cultura. Apesar disso, nas intenções mútuas há sinais positivos, como atestam os respectivos planos de ação aprovados no Congresso Nacional: Plano Nacional de Cultura (PNC – lei n. 12.343/2010) e Plano Nacional de Educação (PNE – lei n. 13.005/2014). Nos seus objetivos, os dois documentos fazem referências mútuas. O PNE dá prioridade à promoção humanística, científica, *cultural* e tecnológica do país e advoga a articulação

Transversalidade da política cultural

das políticas educacionais com as demais políticas sociais, *particularmente a de cultura*; chama a atenção para a especificidade das populações rurais e das comunidades indígenas e quilombolas, preocupando-se com a *preservação de suas respectivas identidades culturais*. Já o PNC estabelece, entre seus objetivos, estimular a *presença da arte e da cultura no ambiente educacional* e propõe *integrar a política cultural com as políticas de educação* (colocadas em primeiro lugar), comunicação, ciência e tecnologia, direitos humanos, meio ambiente, turismo, planejamento urbano, desenvolvimento econômico e social, indústria e comércio e relações exteriores. Entre suas estratégias, o PNE fala em promover o *relacionamento das escolas com as instituições e movimentos de cultura*, a fim de garantir a oferta regular de atividades culturais para a livre fruição dos estudantes, dentro e fora dos espaços escolares. Já o PNC propõe realizar parcerias com os órgãos de educação para que as *escolas atuem como centros de produção e difusão cultural das comunidades*, enfatizando a transmissão dos saberes e fazeres das culturas populares. No que se refere às artes, o PNC sugere que, além de matéria específica, elas sirvam também como metodologia de aprendizado de outras disciplinas, estimulando tanto o senso crítico quanto a expressão artístico-cultural dos estudantes.

Essas são algumas das várias referências mútuas inscritas nos dois planos. Entretanto, visando definir uma agenda mais objetiva e operacional de integração das duas políticas, três temas de interesse comum são prioritários: (1) educação artística; (2) promoção da leitura; e (3) educação patrimonial, particularmente para suscitar o respeito à diversidade cultural. Os dois primeiros temas foram tratados no capítulo anterior, restando discutir o terceiro.

Mário de Andrade, pioneiro na formulação da política de patrimônio histórico e artístico do Brasil (ver capítulo 7), entendia que a proteção dos bens culturais era em si mesma um ato pedagógico, conforme registra a socióloga Maria Cecília L. Fonseca:

> Na verdade, para Mário, a atuação do Estado na área da cultura devia ter como finalidade principal a coletivização do saber, daí sua preocupação e mesmo seu envolvimento com a questão educacional. Em carta a Paulo Duarte,[1] Mário disse certa vez que "defender o nosso patrimônio histórico e

1 Paulo Duarte, *Mário de Andrade por ele mesmo*, São Paulo: Hucitec/Secretaria da Cultura, Ciência e Tecnologia, 1977, p. 151.

Política cultural: fundamentos

artístico é alfabetização" [...]. Mário acreditava que, divulgando as produções artísticas, tanto as eruditas como populares, e criando as condições de acesso a essas produções, se estaria contribuindo para despertar a população para o que costumava ficar reservado ao gozo das elites – a fruição estética. Desse modo se estaria, ao mesmo tempo, democratizando a cultura e despertando na população o sentimento de apego às "coisas nossas".[2]

Passados 55 anos, com base no conceito de "cidadania cultural", a gestão de Marilena Chaui na Secretaria de Cultura do município de São Paulo instituiu, em parceria com a Secretaria de Educação, um programa de educação patrimonial que lembra os ideais de Mário de Andrade. Realizado pelo então criado Serviço Educativo, o programa tinha duas ações básicas: visitas de estudantes e professores das redes pública e privada ao centro histórico da cidade, com monitoria e transporte gratuito, e um curso de capacitação de professores da rede municipal, que enfocava o patrimônio histórico de forma interdisciplinar. O doutor em Letras Valmir de Souza registra:

> Um dos pontos básicos do Serviço Educativo foi o de propiciar uma aproximação da "Periferia" com o "Centro" da cidade na prática cultural, o que foi realizado quando crianças e adultos de bairros pobres puderam ver e estudar *in loco* o Centro Histórico da Cidade. Com esse movimento de ida ao Centro ampliavam-se os horizontes dos alunos das Escolas Municipais e, por ser uma atividade intersecretarial, funcionou como uma ponte entre a Secretaria Municipal de Cultura e a Secretaria Municipal de Educação.[3]

No âmbito nacional, o Iphan sempre esteve preocupado com a educação patrimonial, mas sem restringi-la ao ambiente escolar. Inicialmente, a ênfase foi dada ao papel educacional dos museus e, em seguida, à sensibilização das comunidades detentoras de bens culturais protegidos. Em 2004 foi criada a Gerência de Educação Patrimonial e Projetos, primeira instância administrativa do Iphan dedicada especificamente ao tema. Ressaltam as iniciativas em parceria com o Ministério da Educação (MEC), que institucionalizaram a inserção do tema Patrimônio Cultural na educação formal. No ensino superior, a integração deu-se no Programa de Extensão Universitária, que introduziu a linha temática do Patrimônio Cultural e integrou o Ministério da Cultura à elaboração de editais e à seleção de projetos de extensão a serem executados por estudantes e professores. No ciclo fundamental, o Programa Mais Educação

234

incluiu na jornada ampliada da escola integral atividades associadas às políticas dos ministérios parceiros (Cultura, Desenvolvimento Social e Combate à Fome, Ciência e Tecnologia, Esporte e Meio Ambiente), entre as quais as relacionadas à educação patrimonial. O documento publicado pelo Iphan em 2014 resume os objetivos dessa parceria:

> Essa estratégia promove a ampliação de tempos, espaços, oportunidades educativas e o compartilhamento da tarefa de educar entre os profissionais da educação e de outras áreas, as famílias e diferentes atores sociais, sob a coordenação da escola e dos professores. Trata-se da construção de uma ação intersetorial das políticas públicas educacionais e sociais que visa contribuir tanto para a diminuição das desigualdades educacionais quanto para a valorização da diversidade cultural *brasileira* – reconhecendo que a educação deve ser pensada para além dos muros da escola e considerando a cidade, o bairro e os bens culturais como potencialmente educadores, eles próprios.[4]

Entre as metodologias aplicadas, destaca-se o "inventário pedagógico do patrimônio local", mapeamento das referências culturais – com identificação de suas potencialidades educativas – existentes em cada localidade. Dessa forma, privilegia-se o conhecimento da realidade no entorno da escola, evitando-se "adotar uma metodologia uniforme que não leva em consideração os diferentes contextos culturais do país".[5] A vivência e a compreensão da diversidade sociocultural tornou-se então o eixo norteador da educação patrimonial, reforçado pelas leis que tornaram obrigatório nas escolas o ensino da história e das culturas afro-brasileira e indígena. Tudo isso contribuiu para ampliar a presença da educação patrimonial nas escolas, para além das tradicionais representações teatrais e exposições realizadas durante as datas cívicas.

2   Maria Cecília Londres Fonseca, *O patrimônio em processo: trajetória da política federal de preservação no Brasil*, Rio de Janeiro: UFRJ; Iphan, 1997, pp. 110-1.

3   Valmir Souza, *Cultura e literatura: diálogos*, São Paulo: Ed. do autor, 2008, p. 80.

4   Brasil, *Educação patrimonial: histórico, conceitos e processos*, Brasília: Instituto do Patrimônio Histórico e Artístico Nacional, 2014, p. 33.

5   *Ibid.*

Política cultural e comunicação

Entre cultura e comunicação, cabe discutir as relações com a mídia tradicional – jornais (com ênfase no jornalismo cultural) e radiodifusão – e com a internet (a rede das redes) e as corporações eletrônicas (*big techs*) nela hospedadas, particularmente as que cumprem as funções de busca de informação e de meio para relações interpessoais (as ditas redes sociais). A interação entre as políticas de cultura e a radiodifusão no Brasil ainda é incipiente, embora fundamental, visto que a televisão e o rádio são os equipamentos de produção e difusão cultural mais disseminados no país (aproximadamente 90% dos lares possuem um ou outro, ou os dois).

A relação entre as duas políticas envolve consensos em torno de quatro pressupostos: (1) *"o ar por onde trafegam as ondas eletromagnéticas é um bem público*, como são as milhas marítimas, os metais do subsolo, os rios e os mares, as praças e ruas das cidades"[6]; (2) *a radiodifusão é um serviço público* que inclui a transmissão de sons (rádio) e de sons e imagens (televisão), cuja exploração é monopólio da União, que pode concedê-la a particulares, via processo licitatório; (3) *o direito à comunicação e à informação é um direito humano*, individual e coletivo, que envolve os direitos de informar, ser informado e acessar os meios necessários à produção, distribuição e recepção de conteúdos, sendo fundamental para o exercício da cidadania, compreendida como a consciência e a capacidade de reclamar direitos e cumprir deveres; (4) como a TV e o rádio são concessões públicas, *"a discussão sobre seu uso deve ser feita no espaço público".*[7]

A política de comunicações no Brasil é regulada pelo Código Brasileiro de Telecomunicações (CBT), conjunto de normas aprovado em 1962, durante o governo do presidente João Goulart, que após 52 vetos ao projeto de lei, a fim de contrabalançar os interesses públicos e privados envolvidos na exploração do serviço de radiodifusão. Entretanto, no Congresso Nacional, em que predominavam os interesses privados, os 52 vetos do Poder Executivo foram derrubados em uma única sessão. Como resultado da mobilização pela derrubada dos vetos, constituiu-se a Associação Brasileira de Emissoras de Rádio e Televisão (Abert), entidade que reúne os concessionários privados e que tem conseguido barrar todas as iniciativas legislativas de democratização dos meios de comunicação no Brasil. O *lobby* atuou com força no processo constituinte de 1987-88. Nessa ocasião, o único relatório rejeitado em plenário foi o da Subcomissão de Comunicação, Ciência, Tecnologia e Informática, que só logrou aprovação após ser revisto o artigo 224, que criava o Conselho Nacional de Comunicação Social, vinculado ao Poder Executivo:

> A ideia da criação do Conselho era permitir tanto a ampliação de *players* na concepção das políticas como dar transparência ao debate público das questões da radiodifusão. Ao ser derrubado na sua concepção original – que redimensionava a participação da sociedade no debate e na deliberação política para o setor, bem como na revisão e avaliação de novas concessões –, o Conselho perdeu poder e sentido e se transformou em um órgão consultivo do Congresso Nacional. Mesmo esvaziado dos seus objetivos e funções, teve que esperar 14 anos para ser instalado, o que ocorreu apenas em 2002, numa negociação acertada com a oposição para a votação da PEC (Proposta de Emenda Constitucional) que permitiu a participação de capital estrangeiro nos meios de comunicação.[8]

César Bolaño analisa a política de comunicações no Brasil a partir dos governos militares e identifica duas grandes correntes:

> Uma progressista, defensora de políticas de regionalização, de incentivo à produção nacional e independente, e de controle da concentração dos meios; e outra conservadora, defensora de um liberalismo que favorece a posição dos concessionários de emissoras de rádio e televisão, mas também de uma política de defesa de mercado que torna o setor um bastião do capital nacional.[9]

Embora tenha mantido o CBT e seu modelo de concessão de canais de TV a grupos privados, a Constituição brasileira de 1988 inovou ao diferenciar os sistemas estatal e público:

---

6   Regina Mota, *A ocupação pública do espaço televisivo*, em: Rafaela Lima (org.), *Mídias comunitárias, juventude e cidadania*, Belo Horizonte: Autêntica/Associação Imagem Comunitária, 2006, p. 225.

7   Mateus Afonso Medeiros, *Direitos humanos: uma paixão refletida*, Belo Horizonte: Rede de Cidadania Mateus Afonso Medeiros, 2006, p. 205.

8   Rafaela Lima (org.), *Mídias comunitárias, juventude e cidadania*, op. cit., pp. 222-8.

9   César Bolaño, "Economia política, comunicação e cultura: alguns comentários sobre a regulação das comunicações no Brasil", em: Lia Calabre (org.), *Políticas culturais: diálogos e tendências*, op. cit., p. 81.

Política cultural: fundamentos

Em tese, o sistema estatal faria a prestação de serviço do governo e apresentaria à população o ponto de vista governamental como componente da variedade de pontos de vista da democracia midiática. O sistema público, também componente importante da variedade democrática, seria porta-voz da sociedade, oferecendo pluralidade de opinião e diversidade cultural sem intermediação do governo ou de interesses da iniciativa privada.[10]

Esse modelo foi concretizado com a criação da Empresa Brasileira de Comunicação (EBC) e de seus dois canais de televisão: NBR (estatal) e TV Brasil (pública). O sistema público, mesmo sendo operado por empresa controlada pelo Estado, dá voz e participação à sociedade, cujos representantes têm assentos assegurados no Conselho Curador, órgão superior responsável por deliberar a respeito das diretrizes e da linha editorial das emissoras.

A atribuição de fiscalizar as emissoras de rádio e televisão é do Governo Federal, representado pela Agência Nacional de Telecomunicações (Anatel). Uma matéria publicada em 2015 na revista *Carta Capital*, com base em relatório da organização não governamental Repórter Sem Fronteiras, atesta que essa fiscalização tem sido ineficiente, gerando uma série de distorções, entre elas a concentração oligopolista da propriedade dos meios de comunicação. Do ponto de vista cultural, a matéria ressalta a pouca presença de conteúdo local/regional nas telas da TV:

> Atualmente os grupos Globo, SBT, Record e Band dominam 69,4% da audiência televisiva. Os números derivam do fato de esses canais terem empresas afiliadas que, em sua maioria, retransmitem e reproduzem a grade de programação das empresas sede, as chamadas cabeças-de-rede. Por meio das afiliadas, a Globo, maior cabeça-de-rede do Brasil, transmite sua programação para 98,6% do território nacional, seguida por SBT (85,7%), Record (79,3%) e Band (64,1%). As cabeças-de-rede têm um significativo domínio sobre a produção de conteúdo. Um estudo do Observatório do Direito à Comunicação, de 2009, mostrou que 90% dos conteúdos veiculados pelas afiliadas são produzidos pela cabeça-de-rede.[11]

A concentração da produção de conteúdos nas cabeças-de-rede, sediadas no eixo Rio-São Paulo, que inclui programas artístico-culturais, como telenovelas (principal produto audiovisual da TV brasileira), musicais (entre eles os de auditório), programas humorísticos e literários, foi particularmente danosa

Transversalidade da política cultural

para os artistas de outros Estados. Antes do videoteipe e da formação das grandes redes e de suas afiliadas repetidoras, canais de televisão regionais, como a TV Itacolomy, em Minas Gerais, e a TV Comércio, em Pernambuco, veiculavam teleteatro (uma peça teatral por programa) e telenovelas (seriadas) produzidas por artistas e técnicos locais (atores, atrizes, roteiristas, diretores, figurinistas, maquiadores, técnicos de som, luz e câmera). A popularidade obtida nas telas contribuía para a obtenção de trabalho e sucesso também no teatro. Para os que perderam seus empregos com a concentração da produção, a alternativa foi migrar para os grandes centros, onde a luta por espaço é fratricida, ou mudar de profissão e ficar vendo na TV atores e atrizes do eixo Rio-São Paulo falarem baianês, mineirês, amazonês, pernambuquês... Essa frustração já havia ocorrido, em parte, nas rádios, que, antes do surgimento da TV (1950), produziam programas musicais e literários, radioteatro e radionovelas, para as quais contratavam uma gama de técnicos e artistas, incluindo cantores, cantoras e orquestras fixas. A chegada da televisão mudou o panorama, como demonstra a história da Inconfidência, rádio criada em 1936 e controlada pelo governo do estado de Minas Gerais:

> Junto com os artistas do rádio, a TV também levou os anunciantes. Todos queriam ver seus produtos nas telas. Com isso as rádios perderam arrecadação e precisaram se reinventar. As orquestras foram diluindo-se, as radionovelas foram acabando-se, as apresentações ao vivo dos cantores foram ficando escassas. O caminho tomado pelas rádios foi a prestação de serviço, a utilidade pública, o jornalismo e o esporte, que ganharam espaço na programação. [...]. Em 1966 [...] todo o seu *cast* de artistas já estava desfeito, ficaram apenas locutores, noticiaristas, poucos produtores. Quase todos os programas da grade foram tirados do ar, dando lugar a mais noticiários e música gravada.[12]

10 Camila Cristina Curado; Nélia Rodrigues del Bianco, *O Conceito de Radiodifusão Pública na visão de pesquisadores brasileiros, in:* XXXVII Congresso Brasileiro de Ciências da Comunicação, 2014, Foz de Iguaçu, *Anais do XXXVII Congresso Brasileiro de Ciências da Comunicação* (s/p), São Paulo: Intercom, 2014, p. 5.

11 "Rádio e TV no Brasil: uma terra sem lei", *Carta Capital*, 10 nov. 2015.
12 Ricardo Parreiras, "Tudo começou quando cantei na Escola de Rádio em 1948", em: *Gigante no ar: a história da Rádio Inconfidência narrada por Ricardo Parreiras e convidados*, Belo Horizonte: Rádio Inconfidência, 2014, pp. 66-7.

A Constituição de 1988 preocupou-se com a concentração da produção de conteúdo, que mina a expressão da diversidade regional brasileira nos meios. Entre os princípios que devem orientar a programação das emissoras de rádio e televisão, o constituinte incluiu: "preferência a finalidades educativas, artísticas, culturais e informativas"; "promoção da cultura nacional e regional e estímulo à produção independente que objetive sua divulgação"; "regionalização da produção cultural, artística e jornalística, conforme percentuais estabelecidos em lei" e "respeito aos valores éticos e sociais da pessoa e da família".[13] Para regulamentar o princípio da regionalização, tramitam no Congresso Nacional, desde 1991, projetos de lei que não logram sucesso devido à forte resistência das grandes redes (Abert). Não é difícil para os concessionários obter apoio no Congresso, porque, para eleger-se e reeleger-se, a maioria dos políticos necessita reforçar sua popularidade, e a mídia, pela visibilidade que proporciona, é a principal difusora do prestígio e do reconhecimento social nas sociedades contemporâneas.

A manutenção desse estado de coisas – em especial a concentração da propriedade e da produção de conteúdo – resulta na baixa expressão da diversidade de vozes, ideias e manifestações culturais nos meios de comunicação, algo danoso à democracia, porque reduz o espaço de representação de interesses dos distintos grupos que compõem a sociedade brasileira. No entanto, há exemplos de medidas legais adotadas em outros países que ampliam o pluralismo da mídia:

> Algumas impõem limites à concentração da propriedade ou, então, proíbem a chamada "propriedade cruzada" (quando um mesmo grupo controla jornal, rádio e TV na mesma localidade). Outras geram espaços na programação das emissoras para que partidos e movimentos sociais transmitam suas mensagens. [...]. Outras medidas poderiam ser citadas, como a "educação para a mídia", destinada a gerar consumidores de informação que, conhecedores dos processos de produção dessa mesma informação, sejam capazes de dirigir a ela um olhar menos ingênuo e mais crítico.[14]

A reserva legal de espaço na programação para a manifestação de grupos diversos é chamada "direito de antena". Países como Espanha, Canadá, França, Alemanha, Itália, Inglaterra e Portugal, além de garantir espaço aos partidos políticos, estendem o direito a grupos sociais representativos do pluralismo político da sociedade. No Brasil, o direito de antena existe apenas

Transversalidade da política cultural

para os partidos divulgarem seus programas e candidatos, mas as emissoras, mesmo sendo beneficiadas por incentivos fiscais correspondentes ao tempo despendido nessa prática, combatem a norma e fazem o possível para desacreditá-la perante o público.

Diante desse cenário, o aparecimento da TV digital criou expectativas de mudança:

A televisão digital é uma nova mídia, resultante da convergência entre televisão, internet e telefonia móvel e que poderá, em alguns anos, transformar todos os receptores de televisão em terminais de computadores com acesso à internet. O seu potencial interativo aponta para a multiplicação da oferta de serviços públicos e privados que poderão beneficiar toda a sociedade, desde que se garanta a sua universalização. [...]. A nova tecnologia permite a multiplicação de produtores e operadores, o que pode vir a reconfigurar o desenho da exploração da mídia eletrônica no Brasil [...] o modelo unidirecional de comunicação, ainda vigente, está com os dias contados, mesmo que isso leve 20 anos. [A TV digital] permite e incentiva a troca e a universalização de ideias, pensamentos, hábitos culturais e expressões artísticas que, a despeito de toda a massificação, insistem em permanecer vivas e vigorosas.[15]

A cobertura jornalística da produção, circulação e consumo das artes, feita pela imprensa (jornais e revistas), "dinamiza e documenta o campo de produção cultural, age na formação de público e fornece parâmetros de valor para interpretação da cultura de determinado local e época".[16] Mas o jornalismo cultural tem limites, que coincidem com os que afetam o trabalho jornalístico como um todo:

13   Artigo 221: I, II, III e IV.
14   Luis Felipe Miguel, "Mídia e opinião política", em: Lúcia Avelar; Antonio Octávio Cintra (org.), *Sistema político brasileiro: uma introdução*, Rio de Janeiro: Fundação Konrad Adenauer Stifrung; São Paulo: Fundação Unesp Ed., 2004, p. 339.

15   Regina Mota, "A ocupação pública do espaço televisivo", em: Rafaela Lima (org.), *Mídias comunitárias, juventude e cidadania*, *op. cit.*, pp. 230-5.
16   Cida Golin; Everton Cardoso, "Jornalismo e a representação do sistema de produção cultural: mediação e visibilidade", em: César Bolaño; Cida Folin; Valério Brittos, *Economia da arte e da cultura*, *op. cit.* p. 185.

Política cultural: fundamentos

A redação do jornal, da rádio ou da TV é o local em que se reúnem as notícias obtidas de diferentes formas (pelos repórteres, por agências de notícias etc.), em geral em volume muito maior do que aquele que é efetivamente divulgado [...]. O ponto crucial é o processo de *seleção*, na verdade duas seleções complementares. Em primeiro lugar, a imprensa escolhe quais dos fatos – em meio a incontáveis opções – são os mais relevantes. O consumidor de informação [...] não tem como conferir se a seleção de notícias é a mais adequada, já que, por definição, não tem acesso aos fatos deixados de lado pela imprensa [...]. A segunda seleção é igualmente decisiva: uma vez que determinado acontecimento é considerado digno de cobertura jornalística é necessário saber *quais aspectos* desse acontecimento serão abordados [...]. O mesmo vale para as imagens, [que] tendem a ser consumidas como fragmentos *indiscutíveis e imediatos* do real.[6]

O jornalismo cultural no Brasil tem longa tradição, iniciada em 1838 com a publicação, pelo *Jornal do Comércio*, de capítulos sequenciais de romances – os folhetins. Na primeira metade do século XX, apareceram diversas revistas ilustradas; nas décadas de 1950-60 surgiram os suplementos literários, encartados nos principais jornais do país; mais à frente, chegaram os atuais cadernos especializados em cultura (segundos cadernos). Até a década de 1980, o jornalismo cultural espelhava a produção dos intelectuais e artistas, em geral de classe média, e de suas instâncias de consagração (academias de letras, universidades, museus, salões de artes plásticas, editoras, grupos e movimentos artísticos organizados), que compõem o que Bourdieu chamou de "campo erudito" (ver capítulo 5). Entre esse campo e as editorias de cultura, há um "comércio simbólico", cuja moeda é o prestígio, a distinção e, por vezes, a consagração. Ao promover artistas, intelectuais e movimentos culturais, o jornal aufere "lucros simbólicos" e se destaca entre seus consumidores, assinantes e competidores.

Acrescenta toques de distinção aos cadernos de cultura a coluna social, em que são publicados os fuxicos e festejos da alta burguesia, sem economia de fotografias dos senhores, das senhoras e senhoritas presentes nessas comemorações. Completa o segundo caderno a agenda de eventos e a seção de lazer e entretenimento, que publica jogos, em geral palavras cruzadas, o horóscopo do dia e as tiras humorísticas em quadrinhos, em que é permitido ridicularizar o governo de plantão. A charge, também crítica, ocupa lugar de honra na página dois do primeiro caderno.

O consórcio entre o campo erudito e a imprensa mantém-se até hoje, mas a partir da década de 1980, a expansão e o crescimento do poder das indústrias culturais no Brasil impactaram o jornalismo cultural. Assim, busca-se atingir um público mais amplo, o leitor "médio", que expressa o grande público. Os textos ficam mais curtos, e a linguagem, menos hermética. A abordagem torna-se mais comercial, com ênfase no lazer e no entretenimento, e menos reflexiva. Os artigos analíticos diminuem, e a agenda de eventos fica mais robusta. Críticos literários, de música e cinema escasseiam, e a referência de qualidade dos produtos fica reduzida a signos (como estrelinhas e bonequinhos) e à lista dos livros mais vendidos. Até o colunismo social perde espaço, talvez por conta do aumento simultâneo da desigualdade social e do temor dos ricos de ostentar suas riquezas.

O jornalista Arthur Dapieve relata sua vivência nessa nova fase:

> Hoje em dia existe uma imprensa cultural muito a reboque do produto cultural. É muito menos uma imprensa de cultura e mais uma imprensa de indústria cultural. Para ter cobertura da imprensa, você precisa, em grande medida, de um produto para vender. Não adianta um artista genial que não tenha gravado. Frequentemente, você só consegue emplacar alguma coisa quando aquele negócio não só foi gravado como está bem distribuído, tem uma grande gravadora por trás [...]. Isso faz com que você fique a reboque de lançamentos. "Está sendo lançado isso, lançado aquilo, aquele disco, aquela peça". Frequentemente você não consegue, por conta dessa velocidade, destacar no meio daquela torrente de lançamentos aquilo que realmente é importante, aquilo que vai mudar a vida do espectador de teatro ou do espectador de cinema ou do sujeito que compra CDs.
>
> Você informa muito e opina pouco, ao contrário do que era em grande medida a imprensa cultural da década de [19]70, começo dos anos [19]80.[7]

Essa realidade traz quatro consequências: (1) os jornalistas ficam muito dependentes do que as assessorias de imprensa mandam; e as que são vinculadas às indústrias culturais são mais ricas e organizadas; (2) as empresas

6   Luis Felipe Miguel, *Mídia e opinião política*, *op. cit.*, p. 335.
7   Arthur Dapieve, "Mídia e cultura brasileira", em: Cândido José Mendes Almeida *et al.* (org.), *Cultura brasileira ao vivo: cultura e dicotomia*, Rio de Janeiro: Imago, 2001, p. 172.

Política cultural: fundamentos

influentes são quase todas localizadas no eixo Rio-São Paulo, fato que deixa pouco espaço para a produção cultural do resto do país; problema agravado pela dispensa, por motivos de economia, de jornalistas correspondentes e residentes em outros Estados; (3) a atenção da imprensa volta-se mais para os produtos finais (incluindo eventos) e menos para os processos de criação, que são instigantes e potencialmente exemplares; (4) as culturas populares, raramente enfocadas, continuam na obscuridade. Esse último fator está relacionado ao segundo, pois, como observa Celso Furtado, "a diferenciação regional do Brasil deve-se essencialmente à autonomia criativa da cultura de raízes populares". Desprezada pelas elites, a cultura popular desenvolveu-se e consolidou-se independentemente das influências europeias.[8]

É fato que o jornalismo dá visibilidade às artes e à cultura, mas, como oculta "seu modo de produção e se posiciona como um domínio capaz de reproduzir a realidade, a sensação do público é de que a cobertura retrata a totalidade da produção cultural".[9] Isso não é verdade, embora se possa dizer que, no geral, a cobertura espelha a pirâmide de relações de poder econômico que existem entre os campos de produção da cultura: indústria cultural (no topo), campo erudito (no meio) e culturas populares (embaixo).

* * *

O surgimento da internet, por estimular e propiciar uma comunicação participativa, interativa, horizontal e multidirecional, gerou expectativas positivas entre os defensores do direito à informação. Os internautas podem:

> Montar estações de rádio e televisão dentro de casa e emitir informações em áudio e vídeo para todo o planeta, a seu modo. Podem interagir com a programação proposta por outras pessoas ou por empresas e sugerir mudanças. Não é preciso um conglomerado transnacional para fazê-lo, o que consagra a inserção definitiva do indivíduo no rol de produtor de comunicação midiática. É uma nova era para a comunicação.[10]

Entretanto, logo se verificou que a internet não propiciava apenas "efeitos como trabalho colaborativo, intercâmbio e formação de redes solidárias".[11] Havia também aspectos negativos: prática de crimes, como pedofilia, calúnia, injúria e difamação; difusão de ideias preconceituosas e antidemocráticas, como o nazismo, o racismo, o machismo e a homofobia; e crimes cibernéticos,

Transversalidade da política cultural

como a apropriação e venda de dados pessoais, incluindo clonagem de cartões bancários. Logo se constatou que os crimes não são de fácil rastreamento quando cometidos em camadas profundas e obscuras da internet – *deep web* e *dark web*. Além de tudo isso, verificou-se que a rede não era imune ao poder econômico. Grandes empresas, cada dia mais poderosas, hospedaram-se na internet, destacando-se as de comércio eletrônico, busca de informações, prestação de serviços (como transporte) e relações interpessoais (ditas redes sociais). Por meio da análise tipológica de seus usuários, essas empresas logo adquiriram a capacidade de personalizar a emissão de propagandas e até mesmo manipular a opinião pública, chegando a influenciar o resultado de eleições em prol de políticos autoritários e de extrema-direita, como ocorreu nos Estados Unidos (2016) e no Brasil (2018), entre outros países. Problemas antes apontados nos meios de comunicação tradicionais, como concentração da propriedade e da produção de conteúdo, agora, com as empresas privadas transnacionais, viram-se multiplicados. E o poder de regulamentação dos Estados nacionais tem sido insuficiente para conter os crimes e fiscalizar os lucros das corporações tecnológicas, viabilizados pela venda de espaço publicitário, cujo preço é proporcional ao tamanho da audiência. Os lucros são ainda mais incrementados pela ausência de legislação trabalhista que regule as relações entre as empresas e seus trabalhadores (ditos empreendedores):

De um lado temos explosão dos algoritmos, inteligência artificial, *big data*, 5G, internet das coisas, indústria 4.0 etc. De outro encontramos uma massa crescente de trabalhadores e trabalhadoras (dada a desigual divisão sociossexual do trabalho) laborando 12, 14 ou 16 horas por dia, durante 6 ou 7 dias da semana, sem descanso, sem férias, com salários rebaixados e mesmo degradantes, sem seguridade social e previdenciária [...] Foi nesse contexto que as plataformas digitais deslancharam. Lépidas no trato com o mundo

8 Celso Furtado, *Cultura e desenvolvimento em época de crise*, Rio de Janeiro: Paz e Terra, 1984, p. 23 (Coleção Estudos Brasileiros, v. 80).

9 Cida Golin; Everton Cardoso, *Jornalismo e a representação do sistema de produção cultural: mediação e visibilidade*, *op. cit.*, p. 200.

10 Rogério Faria Tavares, "Associação Imagem Comunitária: uma trajetória em favor do direito de comunicar", em: Rafaela Lima (org.), *Mídias comunitárias, juventude e cidadania*, *op. cit.*, p. 18.

11 *Ibid.*

Política cultural: fundamentos

digital, dotadas de (insustentável) leveza, desbancaram as corporações tradicionais e hoje se encontram no topo do tabuleiro do capital.[12]

É provável que a ânsia por audiência na internet tenha sua parcela de responsabilidade pelo crescimento vertiginoso da polarização política em várias partes do mundo. Parece que as pessoas tendem a ficar entretidas mais na beligerância do que na troca de amabilidades. Nas disputas, os argumentos são infindáveis e culminam na troca de agressões que, feitas à distância, têm a "vantagem" de evitar o confronto presencial e imediato. Como o lucro das empresas é proporcional à maior ou menor permanência *on-line* dos usuários, a polarização deve interessá-las mais do que os consensos. Quanto mais longas forem as contendas, mais tempo os internautas ficarão submetidos à propaganda dos produtos e serviços veiculados na plataforma digital/empresarial.

Não fossem os potenciais riscos à democracia e as recorrentes agressões à honra, imagem e reputação das pessoas nas redes sociais, seria possível dizer que há na internet um equilíbrio entre ganhos e perdas. Com relação ao acesso à produção, à circulação e ao consumo de bens culturais, as conquistas são inegáveis. Gratuitamente ou a baixos preços, pode-se comprar ou acessar livros eletrônicos, obras de artes visuais, músicas, filmes, espetáculos de teatro, ópera, dança e circo. É possível passear pelas cidades do mundo e visitar os museus mais prestigiados; ler e produzir jornais e programas de rádio a qualquer hora, consultar bibliotecas digitais e fazer pesquisas diversas. Ingressos são adquiridos *on-line*, e o comércio eletrônico viabiliza a aquisição de bens culturais sem que seja necessário sair de casa. Pequenos negócios são administrados por meio da rede e, se o internauta logra obter alta audiência, pode ganhar dinheiro (ou, como se diz, monetizar) através da publicidade.

No campo político, contudo, já é sabido que os aplicativos de mensagens hospedados na internet comprometem o debate público e favorecem a disseminação de conteúdos falsos, como mostra o pesquisador em políticas de internet João Brant a respeito do Whatsapp:

> As mensagens virais se multiplicam nos aplicativos em um ambiente opaco. Não há um painel público em que sejam postadas [...] também se aproveitam de o anonimato ser regra geral. [...]. Esse problema afeta a democracia em vista do lugar que os aplicativos de mensagens ocupam no processo de

246

formação da opinião [...]. Não há dúvida de que aplicativos de mensagens têm enormes contribuições sociais. O problema é que o modelo de comunicação de massa, opaca e majoritariamente anônima, implica o enterramento do debate público. Impede que haja escrutínio de ideias e dificulta a visibilidade de perspectivas contraditórias [...]. A armadilha está no fato de que o caráter interpessoal de parte das mensagens atrai para todo o serviço, inclusive para as mensagens virais, um modelo de tratamento de dados próprio das comunicações privadas, baseado em privacidade e confidencialidade. O debate público nas democracias, contudo, precisa de luz.[13]

Somente uma regulamentação adequada é capaz de enfrentar esse desafio. O Marco Civil da Internet, lei brasileira aprovada em 2014, foi elogiado internacionalmente, mas parece não ter sido previdente quando determinou que um conteúdo publicado na rede só pode ser removido por meio de ordem judicial. Caso fosse possível mais agilidade na supressão de mensagens falsas ou ilegais – via notificação extrajudicial das vítimas ou, melhor ainda, por checagem do próprio *site* ou de agência especializada –, poder-se-ia evitar o que aconteceu nas eleições brasileiras de 2018,[14] quando a circulação de informações falsas, impulsionadas eletronicamente aos milhares e para milhões de indivíduos com extrema velocidade, afetou os resultados. Constatou-se então a necessidade de instrumentos legais mais poderosos para investigar, identificar e punir os autores, propulsores e financiadores de informação falsa. Sabe-se que a prática de impulsionar em massa tem custos elevados e que,

12 Ricardo Antunes, "Vilipêndio dos direitos trabalhistas causado pela uberização é culpa dos algoritmos?", *Folha de S.Paulo*, 8 nov. 2020, p. A16.

13 João Brant, *Democracia no escuro*, Folha de S. Paulo, 1º de novembro de 2020, p. C10.

14 Providências foram tomadas pelo Tribunal Superior Eleitoral (TSE) nas eleições municipais de 2020 no Brasil. O TSE promoveu parcerias com as maiores plataformas de redes sociais, a fim de derrubar centenas de contas que apresentavam comportamento coordenado e inautêntico. Parcerias foram feitas também com agências de checagem de informações e criou-se uma página no *site* da Justiça Eleitoral, denominada Fato ou Boato, que informava a população sobre a falsidade ou veracidade das informações (cf. "Barroso diz que eleição de 2020 teve menor incidência de *fake news*", *Folha de S.Paulo*, 14 nov. 2020, p. A13). Na eleição presidencial de 2020 nos Estados Unidos, foram tomadas providências similares, destacando-se o comportamento do Twitter, que tarjou mensagens consideradas inverídicas, e a inusitada interrupção pelas grandes redes de TV dos EUA de um discurso eivado de falsidades feito pelo presidente da República e candidato derrotado à reeleição.

no caso do Brasil, os gastos não foram declarados à justiça eleitoral, como manda a lei.

A Constituição brasileira veda o anonimato. A liberdade de expressão, embora seja direito fundamental garantido na mesma Carta, não é ilimitada, notadamente quando sopesada com outros princípios constitucionais, como a dignidade da pessoa humana e o Estado democrático de direito. A divulgação deliberada de informação falsa, destinada a difamar pessoas ou a democracia, deve ser tipificada como crime, e não tratada como direito do emissor. Conteúdos falsos e ilegais devem ser denunciados e retirados do ciberespaço com rapidez equivalente à que são disseminados.

Política cultural e turismo

Na relação entre política cultural e turismo, interessa analisar o chamado "turismo cultural", que abrange viagens para conhecer o patrimônio material e imaterial de diferentes povos, assim como feiras e festivais de arte: música, cinema, teatro, artes visuais, circo, livros e literatura, entre outros. O diálogo entre cultura e turismo tem potencial para fomentar os dois setores, mas é preciso que tenha como base a sustentabilidade cultural, social e ambiental, que pressupõe tratar com respeito os modos de viver da população visitada, o meio ambiente e o patrimônio cultural dos destinos turísticos.

No plano internacional, a temática do incentivo ao turismo cultural pelos Estados, com ênfase nos países em desenvolvimento, ganhou relevância a partir de 1963, quando se realizou, em Roma, a Conferência das Nações Unidas sobre Viagens Internacionais e Turismo. Considerando que, do ponto de vista turístico, "o patrimônio cultural, histórico e ambiental das nações constitui um valor substancialmente importante", a Conferência recomendou a adoção de medidas urgentes para "assegurar a conservação e proteção desse patrimônio". No ano seguinte, uma resolução da Conferência das Nações Unidas sobre Comércio e Desenvolvimento (1964) propôs aos organismos de financiamento, públicos e privados, nacionais e internacionais, que dessem apoio aos países na execução de "obras de conservação, restauração e utilização vantajosa de sítios arqueológicos, históricos e de beleza natural". Para que resultassem vantajosos, os projetos de restauração deveriam prever equipamentos de apoio ao turismo, como infraestrutura de acesso e hospedagem para visitantes. Três anos depois, a onu declarou 1967 o Ano do Turismo Internacional e recomendou às suas agências especializadas (leia-se Unesco) dar "parecer favorável às solicitações de assistência técnica e financeira dos países em desenvolvimento, a fim de acelerar a melhoria de seus recursos turísticos".

No âmbito interamericano, a Organização dos Estados Americanos (oea), em reunião realizada no final de 1967 para discutir a conservação e utilização dos monumentos e lugares de interesse histórico e artístico, emitiu um informe, intitulado "Normas de Quito", no qual reforçou a ideia de que os bens do patrimônio cultural "representam valor econômico e são suscetíveis de constituir-se em instrumentos de progresso"; assim, "as medidas que levem à sua preservação e adequada utilização não só guardam relação com os planos de desenvolvimento, mas fazem ou devem fazer parte deles". A proposta era somar ao valor arqueológico, histórico e artístico dos bens culturais o valor econômico e, assim, contribuir para o desenvolvimento dos países. Para alcançar esse objetivo, o caminho passaria pelo fomento ao turismo. Esse, por sua vez, além de contribuir para a economia em geral, poderia ser uma fonte privilegiada de recursos para a restauração e salvaguarda do patrimônio cultural, na época tido como em risco de extinção frente ao intensivo e por vezes desordenado crescimento urbano-industrial.

Foi nesse contexto histórico que o governo brasileiro, por intermédio da Diretoria do Patrimônio Histórico e Artístico Nacional (Dphan), atual Iphan, tomou a iniciativa de solicitar a assistência técnica da Unesco, que aprovou o pedido por meio da contratação de eminentes consultores internacionais, indicados para as cidades de Salvador (ba), Ouro Preto (mg) e Parati (rj). Partia-se do princípio de que os bens culturais deviam "ser tratados como um recurso ou ativo econômico de uma nação", capazes de gerar "fluxos financeiros e vantagens recíprocas para a cultura e a economia".[15] Combinando turismo e cultura, visava-se, naquelas cidades – ricas em patrimônio histórico e artístico, mas economicamente estagnadas –, preservar os bens culturais e, ao mesmo tempo, instalar infraestrutura turística. A consultoria envolvia a elaboração de um plano diretor urbano, acompanhado de orçamentos detalhados das obras a serem executadas. Paralelamente, foram firmados

15 Cecília Ribeiro Pereira, *O turismo cultural e as missões Unesco no Brasil*, Tese (Doutorado em Desenvolvimento Urbano) – Universidade Federal de Pernambuco, cac, Recife: 2012.

Política cultural: fundamentos

convênios entre órgãos governamentais (municipais, estaduais e da União), necessários à obtenção de financiamentos internacionais.

A exigência de um plano diretor visando ao fomento do turismo cultural, fazia sentido, pois a atividade turística, para ser bem-sucedida, além de contar com agências de viagens, receptivos e guias treinados, necessita do bom funcionamento de outros serviços, como transporte, hospedagem, alimentação, segurança, serviços financeiros (bancos e casas de câmbio), saneamento básico e assistência médica e hospitalar, além da divulgação dos destinos e de ações de conscientização da população local sobre a importância de receber bem os turistas e preservar o patrimônio cultural. Este, por sua vez, exige legislação e políticas públicas que o protejam. A ausência de um ou outro requisito pode prejudicar o objetivo finalístico, porque o turista, antes de viajar, quer ter certeza de que estará bem servido; caso se frustre com as condições do destino, além de não retornar, desaconselhará outros que porventura desejem viajar para aquele lugar.

As iniciativas tomadas em Salvador, Parati e Ouro Preto, que resultaram do apoio inicial da Unesco, parecem ter sido bem-sucedidas, porque até hoje essas cidades mantêm seu patrimônio cultural razoavelmente preservado e associado a um constante fluxo turístico. Também são cidades conhecidas por sediarem atividades culturais que atraem mais turistas. No caso de Minas Gerais, a metodologia aplicada em Ouro Preto estendeu-se a outras cidades históricas, como São João Del-Rei, Tiradentes e Diamantina, cujo planejamento urbano foi executado pela Fundação João Pinheiro, órgão vinculado ao governo estadual.

Todavia, há exemplos de danos causados pelo turismo em outros lugares, provavelmente resultantes da falta de planejamento e do excesso de ganância, que "mata a galinha dos ovos de ouro". Os danos relacionados ao turismo podem ser de caráter ambiental, social e cultural. Um artigo de três graduados em turismo, com mestrado e doutorado em matérias afins, arrola os impactos sociais e culturais, negativos e positivos, do turismo em áreas indígenas, ponderando que os problemas sociais e culturais podem ser motivados também por outros fatores. Com base na análise de teses de seus colegas que trataram do tema, os autores listaram os seguintes impactos sociais negativos:

Ressentimento local resultante do choque cultural; transformação da estrutura de trabalho; saturação da infraestrutura, gerando problemas quanto à terra, ao emprego, ao transporte e à alta densidade populacional;

transformação de valores e condutas morais (prostituição, uso de drogas, aumento da criminalidade etc.); [...] problemas de saúde (transmissão de enfermidades, falta de saneamento e problemas relacionados à precariedade/ausência de infraestrutura básica); etnocentrismo.[16]

Entre os impactos culturais negativos, citam-se: artefatos "transformam-se em meros produtos" comercializáveis e "perdem seu significado original"; homogeneização da arquitetura, com inserção de padrões alheios ao estilo local; "assimilação de comportamentos dos visitantes", entre eles a propensão ao acúmulo de bens materiais, podendo ocasionar "mudança completa no modo de vida local".

Os autores destacam também aspectos positivos: autovalorização e reconstrução de identidades étnicas; preservação do acervo patrimonial comunitário (incluindo costumes e tradições); intercâmbio cultural entre visitantes e visitados; divulgação das culturas indígenas; recriação de aspectos da cultura local, como o resgate de rituais já extintos; e a valorização do artesanato, que se torna "importante fonte de renda para as comunidades". Em resumo: a cultura local, além de sobreviver, adapta-se e se renova. Além disso, o turismo é uma oportunidade para que os visitantes tomem consciência das necessidades dos povos indígenas, "principalmente no que diz respeito às problemáticas territoriais".

Na parte final do artigo, os autores, visando refutar a ideia disseminada no senso comum de que o turismo é o "causador de todos os males", arrolam outros fatores que interferem nas culturas locais, entre eles: os *contatos com órgãos públicos*, tais como o antigo Serviço de Proteção ao Índio (SPI) e a atual Fundação Nacional do Índio (Funai), que, em determinadas fases de suas histórias, teriam adotado a tese da aculturação como a melhor forma de integrar os povos indígenas à cultura nacional; a execução de obras públicas e privadas (rodovias, portos, usinas hidrelétricas, eólicas termoelétricas, mineração, agronegócio e condomínios residenciais) nas proximidades de tribos situadas no litoral, na periferia de áreas urbanas e na beira de grandes

16 Sandra Dalila Corbari; Miguel Bahl; Silvana do Rocio de Souza, "Impactos (turísticos ou não) nas comunidades indígenas brasileiras", *Turismo e Sociedade*, Curitiba, v. 10, n. 3, pp. 1-25, setembro-dezembro 2017.

rios; a *influência dos meios de comunicação* de massas (rádio e televisão), que em algumas aldeias estão presentes em grande parte das moradias; a *atuação de instituições religiosas* que difundem suas crenças e recrutam fiéis; a *presença do exército* em áreas de fronteira; os contatos e o *intercâmbio entre grupos indígenas*. Os autores não mencionam, mas não há como excluir atividades como o garimpo ilegal, a devastação e a queimada de florestas, bem como as invasões de territórios indígenas demarcados, que ocasionalmente causam conflitos e mortes.

Independentemente da posição que se adota sobre os impactos do turismo, a realidade é que essa atividade, assim como qualquer outra do sistema capitalista, busca o lucro de forma incessante, e isso pode gerar sobrecarga para o ambiente natural e sociocultural. Para amenizar os impactos, uma alternativa aventada pelos autores do artigo é o chamado turismo comunitário, que se dá quando o próprio grupo visitado assume a gestão da atividade ou é chamado a participar do seu planejamento, a fim de discutir os atrativos turísticos e estabelecer eventuais limites ao seu uso. Isso vale para os indígenas e para qualquer outro grupo que seja objeto da curiosidade de estrangeiros, como os povos e comunidades tradicionais, favelados e imigrantes, entre outros. Um exemplo de adaptação à curiosidade dos turistas, planejada pela própria comunidade, é o da encenação de rituais. Originalmente destinado a celebrar e revitalizar a memória e a coesão do grupo, o ritual é transformado num espetáculo em que a comunidade ocupa o "palco", e o turista, a "plateia". Se a comunidade está consciente de que seu objetivo é meramente econômico, pode adaptar o ritual ao gosto do turista e manter sua prática ancestral intacta. Exemplo semelhante se dá com o artesanato.

No artigo aqui citado, os autores se referem à tese de Vanderlei Mendes de Oliveira que, na análise dos impactos do turismo, desaconselha a adoção de uma "perspectiva redutora", que elege "um grupo social mais forte (os turistas) e um grupo social mais fraco (os indígenas)".[17] Com raras exceções, como, por exemplo, os grupos que optam por manter seu isolamento, a maioria dos indígenas é hoje capaz de defender sua cultura e, ao mesmo tempo, adaptar-se aos contatos com o resto do mundo, incluindo os turistas.

Uma coisa é certa: por sua complexidade, o turismo exige planejamento. Embora grande parte dos agentes do campo turístico atue na iniciativa privada (agências de viagens, hospedagem, transporte e alimentação, entre outros), o planejamento tem de ser coordenado pelo setor público, único capaz de articular todos os interesses e demandas envolvidas, além de se responsabilizar por áreas sob sua gestão, como segurança, saneamento e limpeza pública. Sem planejamento, é alta a probabilidade de o turismo gerar impactos negativos sobre a natureza e o patrimônio cultural (material e imaterial).

Política cultural e meio ambiente

Na relação entre cultura e meio ambiente, dois temas interessam: (1) o *patrimônio arqueológico, etnográfico e paisagístico*, inscrito no decreto-lei n. 25, de 1937, como parte integrante do patrimônio histórico e artístico nacional; (2) e os *povos e comunidades tradicionais*, grupos humanos que sobrevivem graças aos recursos naturais de que dispõem. Nesse particular, destaca-se a questão do patrimônio genético associado aos conhecimentos tradicionais.

O conceito de patrimônio arqueológico adotado internacionalmente foi definido em 1990 na Carta de Lausanne (Suíça), emitida pelo Conselho Internacional de Monumentos e Sítios e o Comitê Internacional de Gestão do Patrimônio Arqueológico (Icomos/Icahm), vinculados à onu/Unesco:

O patrimônio arqueológico compreende a porção do patrimônio material para a qual os métodos da arqueologia fornecem os conhecimentos primários. Engloba todos os vestígios da existência humana e [lhe] interessam todos os lugares onde há indícios de atividades humanas, não importando quais sejam elas: estruturas e vestígios abandonados de todo tipo, na superfície, no subsolo ou sob as águas, assim como o material a eles associado. (art. 1º)

Os vestígios descobertos adquirem o *status* arqueológico por meio de pesquisas de campo, conduzidas por especialistas, que por vezes utilizam como método a escavação dos solos. Apresentam-se na forma de *sítios* ou *conjunto de sítios* (cerâmicos, líticos, rupestres, a céu aberto, em abrigos e cavernas) e podem constituir *coleções* (em geral depositadas em museus) e *parques arqueológicos* (como o Parque Nacional da Serra da Capivara, no Piauí-Brasil). De acordo com André Prous, os sítios arqueológicos do Brasil podem ser classificados, do

17 Vanderlei Mendes de Oliveira, *Turismo, território e modernidade: um estudo da população indígena Krahô, Estado do Tocantins (Amazônia Legal Brasileira)*, Tese de Doutorado, Faculdade de Filosofia, Letras e Ciências Humanas, Universidade de São Paulo, São Paulo, 2006.

Política cultural: fundamentos

ponto de vista funcional, em *sítios de habitação, depósitos de lixo* (sambaquis), *oficinas de trabalho* (como as de fabricação de instrumentos) e *sítios cerimoniais* (cemitérios e de arte rupestre). Os sítios descobertos são, em sua maioria, mistos, ou seja, apresentam "vários desses aspectos funcionais".[18]

Por força do decreto-lei n. 25, a proteção do patrimônio arqueológico, pelo tombamento, assim como a emissão de autorizações de pesquisa são atribuições do Iphan. Entretanto, esse patrimônio parece nunca ter sido prioridade do Instituto, pois, como observa o mestre em Preservação do Patrimônio Cultural Djalma Guimarães Santiago: "De um universo de aproximadamente mil e quatrocentos bens tombados pelo Iphan desde a sua fundação em 1937, verificamos que apenas quatorze bens arqueológicos, entre coleções e sítios, foram inscritos no Livro de Tombo Arqueológico, Etnográfico e Paisagístico".[19]

Desde o início, o Instituto contou com a colaboração do Museu Nacional e de seus técnicos para dar pareceres relacionados ao tema. Somente em 2010 foi criado um setor especializado, o Centro Nacional de Arqueologia, porém, quatro anos depois, em consequência de uma mudança em sua diretoria, o Iphan decidiu tratar a proteção do patrimônio arqueológico com base na lei n. 3.924/1961, e não mais no decreto-lei n. 25/37. Essa norma, conhecida como Lei da Arqueologia, determina que os "monumentos arqueológicos ou pré--históricos, de qualquer natureza, existentes no território nacional e todos os elementos que neles se encontram" são considerados bens públicos e, dessa forma, postos sob a imediata guarda e proteção da União. A mesma lei proíbe que jazidas arqueológicas, antes de serem devidamente pesquisadas, sejam destruídas, mutiladas ou aproveitadas economicamente. Para efeito de registro, a lei criou o Cadastro dos Monumentos Arqueológicos do Brasil, mantido pelo Iphan.

Nos termos da decisão do Iphan, de 2014, para que o bem arqueológico seja protegido, basta sua inscrição no Cadastro, dispensando-se o processo de tombamento. Em sua página na internet, a normativa limitou ainda mais a proteção de sítios arqueológicos, definidos pelo Iphan como sendo aqueles que apresentam testemunhos da cultura dos paleoameríndios. Como explica o doutor em história Artur H. F. Barcelos: "Esta definição implica uma seleção temática clara, privilegiando o período "pré-histórico". Por este caminho, ficariam de fora os sítios e artefatos arqueológicos relacionados ao período posterior à conquista e colonização europeia do território brasileiro".[20]

Embora haja polêmica sobre a validade da distinção entre histórico e pré--histórico, feita com base no surgimento da escrita, o fato é que, bem antes

254

de 2014, o próprio Iphan já havia aberto um processo de tombamento de um sítio arqueológico "histórico", as ruínas da Real Fábrica de Ferro do Morro Pilar (em tramitação desde 1956), e cogitava inscrever também no Livro de Tombo Arqueológico as ruínas e remanescentes dos povos missioneiros do Rio Grande do Sul, bem cultural já tombado, mas inscrito somente no Livro do Tombo Histórico.

Para a decisão do Iphan de 2014, pode ter contribuído o fato de o patrimônio arqueológico já contar, desde 1986, com uma proteção adicional, resultante da Resolução n. 01 do Conselho Nacional do Meio Ambiente (Conama), que vinculou a proteção do patrimônio arqueológico aos processos de licenciamento de empreendimentos potencialmente causadores de impactos ambientais. No diagnóstico que antecede e condiciona as licenças para obras, devem ser avaliados os eventuais impactos sobre o meio socioeconômico, com destaque para "os sítios e monumentos arqueológicos, históricos e culturais" da comunidade.

Independentemente da existência de outras legislações, a decisão do Iphan de 2014 parece conter outras preocupações para além da proteção do patrimônio arqueológico. No memorando que registrou a decisão, lê-se que a medida, ao contrário do tombamento, não inviabiliza "a realização, por exemplo, de obras de infraestrutura, como as inúmeras atualmente em execução em todo o Brasil".[21]

Nesse argumento, Djalma Guimarães Santiago identifica uma coincidência cronológica e conclui de forma severa:

> Por esta afirmação de que o tombamento de sítios arqueológicos inviabilizaria a execução de obras de infraestrutura não pudemos deixar de sentir certo estranhamento. O mesmo diante da manchete "Arqueologia ameaça prédios e parque na Augusta", sobre achado arqueológico, composto por

18 André Prous, *Arqueologia brasileira*, Brasília: Editora Universidade de Brasília, 1992, pp. 31-2.

19 Djalma Guimarães Santiago, *A proteção do patrimônio arqueológico: motivações, critérios e diretrizes no tombamento de sítios arqueológicos pelo Iphan*, Dissertação (Mestrado Profissional em Preservação do Patrimônio Cultural) – Instituto do Patrimônio Histórico e Artístico Nacional, Rio de Janeiro: 2015, p. 12.

20 Artur H. F. Barcelos, "Arqueologia e patrimônio no Brasil: um dilema inacabado", Revista *Tempos Acadêmicos*, Dossiê Arqueologia Histórica, n. 10, Criciúma, Santa Catarina, 2012, p. 11.

21 *Ibid.*, p. 79.

Política cultural: fundamentos

remanescentes de uma antiga estrutura urbana de São Paulo, encontrados em local onde se pretende construir um conjunto de edifícios. Uma inversão de prioridades estranha a um órgão que construiu sua trajetória tentando impedir que a especulação imobiliária e a urbanização desenfreada destruíssem os traços de nosso patrimônio cultural.[22]

A discussão sobre o patrimônio paisagístico passa, em primeiro lugar, pela reflexão sobre as relações entre natureza e cultura, tema inesgotável das ciências humanas (antropologia, sociologia, psicologia) e da filosofia. A tendência do pensamento contemporâneo, como o de Edgar Morin, é a de superar esse dualismo – por muito tempo visto como antagonismo – e abandonar a noção insular que entende o ser humano como um ser distanciado da natureza, incluindo a que lhe é própria (o corpo).[23] Essa perspectiva é reforçada pela constatação de que a atual e inédita crise ecológica é resultado de um modelo econômico inaugurado na Revolução Industrial (séculos XVIII e XIX), baseado na exploração intensiva e extensiva dos recursos naturais da terra. A equivocada cisão entre natureza e cultura revela-se hoje na dissonância que existe entre os ritmos de "valorização do capital, por um lado", e os "processos de reprodução orgânica e inorgânica do mundo natural, por outro".[24]

No que se refere ao patrimônio paisagístico brasileiro, natureza e cultura aparecem relacionadas no "Anteprojeto para Criação do Serviço do Patrimônio Artístico Nacional", trabalho escrito em 1936 por Mário de Andrade, que serviu de base para a redação, em 1937, do decreto-lei n. 25 (DL/25). No anteprojeto a palavra "paisagens", como objeto de proteção, surge duas vezes: entre as "artes arqueológica e ameríndia" e nas manifestações da "arte popular". No primeiro caso, paisagens são assim definidas: "Determinados lugares da natureza, cuja expansão florística, hidrográfica ou qualquer outra, foi determinada definitivamente pela indústria humana dos Brasis, como cidades lacustres, canais, aldeamentos, caminhos, grutas trabalhadas etc.".

No segundo caso (arte popular), são "determinados lugares agenciados de forma definitiva pela indústria popular, como vilejos [sic] lacustres vivos da Amazônia, tal morro do Rio de Janeiro, tal agrupamento de mucambos no Recife etc.".[25]

As formulações de Mário de Andrade precisam ser interpretadas. Nos dois casos há uma coincidência evidente: as paisagens a que se referem foram modificadas *de forma definitiva* pela indústria (atividade) humana; no segundo caso, especificamente, pela "indústria popular". Há uma segunda coincidência nem tão evidente: ambas as definições incluem povoações *lacustres*, que se referem a conjuntos de habitações humanas construídas nas águas, em cima de estacas (palafitas). No primeiro caso, o autor provavelmente quis referir-se às habitações pré-históricas, incluindo as ameríndias. No segundo caso, a referência é clara, são os vilarejos "vivos da Amazônia", habitações ainda existentes nos rios da imensa bacia do rio Amazonas, edificadas pela população pobre.

Florística refere-se à flora, mas como é antecedida da palavra "expansão", subentende-se que se trata de algo provocado pela atividade humana na vegetação, a exemplo da coivara, prática indígena de rotação de culturas:

> Os índios interferem muito nos ambientes em que vivem: deslocam espécies de lá para cá, intercambiam plantas. Mas o fazem de forma a manter a diversidade, manejando recursos de forma integrada. Muitos ecossistemas amazônicos, que hoje consideramos naturais, devem ter sido profundamente moldados por populações indígenas, que modificaram a natureza sem tirar delas os recursos.[26]

Da mesma forma, é possível intervir na hidrografia, como é o caso dos canais. Os "aldeamentos" provavelmente são os pré-históricos, assim como os "caminhos", tais como os descobertos no Acre por cientistas do Brasil, Reino Unido e Finlândia:

> Pouco antes da chegada dos europeus à América do Sul, as florestas do Acre eram cortadas por uma rede relativamente densa de estradas, que podiam alcançar alguns quilômetros de extensão e conectavam aldeias construídas em cima de pequenos morros artificiais [...]. Cada aldeia antiga é cortada por múltiplas estradas retas, com largura de até seis metros, e os trechos

22 *Ibid.*, p. 79.

23 Edgar Morin, *O paradigma perdido: a natureza humana*, Lisboa: Publicações Europa-América, 1973.

24 João Valente Aguiar; Nádia Bastos, "Uma reflexão teórica sobre as relações entre natureza e capitalismo", Revista *Katálysis*, Florianópolis, v. 15, n. 1, pp. 84-94, jan./jun. 2012, p. 90.

25 Mário de Andrade, "Anteprojeto para a criação do Serviço do Patrimônio Artístico Nacional", *Revista do Patrimônio Histórico e Artístico Nacional*, Brasília: 2002, n. 30, p. 249.

26 César Benjamin, *Ensaios brasileiros*, Rio de Janeiro: Contraponto, 2019, pp. 115-6.

Política cultural: fundamentos

mapeados até agora sugerem que elas serviam não apenas para ligar um assentamento ao outro, como também para facilitar o acesso da população pré-histórica aos cursos d'água da região.[27]

Por fim, associada às grutas está a palavra "trabalhadas", que deve referir-se às pinturas rupestres, bem adequadas à nomenclatura "arte arqueológica".

Na segunda definição aparecem os morros do Rio de Janeiro e os mucambos do Recife. Mucambo é sinônimo de quilombo, mas nesse caso não resta dúvida de que se trata dos casebres situados na capital de Pernambuco, também denominados mucambos. Por analogia, pode-se supor que, ao escrever "morros" do Rio de Janeiro, Mário de Andrade quis referir-se às favelas. Isso é quase certo, porque, nessa cidade, morro é sinônimo de favela.[28] É interessante constatar que todas as paisagens incluídas na categoria "arte popular" são "urbanas".

À primeira vista, as ações do Iphan relativas às paisagens parecem ter se desviado das intenções originais de Mário de Andrade, mas isso ocorreu, em parte, por força do DL 25/37, que acrescentou na definição de paisagem um novo elemento: "Os *monumentos naturais*, bem como os sítios e paisagens que importe conservar e proteger pela *feição notável* com que tenham sido dotados pela natureza, ou agenciados pela indústria humana. (art. 1º, parágrafo 2º) [grifos nossos]".

O acréscimo acabou sendo a justificativa para a maioria dos tombamentos de paisagem: o valor estético (feição notável) ou cênico-paisagístico, como escreve Danilo Celso Pereira, mestre em Preservação do Patrimônio Cultural. Da mesma forma que ocorreu com o patrimônio arqueológico, foram poucos os bens paisagísticos tombados: 41, entre 1937 e 2016, número correspondente a 3,2% dos bens protegidos pelo Instituto até então. Entre os 41, encontram-se: 15 serras, morros, montes e picos; 13 jardins; três grutas; três lagos, lagoas e rios; três parques; duas ilhas; uma praia e um bem paleontológico (floresta fóssil do Rio Poti, Teresina/PI). O estado do Rio de Janeiro e sua capital concentram 51% do acervo tombado, destacando-se os morros e parques (ou jardins): Corcovado, Cara de Cão, Babilônia, Urca, Dois Irmãos, Pão de Açúcar, Pedra da Gávea e Dedo de Deus (morros); Jardim Botânico, Parque Henrique Lage, Horto Florestal, Aterro do Flamengo, Parque da Tijuca e sítio Roberto Burle Marx (parques e jardins), além da lagoa Rodrigo de Freitas. A partir de 2012, a maioria dos processos de tombamento de paisagens foi indeferida, sendo 26% com o argumento de "que tais bens já estavam protegidos pela legislação ambiental ou, ainda, que sua preservação seria matéria exclusiva de tal legislação".[29]

Transversalidade da política cultural

Entretanto, em 2009, o Iphan, correspondendo às iniciativas da Unesco referentes ao patrimônio mundial, instituiu, por meio da Portaria n. 127, uma nova categoria de patrimônio paisagístico: a "Paisagem Cultural Brasileira", definida como "uma porção peculiar do território nacional, representativa do processo de interação do homem com o meio natural, à qual a vida e a ciência humana imprimiram marcas ou atribuíram valores".[30] O conceito inova ao destacar a interação entre elementos materiais (marcas) e imateriais ou simbólicos (valores), e ao subentender que entre cultura e meio ambiente as inter-relações são dinâmicas. Na mencionada Portaria, entre as justificativas de proteção das paisagens culturais, por meio de um novo instrumento – a chancela –, destacam-se: (1) que os instrumentos legais vigentes que tratam do patrimônio cultural e natural não contemplam integralmente o conjunto de fatores implícitos nas paisagens culturais; (2) que há risco de perda de "contextos de vida e tradições locais em todo o planeta", frente aos "fenômenos contemporâneos de expansão urbana, globalização e massificação das paisagens urbanas e rurais"; (3) que "a chancela da Paisagem Cultural Brasileira valoriza a relação harmônica com a natureza, estimulando a dimensão afetiva com o território e tendo como premissa a qualidade de vida da população".[31]

No âmbito da Unesco, a primeira paisagem cultural brasileira reconhecida foi a cidade do Rio de Janeiro, inscrita em 2012 na Lista do Patrimônio Mundial sob o título *Rio de Janeiro: paisagens cariocas entre a montanha e o mar*. No plano nacional, a primeira paisagem chancelada pelo Iphan, em 2011, reúne os núcleos rurais de Testo Alto, em Pomerode, e Rio da Luz, em Jaraguá do Sul (ambos em Santa Catarina), testemunhos da imigração alemã na região Sul do Brasil. A iniciativa revelou a disposição do Instituto de dar cumprimento ao artigo 216 da Constituição de 1988, que incluiu no patrimônio cultural do país todos os modos de viver, fazer e criar dos diferentes grupos formadores da sociedade brasileira, entre eles, por certo, os imigrantes.

---

27 "Acre tinha rede de estradas antes de Cabral", *Folha de S.Paulo*, 03 de janeiro de 2021, p. B5.

28 Cf. Aurélio Buarque de Holanda Ferreira, *Novo dicionário Aurélio da língua portuguesa*, Rio de Janeiro: Editora Nova Fronteira, 1986 [verbete: Favela, p. 762].

29 Danilo Celso Pereira, "Patrimônio natural: atualizando o debate sobre identificação e reconhecimento no âmbito do Iphan", *Revista cpc*, Brasília: jan./set. 2018, vol. 13, n. 25, pp. 34-59.

30 Brasil: Portaria n. 127, de 30 de abril de 2009, *Diário Oficial da União*, 5 maio 2009, Seção 1, n. 83, p. 17.

31 *Ibid.*

Política cultural: fundamentos

Contudo, deve-se reconhecer que, mesmo antes de 1988, o Iphan já tombara paisagens que demarcam lutas históricas do povo pobre do Brasil: Serra do Monte Santo (município de Monte Santo, Bahia, 1983) e Serra da Barriga (município de União dos Palmares, Alagoas, 1986), que são, respectivamente, testemunhos naturais da Guerra de Canudos (1896-97) e do Quilombo dos Palmares (século XVII), povoado de negros que escaparam da escravidão.

Nesses dois casos é possível identificar ressonâncias das intenções originais de Mário de Andrade. A palavra "favela", que nomeia uma árvore abundante na região de Monte Santo, viria a designar todos os conjuntos de moradias pobres construídas nos morros do Rio de Janeiro. A primeira teria surgido no morro da Providência, ocupada por despejados de um cortiço próximo, entre eles ex-escravos substituídos por imigrantes nas lavouras de café, e também por soldados retornados da Guerra de Canudos, que, não tendo onde morar, ali construíram seus casebres. O local então passou a ser conhecido como o Morro da Favela.

* * *

Na linha da proteção à diversidade socioambiental e cultural brasileira, destaca-se o reconhecimento da categoria "povos e comunidades tradicionais" (PCTS), que, nos termos do decreto n. 6.040, de 2007 (assinado pelos Ministérios do Meio Ambiente e do Desenvolvimento Social e Combate à Fome), reúne grupos:

> Culturalmente diferenciados e que se reconhecem como tais, que possuem formas próprias de organização social, que ocupam e usam territórios e recursos naturais como condição para sua reprodução cultural, social, religiosa, ancestral e econômica, utilizando conhecimentos, inovações e práticas gerados e transmitidos pela tradição.[32]

Muitas discussões entre esses grupos, somadas às reflexões de pesquisadores, foram necessárias para construir esse conceito unificador. O mestre em direito Assis da Costa Oliveira[33] cita o sociólogo Antonio Carlos Diegues,[34] que sintetizou as características comuns a esses grupos:

> (a) dependência e até simbiose com a natureza; (b) conhecimento aprofundado da natureza, passado de geração para geração de forma oral; (c) noção

diferenciada de território; (d) moradia e ocupação do território por várias gerações; (e) importância das atividades de subsistência; (f) reduzida acumulação de capital; (g) importância dada à unidade familiar e às relações de parentesco para exercício das atividades econômicas, sociais e culturais; (h) importância das simbologias, mitos e rituais ligados à caça, à pesca e às atividades extrativistas; (i) utilização de tecnologia simples e de baixo impacto ambiental; (j) fraco poder político; (l) autoidentificação ou identificação pelos outros de se pertencer a uma cultura distinta.

Os territórios onde habitam são parte constituinte da formação de suas identidades socioculturais. Também denominados "tradicionais", eles foram conceituados no decreto n. 6.040 como "espaços necessários à reprodução cultural, social e econômica dos povos e comunidades tradicionais, sejam eles utilizados de forma permanente ou temporária". Os territórios estão inseridos em biomas e ecossistemas que asseguram a sobrevivência dos grupos (Cerrado, Amazônia, Mata Atlântica, Caatinga, Pantanal, zona costeira, rios e mares), mas incluem também lugares tradicionalmente habitados por quilombolas e indígenas e que, com o passar dos anos, foram envolvidos por expansões urbanas. E ainda, como entre os PCTS estão arrolados os ciganos, previu-se no decreto a utilização "temporária" de territórios.

A história dos PCTS começa bem antes de sua instituição oficial. Remonta às lutas dos seringueiros, povos indígenas e movimentos negros que, do final da década de 1970 até meados da década de 1980, se organizaram, respectivamente, no Conselho Nacional dos Seringueiros, União das Nações Indígenas e Movimento Negro Unificado para reivindicar direitos historicamente violados. Ligando questões políticas, étnico-raciais e ambientais, tiveram papel destacado no processo constituinte que resultou na Carta de 1988, defendendo, entre outras, a tese de que suas práticas culturais contribuem para a manutenção da biodiversidade e por isso devem ser respeitadas, mantidas e juridicamente garantidas.

---

32 Brasil, Decreto n. 6.040 de 7 de fevereiro de 2007. Institui a Política Nacional de Desenvolvimento Sustentável dos Povos e Comunidades Tradicionais. Publicado no Diário Oficial da União em 8 de fevereiro de 2007.
33 Assis da Costa Oliveira, "Direitos e/ou povos e comunidades tradicionais: noções de classificação em disputa", *Desenvolvimento e Meio Ambiente*, vol. 27, pp. 71-85, jan./jun. 2013, Editora UFPR, p. 75.
34 Antonio Carlos Diegues, *O mito moderno da natureza intocada*, São Paulo: Hucitec; Napaub/USP, 2008.

Política cultural: fundamentos

No cenário institucional brasileiro:

A recepção da categoria povos e comunidades tradicionais ocorreu com a criação, em 1992, do Centro Nacional de Desenvolvimento Sustentado das Populações Tradicionais (CNPT), como uma divisão dentro do Instituto Brasileiro de Meio Ambiente e Recursos Naturais Renováveis (Ibama), e ganhou novo fôlego com a implantação do Sistema Nacional de Unidades de Conservação (SNUC – Lei 9.985/2000), em 2000. No âmbito jurídico internacional, o reconhecimento foi obtido na Convenção sobre a Diversidade Biológica (CDB), na Agenda 21 e na Conferência do Rio de Janeiro de 1992 (ECO/92), quando foi atribuído o papel de conservação ambiental às comunidades locais e nativas.[35]

Acrescente-se a Convenção 169 da Organização Internacional do Trabalho (OIT) sobre Povos Indígenas e Tribais (1989), particularmente a exigência de consulta e consentimento prévios dessas populações toda vez que forem previstas medidas legislativas e administrativas suscetíveis de afetá-las diretamente. Isso inclui decisões sobre empreendimentos que impactam o meio ambiente em seus territórios, como, por exemplo, usinas hidrelétricas e atividades extrativas.

Além do reconhecimento de seus direitos culturais, outra reivindicação comum a todos os PCTs é a regularização de seus respectivos territórios (direitos territoriais). Nesse sentido, a oficialização das Reservas Extrativistas e Unidades de Conservação de Uso Sustentável, que admitem a permanência de comunidades tradicionais no seu interior, foi uma vitória dos PCTs, embora parcial, porque, além de não atender a todos os grupos, em muitos casos ainda falta a emissão das Concessões de Direito Real de Uso em nome das comunidades.

Com o passar dos anos, a definição de quais grupos compõem os PCTs, bem como a incorporação de novos, foram discutidas no âmbito das instituições oficiais estabelecidas: Comissão Nacional de Desenvolvimento Sustentável dos Povos e Comunidades Tradicionais (criada por lei em 2004 e instalada em 2006) e Conselho Nacional dos Povos e Comunidades Tradicionais (2016). Atualmente compõem o Conselho os seguintes PCTs: povos indígenas, comunidades quilombolas, povos de terreiro e de matriz africana, povos ciganos, pescadores artesanais, extrativistas, extrativistas costeiros e marinhos, caiçaras, faxinalenses, benzedeiros, ilhéus, geraizeiros, caatingueiros, vazanteiros, veredeiros, apanhadores de flores sempre vivas, pantaneiros, morroquianos, povo pomerano, catadores de mangaba, quebradeiras de coco

262

babaçu, retireiros do Araguaia, comunidades de fundos e fechos de pasto, ribeirinhos, cipozeiros, andirobeiros e caboclos.

A servidora pública Kátia Cristina Favilla, que em 2017 defendeu dissertação de mestrado na Universidade de Brasília sobre seus 13 anos de vivência no acompanhamento da implantação da Política Nacional dos Povos e Comunidades Tradicionais, manifestou certa frustração em suas considerações finais:

> Na ação de planificação das políticas públicas foram criados e aumentados os espaços de participação social [...]. Entretanto, esta participação ainda está restrita a uma discussão pouco aprofundada de construção de novas políticas públicas [...]. Tem funcionado como espaços de consulta sobre o que o Estado pensa em termos de políticas públicas, e como instâncias para chancelar o planejamento estatal, mas ainda pouco eficientes e influentes na concretização de demandas. Ouso dizer que o Estado ainda não está de fato preparado para a inovação e participação social mais profunda em suas decisões.[36]

Esse sentimento com certeza está relacionado à crise política instalada no Brasil a partir de 2013, que alterou a correlação de forças e culminou na deposição da presidente da República e na instalação de um governo de viés elitista e autoritário (2016). Seguiu-se, em 2018, a eleição de um presidente avesso às questões ambientais e das minorias. Ainda em junho de 2014, quando participavam de um encontro para discutir a implantação do seu Conselho, os PCTs foram surpreendidos pelo encaminhamento, do Poder Executivo ao Congresso Nacional, do projeto de lei (PL) n. 7.735, em regime de urgência. Esse PL regulava o acesso ao patrimônio genético (informação de origem genética contida em amostras de espécime vegetal, fúngico, microbiano ou animal) e aos conhecimentos tradicionais a ele associados, e regulava a repartição, entre usuários e detentores desse patrimônio, dos benefícios advindos do comércio de produtos criados a partir dele, tais como: defensivos agrícolas, remédios, cosméticos e alimentos. Em maio de 2015, o PL foi

---

35 Assis da Costa Oliveira, "Direitos e/ou povos e comunidades tradicionais: noções de classificação em disputa", *op. cit.*, p. 74.
36 Kátia Cristina Favilla, *Encontros neocoloniais: o estado brasileiro e os povos e comunidades tradicionais*, Dissertação de mestrado submetida ao Programa de Pós-Graduação Profissional em Desenvolvimento Sustentável (Área de Concentração em Sustentabilidade junto a Povos e Terras Tradicionais), Universidade de Brasília: Distrito Federal, 2017, p. 85.

Política cultural: fundamentos

aprovado e se transformou na lei n. 13.123, que substituiu a Medida Provisória (MPV) n. 2.186-16, que vigorava desde 2001. Assim como a MPV, a lei objetiva implantar no Brasil a Convenção sobre a Diversidade Biológica (CDB), documento resultante da Conferência das Nações Unidas sobre o Meio Ambiente (ECO-92), que teve o Brasil como um dos seus primeiros signatários. Um dos princípios basilares da CDB, assim como da Convenção n. 169 da OIT, é o que obriga a participação, consulta e consentimento prévios dos detentores de patrimônio genético, e dos conhecimentos tradicionais a ele associados, em decisões que se referem à sua utilização. Contudo, os PCTS não foram ouvidos pelo Poder Executivo na elaboração do PL, e sua participação na tramitação dele dentro do Congresso Nacional foi ínfima.

O Núcleo de Pesquisas do Senado Federal publicou estudo sobre a tramitação da lei n. 13.123, cujos autores defendem o novo instituto, alegando que o teor normativo da anterior MPV n. 2.186-16, de 2001, era "muito rígido, restritivo e, em certa medida, desproporcional às necessidades e potencialidades do Brasil", fazendo com que ele, apesar de possuir cerca de 20% da biodiversidade mundial, segundo estimativas da ONU, passasse "a ser visto como um país que dificultava sua utilização". Ao pretender evitar a biopirataria, a MPV teria criado "restrições ao acesso à biodiversidade até mesmo por parte dos próprios pesquisadores nacionais":

> As críticas à rigidez da MPV foram tão intensas que logo após a sua edição a Câmara Técnica Legislativa do Conselho de Gestão do Patrimônio Genético [CGEN, criado pela Medida Provisória] coordenou a elaboração de um anteprojeto de lei em 2003. O texto chegou a ser objeto de consulta pública [...]. Contudo, não houve concordância entre os diversos atores envolvidos.

Uma das reclamações mais frequentes era o tempo de demora do CGEN, vinculado ao Ministério do Meio Ambiente, em decidir sobre autorizações de pesquisa, bioprospecção e acesso ao conhecimento tradicional, bem como na definição de critérios de repartição dos benefícios: em média 550 dias. Entre 2001 e 2015 foram firmados 110 contratos de Utilização do Patrimônio Genético e de Repartição de Benefícios. Ponderem-se, porém, as dificuldades para identificar os detentores dos conhecimentos tradicionais, muitas vezes compartilhados por diversas comunidades.

Em contraposição às restrições da MPV, os autores do estudo do Senado entenderam que a nova lei representa "um grande avanço e traz mudanças significativas para o agronegócio brasileiro". Assim como ocorreu com o novo Código Florestal (lei n. 12.651, de 25 de maio de 2012), a lei n. 13.123 anistiou multas aplicadas desde o ano 2000 aos usuários que descumpriram a legislação anterior, incluindo indenizações civis devidas pela própria União. A lei também trouxe inovações que simplificaram os processos, tais como: a substituição da autorização prévia para o acesso ao patrimônio genético por um simples cadastramento eletrônico; e a "exigência da repartição de benefícios apenas para o fabricante do produto acabado, desobrigando a cadeia de insumos intermediários". Conforme os autores, essa medida tem a vantagem de reduzir o custo dos produtos finais, o que aumenta "a probabilidade de chegarem ao mercado".

Indiscutível é o fato de a escuta aos detentores do patrimônio genético ter sido insuficiente, como reconhecem os mesmos autores:

> A Convenção nº 169 da Organização Internacional do Trabalho (OIT) sobre Povos Indígenas e Tribais, promulgada no Brasil pelo Decreto nº 5.051, de 19 de abril de 2004, garante aos índios o direito de ser previamente consultados e de se manifestar tempestivamente sobre quaisquer leis ou regulamentos que possam afetar seus direitos. Não identificamos, no histórico da tramitação das proposições que resultaram na Lei nº 13.123, de 2015, consultas nesse sentido ou manifestações que possam ser interpretadas como anuência dos povos indígenas ou do órgão indigenista federal ao conteúdo da proposição. As poucas oportunidades dadas aos povos indígenas, às comunidades tradicionais e aos agricultores tradicionais para opinar sobre o assunto, em apenas uma audiência pública no Senado Federal, não apenas é insuficiente para caracterizar uma consulta ampla e transparente, como seria desejável num contexto democrático. Essa falha pode expor a União à responsabilização em âmbito nacional e internacional por impor aos índios uma lei sem antes os ouvir devidamente, em afronta ao disposto nessa Convenção.[37]

---

37 Fernando Lagares Távora *et. al.*, *Comentários à lei n. 13.123, de 20 de maio de 2015: Novo Marco Regulatório do Uso da Biodiversidade*, Brasília: Núcleo de Estudos e Pesquisas/Conleg/Senado, out. 2015 (Texto para discussão n. 184), pp. 8-9, 13-4, 17 e 45.

Política cultural e relações internacionais

Entre cultura e relações internacionais, cabe discutir dois temas: (1) a política externa independente, em contraposição ao imperialismo econômico e cultural; (2) e as possibilidades de estabelecer entre os povos uma *cultura da paz*, conceito semelhante ao de *soft power* (poder brando), oposto ao de *hard power* (poder bruto), exercido por meio de sanções econômicas, força militar e guerra.

A diplomacia cultural abrange, entre outras atividades, a promoção da arte e dos artistas, o ensino de línguas nacionais, o apoio a projetos de cooperação intelectual e a assistência técnica. No intercâmbio de bens culturais, ressaltam as produções mais facilmente reprodutíveis, como a música gravada, o audiovisual (cinema e vídeo) e o livro, os dois últimos acompanhados de traduções. As feiras internacionais de obras de artes visuais são também frequentes, mas nelas a presença da iniciativa privada é maior do que a dos Estados. Nesse intercâmbio "o que os Estados procuram projetar, em última análise, são seus valores";[38] e, ao se relacionarem entre si, valem-se das noções de prestígio e sedução associadas à cultura.

A diplomacia cultural será equilibrada se for respeitado o princípio da mutualidade (ou reciprocidade), ou seja, quando for de "mão dupla", como ocorreu, por exemplo, com a programação do Ano do Brasil na França (2005), seguido do Ano da França no Brasil (2009). Por outro lado:

> É um grave erro imaginar que resultados concretos de curto ou médio prazo (de qualquer natureza, seja ela política, econômica ou comercial) possam automaticamente derivar de uma atuação cultural, por mais eficiente e constante que seja. [...] A falta de entendimento dessa premissa básica – e o afã em obter resultados de caráter imediatista – quase sempre estiveram na raiz do fracasso das programações culturais improvisadas em laboratórios burocráticos.[39]

O princípio da reciprocidade pressupõe que as trocas culturais entre os países sejam igualitárias, mesmo que haja entre eles desigualdades de ordem econômica ou militar. O contrário da reciprocidade é o imperialismo cultural, que ocorre quando o predomínio econômico de um país sobre outro é reforçado pela dominação cultural. Um exemplo é a influência exercida pelos Estados Unidos sobre a América Latina no período da Guerra Fria (1948-92), particularmente após a Revolução Cubana (1959), que transformou Cuba

Transversalidade da política cultural

no primeiro país socialista das Américas. Sabe-se que uma das "armas" da Guerra Fria foi a propaganda, que se valeu em abundância dos produtos culturais – filmes, séries de televisão, desenhos animados, revistas de variedades, histórias em quadrinhos e outros –, que, de forma direta ou sub-reptícia, propagaram o anticomunismo e glorificaram o então chamado "mundo livre". Até hoje, boa parte do cinema norte-americano exemplifica como um produto cultural é utilizado para difundir os valores de um país, no caso, o liberalismo: a preponderância do indivíduo (herói ou super-herói libertários) sobre a sociedade e o Estado; a superação das adversidades da vida, que faz o indivíduo perdedor transformar-se num vencedor; o Estado, e por extensão os governos e a própria política, identificado com a corrupção e o abuso de poder das autoridades (à exceção dos xerifes e do Judiciário de segunda instância, forçado a reconhecer as injustiças da primeira); a celebração das instituições da Família e da Nação, esta representada pela bandeira estadunidense, que aparece em destaque na grande maioria dos filmes produzidos naquele país. O Pentágono e a CIA, responsáveis pelas guerras e pelos golpes de Estado contra outros países, raramente aparecem.

A dominação econômica, política (militar) e cultural dos Estados Unidos sobre a América Latina, seja de forma bruta, seja de forma branda, data do século XIX e raras vezes foi enfrentada. No caso do Brasil, destacam-se as tentativas de exercer a chamada Política Externa Independente durante os governos Jânio Quadros/João Goulart e Lula da Silva/Dilma Roussef; não por acaso, vítimas de golpes de Estado apoiados veladamente pelos Estados Unidos. As agruras do país dominado, entretanto, não podem ser atribuídas exclusivamente ao país dominador. A tese do imperialismo cultural deve ser complementada pela teoria da dependência, que explica como os interesses de um país hegemônico acabam por predominar quando são defendidos, no país subordinado, por uma elite nativa aliada. Esta, nesse alinhamento, busca obter vantagens econômicas e políticas para si própria, alardeadas como de interesse geral do país.

O diplomata Samuel Pinheiro Guimarães, na introdução ao livro *Desafio inacabado: a política externa de Jânio Quadros*, de autoria do também diplomata

---

38 Edgar Telles Ribeiro, *Diplomacia cultural: seu papel na política externa brasileira*, Brasília: Fundação Alexandre Gusmão, 2011, p. 24. Trabalho apresentado em 1987 como tese no Curso de Altos Estudos do Instituto Rio Branco, publicada originalmente em 1989.

39 *Ibid.*, pp. 35-6.

Política cultural: fundamentos

Carlos Alberto Leite Barbosa, delineia as principais características da política externa independente:

> A questão fundamental da aliança com a Argentina e das relações com a América do Sul; a defesa intransigente dos princípios da autodeterminação e de não intervenção; a importância da África; a liberdade de estabelecer e manter relações políticas e comerciais com todos os países independentemente de seu regime político ou econômico; a importância do desarmamento para a sobrevivência da humanidade e a responsabilidade primária de países nucleares; a paz como essencial para o desenvolvimento; a necessidade de enfrentar o racismo; a política de equilíbrio nas relações do Brasil com países desenvolvidos e subdesenvolvidos, capitalistas e socialistas; centrais e periféricos.[40]

Faltou uma referência explícita à China, país que ganhou evidência nas relações internacionais dos governos de Jânio/Jango e Lula/Dilma. Embora interrompido de forma prematura, o governo Jânio/Jango praticou de forma intensiva a política externa independente, que no mundo bilateral da Guerra Fria foi chamada de terceiro-mundismo. Nos governos Lula/Dilma, essa experiência inovadora nas relações internacionais do Brasil ganhou escala, dessa vez identificada com o multilateralismo, termo que designa a possibilidade de alianças e arranjos cooperativos entre países, bem como a adesão e o respeito às deliberações de órgãos internacionais que congregam Estados, entre eles a ONU, a Organização Mundial de Saúde (OMS) e o Tribunal Penal Internacional (TPI).

Em relação à diplomacia cultural, área até então pouco desenvolvida no Itamaraty, houve, entre 2003 e 2010, um significativo incremento, como mostra em sua tese o mestre em cultura e sociedade Bruno do Vale Novais. Foram 4.854 ações, impulsionadas pelos Ministérios das Relações Exteriores, Cultura e Educação, sendo 44% na América do Sul, seguida pela Europa (19%), África (12%) e América Central e Caribe (10%). Como ocorre nos países líderes mundiais em diplomacia cultural, a exemplo da França, Reino Unido e Alemanha, também no Brasil a articulação política-administrativa entre a chancelaria e outros órgãos do Governo Federal assegurou o êxito das ações. Destacaram-se os projetos nas seguintes áreas: ensino da língua portuguesa falada no Brasil; livro, leitura e literatura (com incremento da editoração e da participação em feiras internacionais do livro); artes plásticas, teatro, música, dança, patrimônio cultural e gastronomia.[41] O ensino do português, praticado nos centros e

268

institutos culturais instalados pelo Itamaraty no exterior, é a ação cultural de maior tradição e permanência da diplomacia cultural brasileira, assim como da diplomacia da maioria dos países (em relação às suas línguas).

Ainda no período, cabe destacar as coproduções cinematográficas, estimuladas por meio de legislação específica e por acordos negociados pela Agência Nacional do Cinema (Ancine):

> De 2005 a 2014 foram realizadas 82 coproduções internacionais com 24 países. A França teve alguma colaboração em 16 delas e aparece como o segundo país que mais coproduziu com o Brasil, ao lado da Argentina, e atrás apenas de Portugal (25 filmes). Em seguida, aparecem Espanha (com 15 longas-metragens), Alemanha (9), Chile (7), Estados Unidos (6), Inglaterra (5), Uruguai (4) e México (3).[42]

Constata-se, pelo conjunto dos dados, que o incremento da diplomacia cultural brasileira deu destaque à América Latina, como determina a Constituição de 1988 (parágrafo único do artigo 4º). Essa relação, na qual se sobressaem os países do bloco do Mercado Comum do Sul (Mercosul), marca uma reviravolta na diplomacia cultural do Brasil, historicamente voltada para o continente europeu, numa posição de dependência em relação a Portugal (até 1822), à França e à Inglaterra (pós-independência) e aos Estados Unidos (após a Segunda Guerra Mundial).

No mesmo artigo 4º, no qual estão arrolados os princípios orientadores da política externa brasileira, a referência à palavra "paz" aparece duas vezes: *defesa da paz* (inciso VI) e *solução pacífica dos conflitos* (inciso VII). São princípios que reforçam uma tradição das relações internacionais do Brasil, atualizada pelo termo "cultura da paz", introduzido por meio do "Manifesto 2000 por uma cultura de paz e não violência", capitaneado pela Unesco e redigido

---

40 Carlos Alberto Leite Barbosa, *Desafio inacabado: a política externa de Jânio Quadros*, São Paulo: Atheneu, 2007, p. XXI.
41 Bruno do Vale Novais, *Caminhos trilhados, horizontes possíveis: um olhar sobre a diplomacia cultural do Estado brasileiro no período de 2003 a 2010*, Dissertação (Mestrado) – Universidade Federal da Bahia, Salvador: 2013.

42 Belisa Figueiró, "Brasil e França: do acordo cinematográfico de 1969 ao audiovisual de 2017", em: Anita Simis; Gisele Nussbaumer; Kennedy Piau Ferreira (org.), *Políticas culturais para as artes*, Salvador: Edufba, 2018.

Política cultural: fundamentos

por eminentes personalidades ganhadoras do Prêmio Nobel da Paz (entre elas Nelson Mandela, Desmond Tutu e Dalai Lama), que foram seus primeiros signatários. O manifesto é um chamamento a todos os indivíduos do planeta. Ao assiná-lo, eles reconhecem sua parcela de responsabilidade perante o futuro da humanidade e se comprometem a: respeitar a vida e a dignidade de cada pessoa, sem discriminação ou preconceito; praticar a não violência ativa; compartilhar seu tempo e recursos materiais visando acabar com a exclusão, a injustiça e a opressão política e econômica; defender a liberdade de expressão e a diversidade cultural; promover um comportamento de consumo responsável e práticas que respeitem todas as formas de vida e preservem o equilíbrio da natureza; contribuir para o desenvolvimento da comunidade, com ampla participação das mulheres e respeito aos princípios democráticos.

Belas intenções, mas serão realistas? Para situar de forma racional o problema da paz, cabe, em primeiro lugar, tomar distância tanto do pacifismo ingênuo quanto do belicismo inveterado. Para isso, são úteis as reflexões de Norberto Bobbio, que se iniciam reconhecendo que "a mudança histórica, a passagem de uma etapa a outra do desenvolvimento histórico, é, em grande parte, produto de guerras [externas e internas]". Entre os exemplos, cita as guerras do antigo Império Romano, a Revolução Francesa, as guerras napoleônicas e as sublevações dos países do Terceiro Mundo. Bobbio define o termo "paz" de forma negativa, como a "situação de não guerra", e de forma positiva, quando usado para indicar a "conclusão de uma guerra" (*pax romana*, por exemplo) e os acordos que a ela se seguem. A guerra, por sua vez, é definida como violência coletivamente organizada (por grupos políticos, quando interna, ou por Estados, quando externa), regulada, em alguns casos, por normas (nem sempre respeitadas) cujo objetivo é "resolver uma controvérsia mediante a razão das armas"; para tanto, exige "um aparato previamente disposto e treinado". Ainda que a guerra, "em todas as suas formas, geralmente provoque horror", há situações em que ela se justifica (teoria da guerra justa), como a "guerra de defesa", a "guerra de reparação de um dano" e a guerra para "derrubar a velha ordem jurídica e impor uma nova ordem" (presumivelmente) mais justa, como as "guerras revolucionárias" e de "libertação nacional". A paz, por outro lado, "quer como aceitação passiva de um dano sofrido, quer como manutenção forçada de uma ordem injusta, assume um valor negativo".

Bobbio também discute o pacifismo, dividindo-o em três tipos: institucional, instrumental e ético. O *pacifismo institucional* assume três formas: "pacifismo democrático", segundo o qual as guerras serão superadas quando

Transversalidade da política cultural

todos os Estados (organizados numa federação internacional) forem governados por regimes fundados na soberania popular (tese defendida por Kant); "pacifismo mercantil", que advoga que os "conflitos internacionais cessariam automaticamente quando o 'espírito de comércio', ou de intercâmbio [...] assumisse a primazia sobre o 'espírito de conquista' ou de dominação"; e "pacifismo socialista", que defende a tese de que somente haverá paz quando a sociedade sem classes tiver tornado inúteis todas as formas de dominação, ou seja, quando houver a vitória do socialismo sobre o capitalismo.

> São três tipos de pacifismo, que se apresentam em três níveis diferentes de profundidade: o primeiro, no nível da organização política; o segundo, no da sociedade civil; e o terceiro, no modo de produção. O que eles têm em comum é a consideração da paz como resultado de um processo histórico predeterminado e progressivo, no qual se vê como resultado necessário a passagem de uma fase histórica – na qual as diversas etapas do avanço humano foram produtos de guerras – para uma fase nova, na qual, por diferentes razões, reinará a paz perpétua.

Bobbio completa sua categorização com o *pacifismo instrumental* e o *pacifismo ético*. O primeiro, "menos ambicioso, embora também menos eficaz", propõe que aqueles que detêm o poder sejam privados dos meios de que se valem para promover a violência, isto é, das armas. O pacifismo ético:

> Muito mais ambicioso –, e também mais eficaz, se tivesse a possibilidade remota de se materializar (mas dentre todas as formas de pacifismo, essa é a mais utópica) [...] busca solucionar o problema da guerra exclusivamente na própria natureza do homem, em seus instintos reprimidos, em suas paixões, que devem ser orientadas para a benevolência, em vez da hostilidade [...]. Essa forma de pacifismo encontra hoje uma de suas expressões mais difundidas em todas as iniciativas que se reúnem em torno do tema da educação para a paz.[43]

43 As citações das duas últimas páginas estão em: Norberto Bobbio, *O filósofo e a política: antologia*, Rio de Janeiro: Contraponto, 2003, pp. 321-44.

Política cultural: fundamentos

Diante de um mundo no qual uma paz armada é mantida provisoriamente por meio da estratégia da dissuasão – eventuais contendores se armam cada vez mais para tentar convencer o adversário a não atacar –, é difícil imaginar que a paz mundial seja alcançada. Por outro lado, pergunta-se: quem, hoje, munido do distanciamento histórico, favorável a análises mais racionais, condenaria, em sã consciência, os esforços de guerra dos governos de Winston Churchill, Franklin D. Roosevelt e Josef Stalin, decisivos para a derrota do nazifascismo na Segunda Guerra Mundial?

Assim como a paz perpétua, também soa improvável o *soft power*, expressão cunhada no princípio da década de 1990 para designar a capacidade de um país influenciar outro a fazer aquilo que ele deseja por meio da atração, em vez da coerção. Nessa hipótese, a diplomacia cultural assumiria um papel saliente. Sustenta a tese a crença de que a influência da cultura – nela incluídos os bens e instituições culturais, bem como a diversidade cultural – é intrinsecamente benévola. Crença que parece ignorar o fato de que, desde sempre, a dominação de um país sobre o outro, além do uso da força bruta, envolveu também a destruição da cultura do dominado, de seus valores, monumentos e até do próprio idioma. E o que dizer da cultura utilizada como arma de guerra, como demonstrou, em 2003, o saque ao museu de Bagdá por ocasião da guerra dos Estados Unidos contra o Iraque e, entre 2014 e 2016, os ataques do Isis (Islamic State of Iraq and Syria) aos monumentos arqueológicos situados no Iraque e na Síria, notadamente na cidade de Palmira? Em ambos os casos foram destruídos bens do patrimônio mundial, testemunhos da origem das civilizações!

Enfim, é preciso reconhecer que no caminho de construção da paz há enormes obstáculos; isso não significa que não se deva continuar lutando por ela, opondo à razão das armas, as armas da razão.

* * *

Referências

"Acre tinha rede de estradas antes de Cabral". *Folha de S.Paulo*, 3 jan. 2021, p. B5.

ADORNO, Theodor W. "Lírica e sociedade". Em: ADORNO, T. W.; BENJAMIN, Walter; HORKHEIMER, Max; HABERMAS, Jürgen. *Textos escolhidos*. São Paulo: Abril Cultural, 1983, pp. 193-208. Coleção Os Pensadores.

AGUIAR, João Valente; BASTOS, Nádia. "Uma reflexão teórica sobre as relações entre natureza e capitalismo". *Katálysis*, Florianópolis: 2012, vol. 15, n. 1, jan./jun., pp. 84-94.

ALENCAR, Eunice Soriano de; FLEITH, Denise de Souza. *Criatividade: múltiplas perspectivas*. Brasília: Editora Universidade de Brasília, 2003.

ALMEIDA, Cândido José Mendes *et al.* (org.). *Cultura brasileira ao vivo: cultura e dicotomia*. Rio de Janeiro: Imago Ed., 2001.

ALMEIDA, Gabriela Sandes Borges. *Projeto Pixinguinha: 30 anos de música e estrada.* Dissertação (Mestrado) – CPDOC/FGV, Centro de Documentação de História Contemporânea. Rio de Janeiro: 2009.

ANDRADE, Mário de. "Música de feitiçaria no Brasil". Em: *Obras completas de Mário de Andrade*, vol. XII. Belo Horizonte: Itatiaia; Brasília: Instituto Nacional do Livro/Fundação Nacional Pró-Memória, 1983.

_____. "Anteprojeto para a criação do Serviço do Patrimônio Artístico Nacional". *Revista do Patrimônio Histórico e Artístico Nacional*, Brasília: 2002, n. 30.

_____. *Cartas de Mário de Andrade a Luís da Câmara Cascudo*. Belo Horizonte: Itatiaia, 2000, Obras de Mário de Andrade, vol. 24.

_____. "O artista e o artesão". Em: *O baile das quatro artes*. São Paulo: Livraria Martins Ed., 1963 (aula inaugural dos cursos de filosofia e história da arte do Instituto de Artes, Universidade do Distrito Federal, RJ, em 1938).

_____. "O artista e o artesão". Disponível em: <http://grupocad.blogspot.com>. Acesso em: 10 abril. 2022.

_____. *Música, doce música*. São Paulo: Martins, 1976.

ANTUNES, Ricardo. "Vilipêndio dos direitos trabalhistas causado pela uberização é culpa dos algoritmos?". *Folha de S.Paulo*, 8 nov. 2020, p. A16.

ARANTES, Otília Beatriz Fiori. *Mário Pedrosa: itinerário crítico*. São Paulo: Página Aberta, 1991.

ARMSTRONG, Karen. *Em defesa de Deus: o que a religião realmente significa*. São Paulo: Companhia das Letras, 2011, p. 288.

AVELAR, Lúcia; CINTRA, Antonio Octávio (org.). *Sistema político brasileiro: uma introdução*. Rio de Janeiro: Fundação Konrad Adenauer-Stifrung; São Paulo: Fundação Unesp Ed., 2004.

AVRITZER, Leonardo. *Entre o diálogo e a reflexividade*. Em: AVRITZER, Leonardo; DOMINGUES, José Maurício (org.). *Teoria social e modernidade no Brasil*. Belo Horizonte: Ed. UFMG, 2000.

BARBALHO, Alexandre. *Sistema Nacional de Cultura: campo, saber e poder*. Fortaleza: Eduece, 2019.

BARBOSA, Ana Mae. *Arte, educação e cultura*. Disponível em: <http://www.dominiopublico.gov.br/pesquisa/DetalheObraForm.do?select_action=&co_obra=84578>. Acesso em: 10 abr. 2022.

BARBOSA, Frederico; FREITAS FILHO, Roberto. *Financiamento cultural: uma visão de princípios*. Brasília; Rio de Janeiro: Instituto de Pesquisa Econômica Aplicada, abril, 2015 (texto para discussão).

BARCELOS, Artur H. F. "Arqueologia e patrimônio no Brasil: um dilema inacabado". *Tempos Acadêmicos*. Dossiê Arqueologia Histórica. Criciúma, Santa Catarina: 2012, n. 10.

BARROS, José Márcio (org.). *As mediações da cultura: arte, processo e cidadania*. Belo Horizonte: Ed. PUC Minas, 2009.

BAUMAN, Zigmunt, *Identidade*. Rio de Janeiro: Jorge Zahar Ed., 2005.

BELO HORIZONTE. *Caderno de Projetos dos Centros Culturais Locais*. Fundação Municipal de Cultura: Prefeitura de Belo Horizonte, 2008, p. 4. (mimeo.).

BENJAMIN, César. *Ensaios brasileiros*. Rio de Janeiro: Contraponto, 2019.

BOBBIO, Norberto. *A era dos direitos*. Rio de Janeiro: Campus, 1992, p. 5.

_____. *Os intelectuais e o poder:* dúvidas e opções dos homens de cultura na sociedade contemporânea. São Paulo: Unesp, 1997.

_____. *Norberto Bobbio: o filósofo e a política: antologia*. Rio de Janeiro: Contraponto, 2003.

Referências

BOBBIO, Norberto; PASQUINO, Gianfranco. *Dicionário de política*. 11ª ed. Brasília: Ed. UNB, 1988.

BOLAÑO, Cesar Ricardo Siqueira (org.). *Cultura e desenvolvimento: reflexões à luz de Furtado*. Salvador: Edufba, 2015.

_____; FOLIN, Cida; BRITTOS, Valério. *Economia da arte e da cultura*. São Paulo: Itaú Cultural; São Leopoldo: Cepos/Unisinos: Porto Alegre: PPGCOM/UFRGS; São Cristovão: Obscom/UFS, 2010.

BOSCHI, Renato Raul. "Descentralização, clientelismo e capital social na governança urbana: comparando Belo Horizonte e Salvador". *Dados*. Rio de Janeiro: 1999, vol. 42, n. 4.

BOURDIEU, Pierre. *A economia das trocas simbólicas*. São Paulo: Perspectiva, 1982.

_____. *Coisas ditas*. São Paulo: Brasiliense, 1990.

BOTELHO, Isaura. *As dimensões da cultura e o lugar das políticas públicas. São Paulo em Perspectiva*. São Paulo: abr./jun. 2001, vol. 15, n. 2, pp. 73-83.

_____. *Para uma discussão sobre política e gestão cultural*. Em: BRASIL. Ministério da Cultura. *Oficinas do Sistema Nacional de Cultura*. Brasília: Ministério da Cultura, 2006.

BRANT, João. "Democracia no escuro". *Folha de S.Paulo*, 1º nov. 2020, p. C10.

BRASIL. Decreto-lei n. 25, de 30 de novembro de 1937. Organiza a proteção do patrimônio histórico e artístico nacional.

_____. *Constituição da República Federativa do Brasil*. Disponível em: <www.senado.gov.br>.

_____. *Cultura em números: anuário de estatísticas culturais 2009*. Brasília: Ministério da Cultura, 2009.

_____. Decreto n. 6.040 de 7 de fevereiro de 2007. Institui a Política Nacional de Desenvolvimento Sustentável dos Povos e Comunidades Tradicionais. *Diário Oficial da União*. 8 fev. 2007.

_____. Portaria n. 127, de 30 de abril de 2009. *Diário Oficial da União*. 5 maio 2009, seção 1, n. 83.

_____. *Estruturação, institucionalização e implementação do Sistema Nacional de Cultura*. Brasília: Ministério da Cultura; Secretaria de Articulação Institucional; Conselho Nacional de Política Cultural, 2011.

_____. *Educação patrimonial: histórico, conceitos e processos*. Brasília: Instituto do Patrimônio Histórico e Artístico Nacional, 2014.

_____. Seminário Internacional Sistemas de Cultura: Política e Gestão Cultural Descentralizada e Participativa. Brasília; Ministério da Cultura; Rio de Janeiro: Fundação Casa de Rui Barbosa, 2016.

_____. *Reflexões sobre o direito autoral*. Rio de Janeiro: Fundação Biblioteca Nacional; Dep. Nacional do Livro, 1997.

_____. *Os sambas, as rodas, os meus e os bois: a trajetória da salvaguarda do patrimônio imaterial no Brasil*. Brasília: Ministério da Cultura; Instituto do Patrimônio Histórico e Artístico Nacional, 2006.

BRUNNER, José Joaquín. "La mano visible y la mano invisible". Em: *América Latina: cultura y modernidad*. México: Editorial Grijalbo, 1993.

BURKE, Peter. *Variedades de história cultural*. Rio de Janeiro: Civilização Brasileira, 2000.

CALABRE, Lia. *Políticas culturais no Brasil: história e contemporaneidade*. Fortaleza: Banco do Nordeste do Brasil, 2010. Coleção Textos Nômades, n. 2.

_____ (org.). *Políticas culturais: diálogos e tendências*. Rio de Janeiro: Fundação Casa de Rui Barbosa, 2010.

_____. *Políticas culturais: diálogo indispensável*. Rio de Janeiro: Fundação Casa de Rui Barbosa, 2008.

_____ (org.). *Políticas culturais: pesquisa e formação*. São Paulo: Itaú Cultural; Rio de Janeiro: Fundação Casa de Rui Barbosa, 2012.

CANCLINI, Néstor García. *Consumidores e cidadãos: conflitos multiculturais da globalização*. Rio de Janeiro: Editora UFRJ, 1995.

_____. *Culturas híbridas: estratégias para entrar e sair da modernidade*. São Paulo: Editora da USP, 1998. (Ensaios Latino-Americanos, 1.)

_____. *Criativos precários e interculturais*. Conferência de abertura do evento Ato Criador, realizado entre abril e novembro de 2015. Rio de Janeiro: Azougue Editorial, 2016.

CANDIDO, Antonio. *O romantismo no Brasil*. São Paulo: Humanitas/FFLCH/SP, 2004.

CAROCHA, Maika Lois. "A censura musical durante o regime militar (1964-1985)". Em: *História: questões e debates*. Curitiba: Ed. da UFPR, 2006, n. 44.

CASTELLS, Manuel. *O poder da identidade*. São Paulo: Paz e Terra, 1999. (*A era da informação: economia sociedade e cultura*, vol. 2.)

CENNI, Roberto. *Três centros culturais da cidade de São Paulo*. Dissertação (Mestrado) – USP, Escola de Comunicações e Artes. São Paulo: 1991.

CHAUI, Marilena. *Conformismo e resistência: aspectos da cultura popular no Brasil*. São Paulo: Brasiliense, 1986.

_____. *Cidadania cultural: o direito à cultura*. São Paulo: Editora Fundação Perseu Abramo, 2006.

COELHO, Teixeira. *Usos da cultura: políticas de ação cultural*. Rio de Janeiro: Paz e Terra, 1986.

Referências

_____. *A cultura é um mar de paradoxos*. Em: *Encontros temáticos: cultura, política e direitos*. Rio de Janeiro: Unesco, Sesc, Faperj, 2002.

CONFERÊNCIA DE HAIA. Convenção sobre a Proteção dos Bens Culturais em Caso de Conflito Armado. Haia, 1954.

CORBARI, Sandra Dalila; BAHL, Miguel; SOUZA, Silvana do Rocio de. "Impactos (turísticos ou não) nas comunidades indígenas brasileiras". *Turismo e Sociedade*. Curitiba: set./dez. 2017, vol. 10, n. 3, pp. 1-25.

CUÉLLAR, Javier Perez de (org.). *Nossa diversidade criadora: relatório da Comissão Mundial de Cultura e Desenvolvimento*. Campinas: Papirus; Brasília: Unesco, 1997.

CUNHA FILHO, Francisco Humberto (org.). *Proteção do patrimônio cultural brasileiro por meio de tombamento: estudo crítico e comparado das legislações estaduais organizadas por regiões*. Fortaleza: Edições UFC, 2013.

CURADO, Camila Cristina; BIANCO, Nélia Rodrigues del. *O conceito de radiodifusão pública na visão de pesquisadores brasileiros. In:* XXXVII Congresso Brasileiro de Ciências da Comunicação, 2014, Foz do Iguaçu. *Anais do XXXVII Congresso Brasileiro de Ciências da Comunicação* (s/p). São Paulo: Intercom, 2014.

DAGNINO, Evelina (org.). *Sociedade civil e espaços públicos no Brasil*. São Paulo: Paz e Terra, 2002.

DAL RI JÚNIOR, Arno; PAVIANI, Jayme. *O humanismo latino no Brasil de hoje*. Belo Horizonte: PUC Minas, 2001.

DIEGUES, Antonio Carlos. *O mito moderno da natureza intocada*. São Paulo: Hucitec; Napaub/USP, 2008.

DOMINGUES, José Maurício. *Sociologia e modernidade: para entender a sociedade contemporânea*. Rio de Janeiro: Civilização Brasileira, 1999.

DRUMMOND, Alessandra; CUNHA, Maria Helena da; SANTANA, Richard (org.). *Competências criativas*. Belo Horizonte: Instituto UMA de Responsabilidade Social e Cultural, 2016.

DUARTE, Paulo. *Mário de Andrade por ele mesmo*. São Paulo: Hucitec/Secretaria da Cultura, Ciência e Tecnologia, 1977.

DUARTE, Rodrigo. *Adornos: nove ensaios sobre o filósofo frankfurtiano*. Belo Horizonte: Ed. UFMG, 1997.

_____. "A celebração da virtualidade real". *Mosaico*, revista da Fundação João Pinheiro, 2002, vol. 1, n. 0.

DUARTE, Rodrigo (org.). *O belo autônomo: textos clássicos de estética*. Belo Horizonte: UFMG, 1997.

DURÃO, Fábio A.; VAZ, Antônio Zuin (org.). *A indústria cultural hoje*. São Paulo: Boitempo, 2008.

Política cultural: fundamentos

ELIAS, Norbert. *A sociedade dos indivíduos*, Rio de Janeiro: Zahar, 1994.

_____. *Mozart: sociologia de um gênio*. Rio de Janeiro: Jorge Zahar Ed., 1995.

ESCOSTEGUY, Ana Carolina D. *Cartografias dos estudos culturais: uma versão latino--americana*. Belo Horizonte: Autêntica, 2001.

ESTEVAM, Carlos. *A questão da cultura popular*. Rio de Janeiro: Tempo Brasileiro, 1963.

FALCÃO, Joaquim de. "A favor de nova legislação de proteção ao bem cultural". *Ciência e Trópico*, 30 (15), set./dez. 1982.

FARIA, José Eduardo. "Direitos humanos e globalização econômica: notas para uma discussão". *Estudos avançados*. São Paulo: Universidade de São Paulo, Instituto de Estudos Avançados (IEA), 1987, vol. 1, n. 1.

FAVILLA, Kátia Cristina. *Encontros neocoloniais: o estado brasileiro e os povos e comunidades tradicionais*. Dissertação de mestrado. Universidade de Brasília: Distrito Federal, 2017.

FELDMAN-BIANCO, Bela; CAPINHA, Graça (org.). *Identidades: estudos de cultura e poder*. São Paulo: Hucitec, 2000.

FERREIRA, Aurélio Buarque de Holanda. *Novo dicionário Aurélio da língua portuguesa*. Rio de Janeiro: Editora Nova Fronteira, 1986.

FONSECA, Maria Cecília Londres. *O patrimônio em processo: trajetória da política federal de preservação no Brasil*. Rio de Janeiro: UFRJ/Iphan, 1997.

FORTES, Márcia. "O normal na arte era insustentável". *Folha de S.Paulo, Caderno Ilustríssima*, 12 maio 2020, p. B-17.

FREUD, Sigmund. "Psicologia de grupo e análise do ego". Em: *Obras completas*. Rio de Janeiro: Imago, 1976, vol. 18.

FURTADO, Celso. *Criatividade e dependência na civilização industrial*. São Paulo: Companhia das Letras, 2008.

_____. *Cultura e desenvolvimento em época de crise*. Rio de Janeiro: Paz e Terra, 1984, p. 23. Coleção Estudos Brasileiros, vol. 80.

GALVÃO, Walnice Nogueira. *Ao som do samba: uma leitura do carnaval carioca*. São Paulo: Editora Fundação Perseu Abramo, 2009.

GARAUDY. Roger. *Dançar a vida*. Rio de Janeiro: Nova Fronteira, 1980.

GEERTEZ, Clifford. *Conocimiento local*. Barcelona/Buenos Aires/ México: Paidós, 1994.

GIDDENS, Anthony. "Globalização, desigualdade e estado do investimento social". Em: UNESCO. *Informe mundial sobre a cultura: diversidade cultural, conflito e pluralismo*. São Paulo: Moderna; Paris: Unesco, 2004.

GIDDENS, Anthony; PIERSON, Christopher. *Conversas com Anthony Giddens*. Rio de Janeiro: Fundação Getúlio Vargas, 2000.

Referências

GOMES, Núbia Pereira de Magalhães; PEREIRA, Edimilson de Almeida. *Do presépio à balança: representações da vida religiosa*. Belo Horizonte: Mazza edições, 1995.

GRAMSCI, Antonio. *Obras escolhidas*. Lisboa: Editorial Estampa, 1974.

_____. "La formación de los intelectuales". Em: *Pequeña antologia politica*. Barcelona: Editorial Fontanella, 1974. Libros de confrontación, Filosofia 5.

_____. *Literatura e vida nacional*. São Paulo: Civilização Brasileira, 1986.

GUIMARAENS FILHO, Alphonsus de. *Itinerários: cartas a Alphonsus de Guimaraens Filho [de] Mário de Andrade e Manuel Bandeira*. São Paulo: Duas Cidades, 1974.

HADDOCH-LOBO, Rafael (org.). *Os filósofos e a arte*. Rio de Janeiro: Rocco, 2010.

HALL, Stuart. *A identidade cultural na pós-modernidade*. Rio de Janeiro: DP&A, 1999.

_____. *Da diáspora: identidades e mediações culturais*. Belo Horizonte: Ed. da UFMG; Brasília: Representação da Unesco no Brasil, 2003.

HEGEL, Georg Wilhelm Friedrich. *Estética: a ideia e o ideal*. São Paulo: Nova Cultural, 1999.

HERSCOVICI, Alain. "Elementos teóricos para uma análise econômica das produções culturais". *Análise & Conjuntura*. Belo Horizonte: Fundação João Pinheiro, set./dez. 1990, vol. 5, n. 3.

HUNTINGTON, Samuel P. *O choque de civilizações e a recomposição da ordem mundial*. Rio de Janeiro: Objetiva, 1997.

HOBSBAWM, Eric. *Bandidos*. Rio de Janeiro: Forense-Universitária, 1975.

_____; RANGER, Terence. *The Invention of Tradition*. Cambridge: CUP, 1983.

_____. *Tempos fraturados: cultura e sociedade no século XX*. São Paulo: Companhia das Letras, 2013.

KÜHNER, Maria Helena. *Teatro popular: uma experiência*. Rio de Janeiro: F. Alves, 1975.

LAFER, Celso. "A reconstrução dos direitos humanos: a contribuição de Hannah Arendt". *Estudos Avançados*, São Paulo: Universidade de São Paulo (Instituto de Estudos Avançados), maio/ago., 1997, vol. 11, n. 30.

LAPLANCHE, Jean; PONTALIS, Jean-Bertrand. *Vocabulário da psicanálise*. Lisboa: Mores editores, 1977.

LEITÃO, Cláudia e MACHADO, Ana Flávia (org.). *Por um Brasil criativo: significados, desafios e perspectivas da economia criativa brasileira*. Belo Horizonte: Código Editora, 2016.

LEITE BARBOSA, Carlos Alberto. *Desafio inacabado: a política externa de Jânio Quadros*. São Paulo: Atheneu, 2007.

LÉVY-STRAUSS, Laurent. "Patrimônio imaterial e diversidade cultural: o novo decreto para a proteção dos bens imateriais". *Tempo Brasileiro*. ed. trimestral. Rio de Janeiro: out./dez. 2001, n. 147.

LIMA, Rafaela (org.). *Mídias comunitárias, juventude e cidadania*. Belo Horizonte: Autêntica/Associação Imagem Comunitária, 2006.

LOPES, Antonio Herculano; CALABRE, Lia (org.). *Diversidade cultural brasileira*. Rio de Janeiro: Edições Casa de Rui Barbosa, 2005.

MACHADO FILHO, Aires da Mata. *Curso de folclore*. Rio de Janeiro: Ed. Livros de Portugal, 1951.

_____. *Inquietação e rebeldia*. Belo Horizonte; Itatiaia, 1983.

MAGALHÃES, Aloísio. *E triunfo? A questão dos bens culturais no Brasil*. Rio de Janeiro: Nova Fronteira; Fundação Roberto Marinho, 1997.

MARITAIN, Jacques. *A intuição criadora: a poesia, o homem e as coisas*. Belo Horizonte: PUC Minas/Instituto Jacques Maritain, 1999.

MARTINS, Maria Fernanda Vieira. "A velha arte de governar: o Conselho de Estado no Brasil Imperial". Disponível em: <https://www.scielo.br/j/topoi/a/34vWKF8v Sdk78sjwHLGqVnq/?format=pdf&lang=pt>. Acesso em: 12 abr. 2022.

MATA-MACHADO, Bernardo. *Do transitório ao permanente: Teatro Francisco Nunes (1950-2000)*. Belo Horizonte: Prefeitura de Belo Horizonte (PBH), 2002.

MAY, Rollo. *A coragem de criar*. Rio de Janeiro: Nova Fronteira, 1982.

MEDEIROS, Mateus Afonso. *Direitos humanos: uma paixão refletida*. Belo Horizonte: Rede de Cidadania Mateus Afonso Medeiros, 2006.

MICHALSKI, Ian (org.). *Teatro de Oduvaldo Viana Filho*. Rio de Janeiro: Ilha, 1981.

MILANESI, Luís. *A casa da invenção*. Cotia (SP): Ateliê Editorial, 1997.

MONTEIRO, Paula. *Da doença à desordem: magia na umbanda*. Rio de Janeiro: Graal, 1985.

MORIN, Edgar. *Cultura de massas no século XX: neurose*. Rio de Janeiro: Forense Universitária, 1997.

_____. *O paradigma perdido: a natureza humana*. Lisboa: Publicações Europa-América, 1973.

NASCIMENTO, Flávio Martins. *Ação e informação em centros culturais: um estudo sobre o instituto Tomie Ohtake*. Dissertação de mestrado. PUC Campinas, Campinas, 2004.

NIETZSCHE, Friedrich W. *O nascimento da tragédia no espírito da música*. São Paulo: Companhia das Letras, 1992.

NOVAES, Adauto (org.). *Artepensamento*. São Paulo: Companhia das Letras, 1994.

NOVAIS, Bruno do Vale. *Caminhos trilhados, horizontes possíveis: um olhar sobre a diplomacia cultural do Estado brasileiro no período de 2003 a 2010*. Dissertação (Mestrado) – Universidade Federal da Bahia. Salvador: 2013.

OFFE, Claus. *Problemas estruturais do Estado capitalista*. Rio de Janeiro: Tempo Brasileiro, 1984.

Referências

OLIVEIRA, Assis da Costa. "Direitos e/ou povos e comunidades tradicionais: noções de classificação em disputa". *Desenvolvimento e Meio Ambiente*. Curitiba: Editora UFPR., jan./jun. 2013, vol. 27, pp. 71-85.

OLIVEIRA, Vanderlei Mendes de. *Turismo, território e modernidade: um estudo da população indígena Krahô, estado do Tocantins (Amazônia Legal Brasileira)*. Tese (Doutorado) – Faculdade de Filosofia, Letras e Ciências Humanas, Universidade de São Paulo. São Paulo: 2006.

ONU. Declaração Universal dos Direitos Humanos. Nova York, 1948.

_____. Pacto Internacional dos Direitos Econômicos, Sociais e Culturais. Nova York: 1966.

_____. Pacto Internacional dos direitos civis e políticos. Nova York, 1966.

_____. Declaração sobre os Direitos das Pessoas Pertencentes às Minorias Nacionais, Étnicas, Religiosas e Linguísticas. Nova York, 1992.

ORGANIZAÇÃO DOS ESTADOS AMERICANOS (OEA). *Normas de Quito*. Reunião sobre a conservação e utilização de monumentos de interesse histórico e artístico. nov./dez. 1967. Disponível em: <http://portal.iphan.gov.br/uploads/ckfinder/arquivos/Normas%20de%20Quito%201967.pdf>. Acesso em: 19 abr. 2022.

ORTIZ, Renato. *Cultura brasileira & identidade nacional*. São Paulo: Brasiliense, 1985.

PARREIRAS, Ricardo. *Gigante no ar: a história da Rádio Inconfidência narrada por Ricardo Parreiras e convidados*. Belo Horizonte: Rádio Inconfidência, 2014.

PAVAN, Alexandre. *Timoneiro: perfil biográfico de Hermínio Bello de Carvalho*. Rio de Janeiro: Casa da Palavra, 2005.

PEREIRA, Cecília Ribeiro. *O turismo cultural e as missões Unesco no Brasil*. Tese (Doutorado em Desenvolvimento Urbano) – Universidade Federal de Pernambuco, CAC. Recife: 2012.

PEREIRA, Danilo Celso. "Patrimônio natural: atualizando o debate sobre identificação e reconhecimento no âmbito do Iphan". *Revista CPC*. Brasília: jan./set. 2018, vol. 13, n. 25, pp. 34-59,

POLETTO NETTO, Christiano. *Construção do "Estado Cultural" francês e comparação com a legislação de incentivo e proteção da cultura brasileira*. Trabalho de Conclusão de Curso (Graduação) – Universidade Federal de Santa Catarina, Centro de Ciências Jurídicas. Florianópolis: 2018.

PROUS, André. *Arqueologia brasileira*. Brasília: Editora Universidade de Brasília, 1992.

"Rádio e TV no Brasil, uma terra sem lei". Carta Capital, 10 nov. 2015. Disponível em: <https://www.cartacapital.com.br/sociedade/radio-e-tv-no-brasil-uma-terra--sem-lei-8055/>. Acesso em: 19 abr. 2022.

Política cultural: fundamentos

RAICHELIS, Rachel. *Esfera pública e conselhos de assistência social: caminhos da construção democrática*. São Paulo: Cortez, 2000.

RAMOS, Graciliano. *Memórias do cárcere*. Rio de Janeiro: Record, 2018.

RAMOS, Luciene Borges. *Centros de cultura, espaços de informação: um estudo sobre a ação do Galpão Cine Horto*. Belo Horizonte: Argvmentvm, 2008.

RIBEIRO, Edgar Telles. *Diplomacia cultural: seu papel na política externa brasileira*. Brasília: Fundação Alexandre Gusmão, 2011.

RIBEIRO, Maurício Andrés. *Ecologizar: pensando o ambiente humano*. Belo Horizonte: Rona, 1998.

RIBEIRO, Renato Janine. "Cultura e imagem em movimento". *Revista do Forumbhzvideo* (Festival de Vídeo de Belo Horizonte). Belo Horizonte: Secretaria Municipal de Cultura, 1992, n. 1.

RUBIM, Antônio Albino Canelas; VASCONCELOS, Fernanda Pimenta (org.). *Financiamento e fomento à cultura nas regiões brasileiras*. Salvador: Edufba, 2017.

_____. *Financiamento e fomento à cultura no Brasil: estados e Distrito Federal*. Salvador: Edufba, 2017.

SANTIAGO, Djalma Guimarães. *A proteção do patrimônio arqueológico: motivações, critérios e diretrizes no tombamento de sítios arqueológicos pelo Iphan*. Dissertação (Mestrado profissional em preservação do patrimônio cultural) – Instituto do Patrimônio Histórico e Artístico Nacional. Rio de Janeiro: 2015, p. 12.

SARAVIA, Enrique. "Notas sobre as indústrias culturais: arte, criatividade e economia". *Revista Observatório Itaú Cultural*. São Paulo: 2007, jan./abr., n. 1.

SCHOPENHAUER, Arthur (1851). *Parerga y paralipómena II*. Madrid: Trotta, 2009.

SEN, Amartya K. *Desenvolvimento como liberdade*. São Paulo: Companhia das Letras, 2000.

SIMIS, Anita; NUSSBAUMER, Gisele; FERREIRA, Kennedy Piau (org.). *Políticas culturais para as artes*. Salvador: Edufba, 2018.

SOUZA, Miliandre Garcia de. *Do teatro militante à música engajada: a experiência do CPC da UNE (1958-1964)*. São Paulo: Editora Fundação Perseu Abramo, 2007. Coleção História do Povo Brasileiro.

SOUZA, Valmir. *Cultura e literatura: diálogos*. São Paulo: Ed. do Autor, 2008.

STARLING, Mônica B. de Lima; OLIVEIRA, Marta Procópio; QUADROS FILHO, Nelson Antônio. *Economia criativa: um conceito em discussão*. Belo Horizonte: Fundação João Pinheiro, 2012.

SYMONIDES, Janusz. *Derechos culturales: una categoria descuidada de derechos humanos*. Disponível em: <https://red.pucp.edu.pe/ridei/files/2012/09/120919.pdf>.

Referências

TÁVORA, Fernando Lagares *et. al. Comentários à lei n. 13.123, de 20 de maio de 2015: novo Marco Regulatório do Uso da Biodiversidade.* Brasília: Núcleo de Estudos e Pesquisas/Conleg/Senado, out. 2015 (texto para discussão n. 184).

TEIXEIRA, Matheus. "Presidente do TSE, Barroso diz que eleição de 2020 teve menor incidência de *fake news*". *Folha de S.Paulo*, 14 nov. 2020, p. A13.

THOMPSON, John B. *A mídia e a modernidade: uma teoria social da mídia.* Petrópolis: Vozes, 1998.

THOMPSON, E. P. *Costumes em comum: estudos sobre a cultura popular tradicional.* São Paulo: Companhia das Letras, 1989.

TRAVASSOS, Elizabeth. "Mário e o folclore". *Revista do Patrimônio Histórico e Artístico Nacional* (org. de Marta Rosseti Batista). Brasília: Iphan, 2002, n. 30.

TRIDENTE, Alessandra. *Direito Autoral: paradoxos e contribuições para a revisão da tecnologia jurídica no século XXI.* Rio de Janeiro: Elsevier, 2009.

URFALINO, Philippe. *A invenção da política cultural.* São Paulo: Edições Sesc São Paulo, 2015.

UNAMUNO, Miguel. *Do sentimento trágico da vida*: nos homens e nos povos. São Paulo: Martins Fontes, 1996.

UNCTAD. Creative Industries report 2008. Disponível em: <https://unctad.org/system/files/official-document/ditc20082cer_en.pdf>.

UNESCO. Convenção Universal sobre Direito de Autor. Genebra, 1952.

_____. Convenção sobre a Proteção do Patrimônio Mundial, Cultural e Natural. Paris, 1972.

_____. Recomendação sobre a Participação dos Povos na Vida Cultural. Paris, 1976.

_____. Recomendação sobre o *Status* do Artista. Paris, 1980.

_____. Declaração do México sobre as Políticas Culturais. México, 1982.

_____. Recomendação sobre a Salvaguarda da Cultura Tradicional e Popular. Paris, 1989.

_____. Declaração Universal sobre a Diversidade Cultural. Paris, 2001.

_____. Convenção sobre a Proteção e a Promoção da Diversidade das Expressões Culturais. Paris, 2005.

_____. *Informe sobre la economia criativa: ampliar los cauces de desarrollo local.* Edición especial. Naciones Unidas/PNUD/Unesco, 2014. Disponível em: <http://www.unesco.org/culture/pdf/creative-economy-report-2013-es.pdf>. Acesso em: nov. 2022.

VASCONCELOS, Mateus Almeida. *Produção seriada para TV paga: o complexo jogo do mercado audiovisual brasileiro.* Monografia (Graduação em Comunicação Social) – Faculdades Integradas Hélio Alonso. Rio de Janeiro: 2016.

Política cultural: fundamentos

VELHO, Gilberto (org.). *Arte e sociedade: ensaios de sociologia da arte*. Rio de Janeiro: Zahar Editores, 1977.

VICENTE, Eduardo. "A indústria fonográfica brasileira nos anos 90: elementos para uma reflexão". *Arte e cultura da América Latina*. São Paulo: Sociedade Científica de Estudos da Arte, 1999, vol. VI, n. 2.

WANNIER. Jean-Pierre. *A mundialização da cultura*. Bauru: Editora da Universidade do Sagrado Coração, 2000.

WILLIAMS Raymond. *Marxismo e Literatura*. Rio de Janeiro: Zahar, 1979.

_____. *Cultura*. São Paulo: Paz e Terra, 1992.

_____. *Palavras-chave: um vocabulário da cultura e sociedade*. São Paulo: Boitempo, 2007.

Sobre o autor

Bernardo Mata-Machado é historiador, cientista político, ator e diretor de teatro. Fez graduação em História pela Universidade Federal de Minas Gerais (1976) e mestrado em Ciência Política pela mesma universidade (1985). Entre suas publicações destacam-se os livros *História do sertão noroeste de Minas Gerais – 1690-1930* (Prêmio Diogo de Vasconcelos, 1989) e *Do transitório ao permanente: Teatro Francisco Nunes – 1950-2000*. Destacou-se como ator interpretando o personagem Eduardo Marciano, na adaptação teatral de *O encontro marcado*, de Fernando Sabino (prêmio de Melhor Ator Mineiro, 1982) e como diretor em *Fando e Lis*, de Fernando Arrabal (1975). Foi pesquisador da Fundação João Pinheiro (1977-2018), onde se dedicou aos temas da política cultural e da história econômica, política, social e cultural de Minas Gerais. Exerceu cargos públicos de gestão cultural na Prefeitura de Belo Horizonte (secretário adjunto de cultura, 1993-1996), governo do Estado de Minas Gerais (secretário adjunto de cultura, 2015-2016) e governo federal (coordenador-geral, diretor e secretário nacional substituto da Secretaria de Articulação Institucional do Ministério da Cultura, 2009-2014).

Fonte	Silva Text 9,6 pt/5 mm
	Apercu Mono
Papel	Supremo Alta Alvura 250 g/m² (capa)
	Pólen Natural 70 g/m² (miolo)
Impressão	Camacorp – Visão Gráfica Ltda.
Data	Março de 2023